农民工城市资本积累与融入城市能力研究

孔祥利 著

人民出版社

目　录

第 一 章

农民工城市资本积累与
融入城市能力概述

  农民工是我国改革开放和工业化、城镇化、现代化进程中成长起来的新型劳动大军,是我国产业工人的主体,是城市的新市民。改革开放至今,我国农民工总量不断增加,据统计,2018 年农民工总量高达 2.88 亿人,其中到乡外就业的外出农民工 1.73 亿人,比 2017 年增加 81 万人,增长 0.5%,外出农民工占 60.07%。① 农民工群体的庞大规模和社会影响,是中国城乡二元结构演化和转型的最基本结构特征,反映了中华人民共和国成立以来中国工业化、城市化、现代化经济转型与社会转型的基本状况。认识中国的国情,特别是认识中国现代社会的基本性质和基本矛盾,乃是认清中国现代化发展问题的根本依据,也是确定中国现代化发展战略的理论基础,中国现代城乡社会的基本矛盾,突出表现为传统农业乡村组织与城市工业化、城市文明与乡村之间的结构矛盾,乡村振兴战略的实施,不失为破解中国乡村二元结构的重要举措。可以把农民工城市资本积累与城市融入,纳入到这一历史与时代大背景来思考与研究。

---

  ① 国家统计局:《2018 年农民工监测调查报告》,2019 年 4 月 29 日,见 http://www.stats. gov.cn/tjsj/zxfb/201904/t20190429_1662268.html。

第一节　农民工融入城市能力问题的提出

一、农民工融入城市的时代背景

目前,中国处于农民工新政、后工业化产业结构转型升级和经济发展新常态三期叠加阶段,农民工人口流量、流向、结构和群体利益诉求发生深刻变化。有学者认为,中国在21世纪第一个十年开始或已经迈过了"刘易斯拐点",人口红利渐小或不再有人口红利,老龄化社会开始到来,未富先老显现出来,农民工劳动力供给呈现成本上升、总量下降,"就业难"与"招工难"并存的新特点、新趋势。中国流动人口社会融合,是一个伴随"四化同步"建设(城镇化、工业化、信息化、农业现代化)过程中出现的必然趋势,农民工城市融入问题是推进新型城镇化的根本性、全局性问题之一,是解决"三农"问题的重要出路。习近平总书记在中央政治局第二十二次集体学习会议上强调,促进流动人口的政治融合、经济融合、社区融合、心理文化融合、人的全面发展融合和历史融合,使"优者有其荣、老者有其得、工者有其居、孤者有其养、力者有其乐、来者有其尊、农者有其地、外者有其归"[1]。为"服务流动人口,促进社会融合"提供了基本原则和行动指南,为解决农民工城市融入、社会融合问题指明了方向和路径。习近平总书记在十八届五中全会第二次会议上提出,推进以人为核心的新型城镇化,以提供义务教育、扩大社会保障、加快户籍制度改革为三大抓手,是促进流动人口社会融合的根本解决办法。[2] 习近平总书记2013年在中央城镇化工作会议上提出,努力提高农民工融入城镇的素质和能力。[3]

---

[1]　习近平:《在十届中央政治局第二十二次集体学习时的讲话》,《人民日报》2015年4月30日。

[2]　习近平:《在省部级主要领导干部学习贯彻党的十八届五中全会精神专题研讨班上的讲话》,《人民日报》2016年5月10日。

[3]　熊建:《新型城镇化,留得住浓浓的乡愁》,《人民日报》2013年12月16日。

以"素质提高"解决好人的问题是推进新型城镇化的关键,以"能力提升"促进人的全面发展融合是本书研究最主要的立论要旨。

2018年年底,我国城镇化率为59%,已进入城镇化发展的中后期,大规模和快速的城镇化成为本世纪以来我国社会转型的伟大实践和突出成就,妥善解决城市融入的市民化问题,有序推进农民工市民化对实现新型城镇化建设起着至关重要的作用。《国家新型城镇化规划(2014—2020年)》中着重强调中国要走新型城镇化道路。当前中国城镇化进入了新的发展阶段,出现新的问题,需要构筑性的发展动力,新型城镇化的核心在于人的城镇化。将人的权利、人的发展能力、人的福利和幸福作为城镇化的核心,其主要目标包括:促进城市发展的同时也注重人的福利和幸福的提升,加强人力资本投资以提高劳动者的知识技能,充分发挥其在城镇化建设过程中的作用,促进流动人口和农民工的市民化与社会的有机融合,通过培育新的产业技能和发展理念,强化城市移民在城镇化过程中的作用,建立和谐发展的城乡关系,促进人的全面发展和社会的全面进步。《国家新型城镇化规划(2014—2020年)》提出了农民工市民化动因和实现路径:一是通过建立健全农民工市民化成本分担机制,政府承担农民工市民化在义务教育、劳动就业、基本养老、基本医疗和保障性住房的公共成本,建立健全农民工市民化推进机制;二是农民工要积极参与城镇社会保险、职业教育和技能培训,积累人力资本、社会资本和经济资本水平,提升农民工融入城市的能力。

二、农民工融入城市能力与市民化水平

中国城市化的核心是农民工市民化问题(刘传江、周玲,2004),彻底解决农民工城市户籍身份,实现永久性迁移,在城市定居并融入城市成为真正的市民,是一种完全意义上的市民化[1]。然而自从农民工进城务工以来,出现了种种"虚城市化"的现象,农民工的回流、"候鸟式"迁移以及"半城市化"等现实问

---

[1]　刘传江、周玲:《社会资本与农民工的城市融合》,《人口研究》2004年第5期。

题,严重阻碍了我国城市化的进程。农民工市民化是中国城镇化总体战略和制度政策的重点,也是经济新常态下扩大内需、优化产业结构、推进工业化、城市化和现代化协调发展的需要。目前我国的农民工市民化是政府行为推进的政策性转移,"农民工市民化"也被看作是理论预期与政策制定的唯一目标。以往研究认为,户籍制度以及其他身份制度的限制使得农民工市民化受阻,由于户籍制度的屏蔽,农民工的社会待遇得不到应有的保障,被排斥在城市生活之外,农民工的社会身份限制了其主体性作用的发挥,因此,研究流动人口和政策改革的首要问题在于户籍制度的改革。但是,近些年来农民工选择定居城市的意愿和行为出现了新的变化和趋势(唐宗力,2015),面对统一的"居民户口",部分地区的户籍改革却出现了"逆城镇化"现象①;新生代农民有农转非的选择,却不愿落户城市选择保留农业户口,"自边缘化"(董延芳、刘传江,2012)选择以农民工身份留在城市工作和生活,这与老一代农民工迫切希望市民化的预期存在差异②。国内部分学者研究表明并非所有农民工都选择永久性迁移,放弃农村户籍,落户城市户籍,同样,也并不是所有农村流动人口都愿意放弃土地和农业劳动,进入城市务工③(黄江泉、李晓敏,2014)。

当前中国社会的代际不平等现象日益凸显,"官二代""富二代"和"农二代"反映出经济社会的阶层划分因代际传递而得到进一步延续或固化。改革开放以来,中国流动人口的规模和速度都位居世界第一,农民工的社会融入经历了第一代到第二代,再到家庭随迁第三代,虽然大部分农民工从农村来到城市,空间上发生了转移,但原有"差序格局"形成的社会资本仍然是农民工城市迁移与劳动行为决策的重要依据,并且由于无法携带农村资产和公共福利进城,导

---

① 唐宗力:《农民进城务工的新趋势与落户意愿的新变化——来自安徽农村地区的调查》,《中国人口科学》2015年第5期。

② 董延芳、刘传江:《农民工市民化中的被边缘化与自边缘化:以湖北省为例》,《武汉大学学报》2012年第1期。

③ 黄江泉、李晓敏:《农民工进城落户的现实困境及政策选择——一个人力资本分析视角》,《经济学家》2014年第5期。

致农民工的社会身份和职业身份难以统一,很难融入当地社会。因此,我国农民工的社会融入必然是一个长期的过程。当前我国劳动力在城乡之间流动呈现出城市不同劳动群体的"新二元结构",特点主要体现在:收入水平限制了农民工及其子女的资本投资,社会资本构建与积累能力的差异改变了农民工的社会资本结构,照顾孩子的家庭责任大都由留守(或者随迁)老人承担等。农民工在劳动力市场处于弱势地位,成为贫困人口的主要构成部分,除了自身人力资本水平偏低的因素以外,制度性排斥也是重要原因。农民工享受不到城市社会保障和城市保障性住房这样的社会福利,在就业市场上,同样存在劳动力市场分割、工资水平偏低、职业隔离和歧视。在我国当前二元经济结构以及户籍限制的背景下,老一代农民工的社会融入问题不但没有得到很好解决,还会衍生出新一代农民工的社会融入问题,经济社会的分割由于代际传递而进一步延续,这必然会导致我国农民工的城市融入问题呈现长期化的趋势。

张学英(2011)认为,即便是给予农村移民城市户口也不能有效解决农民工长期往返于城乡之间的循环流动问题。① 对农民工来说,土地是他们最后的防护性保障,城市户口并不能给他们带来长期定居城市的安全感,所以,即使已经在城市务工多年,他们仍不愿意放弃农村户口。因此,无论是对于农民工融入城市的城市化进程,还是对于农民工非永久性迁移的循环流动模式都是一个硬币的正反面。针对阻碍农民工融入城市的障碍性因素,国务院政策研究室(2006)提出,"解决农民工的城市户籍从而减少大规模城乡循环流动使农民工永久性定居城市,是农民工融入城市的根本选择"②,建议各级政府统一城乡户口登记制度、调整户口迁移政策、全面实施居住证制度等多种目标措施推进户籍制度改革,从根本上取消劳动力城乡分割的制度基础。当以往

---

① 张学英:《关于提升新生代农民工城市融入能力的研究》,《贵州社会科学》2011年第7期。

② 国务院:《国务院关于解决农民工问题的若干意见》(国发〔2006〕5号),《中国劳动保障》2006年第5期。

的政策呼吁成为现实,现实的状况是否与理论预期相一致? 如果不一致,造成现实与预期落差的因素是什么? 造成理论与预期落差的因素正是阻碍农民工融入城市的真正因素。

农民工市民化是中国社会发展的必然趋势,推进农民工市民化的重要环节在于增强农民工融入城市意愿和提升融入城市的能力。在以"人的城镇化"为核心的新型城镇化发展阶段,需要重点关注农民工融入城市的状态并解决农民工融入城市的能力问题。一方面,中国经济进入了新常态,依靠劳动力成本优势发展外向型经济的模式难以为继,需要进行产业结构调整,实现产业转型升级,在此背景下,提升农民工融入城市的能力就显得尤为重要;另一方面,持续的"用工荒"和农民工"就业难"现象并存表明,农民工内在能力的不足成为制约他们融入城市的关键因素,国家相关政策对农民工市民能力要求的阈值,体现在如何提升农民工融入城市能力,就成为现阶段农村转移人口市民化亟待解决的问题。

第二节　农民工城市资本积累决定融入城市的能力

农民工融入城市是融入城市的意愿与能力相互作用的结果。农民工作为理性行动者选择城乡劳动力流动是自我选择与自主决策的过程,但其城市融入行动却受到个体先天禀赋特征约束与社会结构性因素影响,这种社会结构性因素主要关注户籍、社会保障议题下的制度排斥、经济排斥、政治排斥、文化排斥及社会关系排斥等。本书与从"社会排斥"视角解释"农民工为何处于弱势地位、边缘状态"的范式不同,更多关注"如何促进农民能够融入城市社会",而且更加强调农民工个体资本因素的影响,从自身禀赋约束的功能性分析出发,主要强调人力资本、社会资本、文化和心理认同,强调农民工个体资本不仅影响其迁移决策,还影响着他们城市的融合能力。农民工资本匮乏的特征延缓了他们融入城市的进程。进入城市以后,传统社会资本的断裂、人力资本积累的欠缺使得农民工缺乏城市生存融合的经济资本,需要重构异质性新型社会资本。因此,资本对于他们有着重要的现实意义,资本直接决定了他们的迁移决策,也影响他们融入城市的进程,可见,决定农民工融入城市能力的关键因素在于城市资本的积累。

一、国际经验借鉴

关于国际移民的相关研究已证实,移民的社会经济融合需要经济资本、社会资本与文化资本三种资本类型。还有一些学者认为,制度松动并不是农民工实现城市融入的先决条件,农民工采取何种方式融入、融入城市的程度如何,在很大程度上取决于农民工的个体因素。从工业化开始到剩余劳动力转移基本结束,发达国家往往要经历两个阶段和从迥异于发展经济学劳动力流动理论对城乡流动人口迁移和流动所进行的阐述,包括唐纳德·博格的推拉理论、威廉·刘易斯的二元经济理论、刘易斯—拉尼斯—费景汉模型,还有乔根森的消费需求拉动理论,以及托达罗迁移预期收入理论,它们都认为"农村剩余劳动力"和"农村人口城市化"这两个进程及转化是统一的,但由于中国特有的二元经济结构,这些理论运用于中国的实践却得不到很好印证。农村劳动力向城市迁移包括两个阶段:第一个阶段是劳动力从迁出地转移出去,形成了农民工"候鸟式迁移";第二个阶段是流动劳动力在迁入地定居下来,形成农民工"留城意愿与定居迁入地问题"①(章铮,2006)。因此,农村劳动力转移与市民化进程并不同步。农民工实现市民化包括两个阶段:第一个阶段是工业化和城镇化促使农村劳动力转移到城市变为城市农民工;第二个阶段是农民工逐步变为真正的城市市民。目前,中国已进入全面深化改革的新时代,正处于实现农民工真正市民化的关键阶段,农民工在市民化进程中遇到的

---

① 章铮:《进城定居还是回乡发展?——民工迁移决策的生命周期分析》,《中国农村经济》2006 年第 5 期。

主要问题：一是职业身份与户籍身份不匹配；二是社会身份边缘化，处于社会边缘阶层；三是难以适应社会新角色，城市融入感不强且身份认同不清晰；四是城市经济基础脆弱积累不足，是影响城市融入最根本的物质原因。

二、中国发展要求

随着中国城镇化进程的加快以及农民工外出务工年限的延长，新生代农民工到了承担家庭主要经济社会角色的年龄阶段，不同于第一代农民工"候鸟式"的循环流动迁移，新生代农民工大多选择"家庭式迁移"模式。据统计，2013年选择举家迁移的农民工1.67亿人，占到外出务工农民总数的21.2%，并且以每年133万人的速度增长，新生代农民工居留形态多选择以配偶、子女核心家庭成员随迁城市共同生活的"家庭式迁移"模式。正如普特南（Putnam，2005）[1]、段成荣等（2008）[2]、侯佳伟（2009）[3]指出，举家迁移、女性迁移比例上升、流动人口长期化的趋势越来越明显。但是，新生代农民工仍然难以摆脱举家迁移的高成本经济约束，受自身因素以及社会发展的制约，使得他们不具备在城市购房的能力，也缺乏城市归属感，在城市的生存状况不容乐观。在农民工融入城市的动态选择过程中，新生代农民工显现出了"经济人"和"社会人"的双重属性，选择举家迁移不仅仅是出于经济利益方面的考虑，更是以追求美好的城市生活、实现自我价值为目标，反映出新生代农民工为了消除留守经历对子女不利影响、满足家庭成员情感"失依"的需求。

社会理性是新生代农民工举家迁移的动力（熊景维、钟涨宝，2016），具体包括联系家庭纽带、履行家庭义务、构建社会支持网络、追求平等的公民身份待遇等。[4] 由于我国二元制度的排斥，农民工举家迁移也无法保障他们和城

① Robert D.Putnam, "Bowling alone: American's Declining Social Capitial", *Journal of Democracy*, No.6(1, January 1995), pp.65-78.

② 段成荣等:《改革开放以来我国流动人口变动的九大趋势》,《人口研究》2008年第6期。

③ 侯佳伟:《人口流动家庭化过程和个体影响因素研究》,《人口研究》2009年第1期。

④ 熊景维、钟涨宝:《农民工家庭化迁移中的社会理性》,《中国农村观察》2016年第4期。

市居民一样享有公平的教育资源、公共服务和福利待遇,仍面临着"三歧视、一障碍(就业、社会保障和公共服务歧视、土地制度障碍)"(陆铭,2011)的城乡二元体制,农民工与城市居民无论是在就业,还是在社会参与和公民权利方面都相差甚远,并且由于农民工自身融入能力的局限、宏观制度的制约以及市民的偏见和歧视,农民工融入城市的道路依然漫长和曲折①。虽然目前出现了新生代农民工举家迁移的模式,但这并不代表城乡之间非永久性"候鸟式"迁移的终止,在当前中国城镇化后期阶段,家庭化迁移和城市居留成为新趋势和新常态,新生代农民工举家迁移的最终目的是以城市为归宿,家庭作为举家迁移的"基本单元",只有通过"自身强能、制度赋能",才能提升农民工融入城市的能力,加深农民工融入城市的程度。

张学英等(2014)基于无结构式个案访谈的分析,提出个人资本视域下新生代农民工融入城市的助推机制,认为提升新生代农民工融入城市能力必须提升个人资本水平,需要构建包括经济资本提升机制、人力资本提升机制与社会资本提升机制的个人资本水平提升机制框架,该机制让新生代农民工无论是在农村还是在城市,都能够建立起可持续生计并制定长远发展规划,通过公共服务和制度改革供给,提供提升农民工经济资本水平、积累人力资本和社会资本的有效路径,利用制度平台和自身资本积累实现在城市良好生存、长远发展逐步融入城市。②

本书关注农民工作为"行动主体"融入城市能力能动性,聚焦从"半城市化"到"城市融入"的融合历程,旨在通过从农民工的城市资本构建、积累与转换等多重行动策略来研究如何提升其融入城市能力,形成系统化的资本分析框架,阐述"城市资本"对农民工融入城市的意义,促进农民工在城市的经济

---

① 陆铭:《玻璃幕墙下的劳动力流动——制度约束、社会互动与滞后的城市化》,《南方经济》2011年第6期。

② 张学英等:《个人资本视域下助推新生代农民工融入城市的研究——基于无结构式个案访谈的分析》,《职业技术教育》2014年第4期。

融入、结构融入、社会适应与身份认同。农民工城市融入是农民工在城市通过经济资本积累、人力资本弥补、社会资本重构,进而完成城市资本的建构、积累和转换,获得在城市长期居留的机会,广泛参与城市经济、社会、文化生活,均等获得城市社会保障、公共服务与公民权利的过程。

三、理论价值与现实意义

农民工融入城市的意愿是农民工融入城市的动因,但能否融入城市更取决于农民工融入城市的能力,意愿和能力缺一不可,农民工自身资本积累的状况决定了农民工融入城市的能力,资本积累的匮乏限制了其融入城市能力的提升。"市场化机制"转型过程中,农民工人力资本与社会资本之间有无内在关联? 二者之间的相互作用机制又是怎样的? 农民工融入城市能力的不足是否会在代际之间传递? 如何利用城市资本的积累提升农民工融入城市能力? 如何构建政府主导下联动企业、社会组织与农民工自身的立体式城市资本积累框架? "新常态"时代背景下提升农民工融入城市能力的愿景是什么? 回答好上述问题,就是对农民工城市资本积累和城市融入实践的总结与理论的贡献。

本书的理论价值体现在:一是通过农民工城市资本积累水平的差异,界定农民工的层次分化,丰富和拓展了社会分层理论;二是提出城市资本积累是影响农民工融入城市的最重要因素,这对于农民工的市民化问题、农村人口向城市迁移问题都具有一定的理论价值;三是农民工由称谓的过渡性和身份的双重性,逐渐向城市居民转变,丰富与拓展了城乡二元结构理论。

现实意义则主要体现在:一是通过对农民工融入城市的影响因素、实现市民化的条件等内容的研究,可以为我国城镇化进程中避免"中等收入陷阱"提供一定的参考价值;二是农民工在城市的资本积累规模与水平,关系到我国经济转型、产业升级、新型城镇化战略实施与农业现代化的进程;三是由于农民工城市资本积累的差异而形成的农民工融入城市能力的不同,关系到"分层次、分城市、分类型"不同城市化道路的选择,有很强的政策导向意义;四是研究成果所提出的农民工城市资本积累的方式与途径、提升融入城市能力的对策建议,对农民工个体素质的提高、社会组织的创新以及政府公共政策的制定等,都有一定的参考价值和借鉴意义。

第三节　逻辑思路、研究框架与研究方法

一、逻辑思路

农民工融入城市的意愿是农民工融入城市的动因,农民工融入城市的能力是决定其能否融入城市的重要因素,农民工融入城市的能力很大程度上又是由农民工自身资本积累的状况决定,而资本积累的匮乏限制了其融入城市能力的提升。本书按照"研究背景—提出问题—文献综述—获取样本数据—实证分析—对策建议"的思路,首先界定了城市资本积累、农民工融入城市以及融入城市能力等相关概念,并构建了基于农民工融入城市维度的划分和融入能力指标体系,对农民工融入城市能力采用模糊评价法进行了评估,在分析农民工融入城市现状的基础上,实证分析了农民工城市资本积累和融入城市能力之间的因果效应,并从代际传递的角度揭示了农民工收入和职业的代际传递,解释了农民工社会融入能力问题。本书探寻农民工城市资本积累的提升方式,农民工融入城市能力的提升路径,推动农民工经济融入、结构融入、社会适应以及身份认同,加快农民工市民化的步伐。

二、研究框架

本书遵循"农村劳动力进入城市—农民工城市资本积累差异—农民工群体分层—农民工被城市边缘化—农民工如何融入城市、实现市民化"的框架,旨在构建一个内含经济资本、人力资本与社会资本的立体式农民工城市资本积累框架体系,整合社会、政府、企业、农民工等方面的力量,探寻积累和提升

农民工城市资本积累的路径,通过积累和提升农民工人力资本、经济资本、社会资本的规模与水平,不断提升农民工融入城市的能力,在市民化的进程中推动制度融合、社会融合、文化融合、心理融合,使农民工真正成为城市人。本书的主要内容的框架结构图,如图1-1所示。

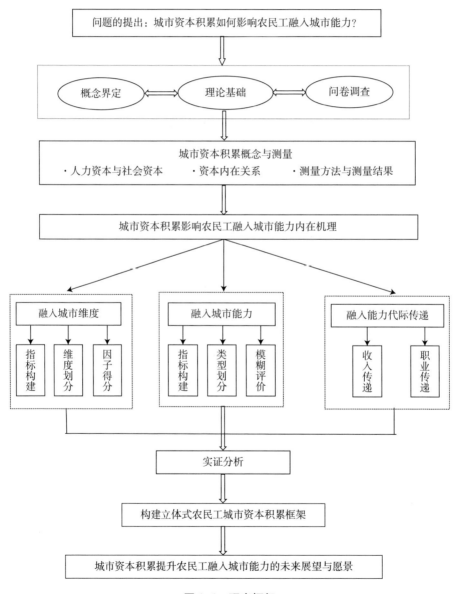

图1-1 研究框架

三、研究方法

（一）主要研究方法

1. 文献研究法

本书依据现有的资本积累和社会融合理论，以及我国农民工城市融入的具体实践，对相关文献进行分析整理及重新归类研究，通过现代丰富便捷的检索手段获取学术文献资源；借助地方人力资源与社会保障部门的工作数据和相关公开文件；整理课题组前期实地调研中收集的大量问卷，最终将搜集到的文献归类、编目，选择重点文献资料，为课题系统开展研究奠定厚实的文献基础，形成相关文献综述，从而为本书的创新发展提供强有力的支撑和帮助。

2. 比较分析法

本书通过比较分析农民工与城市居民之间、农民工群体之间的城市资本积累差异，在此基础上研究由农民工向城市居民转变的条件，本书采用了描述统计分析方法，在角度分析和对比的基础上，得出相应结论。

3. 问卷调查法

本书的数据来源于实地调查，尽量按照严格抽样方法抽取，样本按照农民工的职业分布来控制样本的分布，基本保证了各种类型的农民工数量，在一定程度上可以反映农民工总体情况。样本中既有农民工个人、农民工家庭，定居型农民工、非定居型农民工，不同教育背景、不同代际的农民工。

4. 实证研究法

在问卷调查的基础上，本书对调研数据整理后，运用计量模型进行了实证研究。分别采用扩展的 Mincer 方程、多元正态 Logit 模型、Logistic 和 Probit 模型、有序相应 Probit 模型、Oaxaca-Blinder 收入分解法以及边际概率分析，估计农民工人力资本收益率、社会资本回报率，以及农民工城市资本积累对收入差距、职业分层、融入城市能力的影响进行分析。

5. 人文区位法

该方法主要着眼于人类与环境的关系。人类在对环境的选择、支配以及调试中形成了自身时空活动的特征,包括道德、风俗和习惯等内容。人口的空间聚集与分散所决定的环境构成了农民工在农村和城镇不同的人文区位。人文区位法对于解释我国市民化过程中农民工政治权利缺失和农民工城市融入困难具有重要意义,它既强调城乡空间环境对农民工道德、行为和习惯的客观影响,也强调城乡空间布局中人的主体地位改善和防御风险的主观能动性。

6. 跨学科跨领域的综合研究法

农民工城市资本积累与城市社会融入能力问题研究,涉及政治学、经济学、社会学、历史学、人口学、计量统计学等学科和知识,必须开展多学科协同、跨学科跨领域的综合研究。

(二)研究大样本调查数据的形成

1. 问卷设计

本书梳理了与农民工城市资本积累、城市融入能力相关的理论以及研究文献,构建了测量和评价农民工融入城市能力的指标体系,设计了农民工融入城市能力情况的调查问卷。具体程序包括:(1)基于多角度了解农民工城市融入能力有关的问题及其回答的规范表达。主要来源于已有研究文献、著作和有关资料的收集和整理,涉及已实施过的有关农民工城市融入问题的调研资料、流动人口普查统计数据、CHNS 问卷和 CGSS 问卷收集和分类。(2)在收集整理农民工城市融入问题研究体系与框架的基础上,对农民工城市融入能力指标体系进行初步设计,再就评价指标体系修正和完善问题咨询相关学者和专家,问卷设计、调研方案设计、调研数据处理、测算能力指数选择都以评价指标体系作为重要参考。(3)2015 年 7—11 月,完成"农民工融入城市能力问题调查问卷"(A、B 卷)设计。两套问卷仅在个别问题上存在差异,90%的内容是一致的。A、B 卷设计的目的:一是避免因一份问卷漏问或少问,而导致研究角度不全面的情况;二是避免因一份问卷问题过多而影响答卷质量的情况。(4)2015年12月—2016年1月,采用分阶段随机抽样方法,在全国31个省(自治区、直辖市)对农民工展开的实地问卷调查,合计发放调查问卷3000份。(5)2016年2月—2016年4月,经过对问卷的回收和筛选,对2118份有效问卷的统计数据进行统一录入和分析处理。

2. 数据来源

本研究于2015年12月至2016年3月开展对农民工的实地问卷调查,遍及全国31个省(自治区、直辖市),收集的调研数据具有广泛的代表性。实地调查的农民工均为16岁以上、非城市户口的农民工。本调研主要针对农民工农村家庭的情况、城市融入的意愿、社会关系、人力资本、经济资本、社会资本、社会保障等;调研方案覆盖了农民工个体的基本信息、入城后就业信息(包括从事的行业工种、接受技术培训情况、工作时间、工作变换情况、收入待遇等)、入城后生活情况(入城方式、子女接受教育情况、入城居住情况等)、社会网络关系、就业企业情况(就业企业的所有制性质、就业企业的规模)、城市生活制约等;本次调研的农民工务工领域涉及建筑、制造、餐饮以及批发零售等行业;询问内容对农民工父辈也做了调研,涉及年龄、薪资和工作情况,去除父辈亡故或信息不全的242份样本,保留了父辈和子辈两代匹配样本1795份,为实证分析提供了基础。

第四节　研究目标、主要内容与学术贡献

一、研究目标

本书探寻提升农民工城市资本积累的方式和途径,整合社会、政府、企业和农民工等多方面的力量,积累和提升农民工的经济资本、人力资本和社会资本,进而推动经济融入、结构融入、身份认同以及社会适应,提升农民工融入城

市的能力,加快农民工市民化的步伐。具体来说,包含以下若干子目标:

(1)界定农民工"融入城市能力"的概念,构建农民工融入城市能力评价指标体系,并对农民工融入城市能力进行评价。

(2)明确了农民工融入城市不同阶段的具体特征,划分农民工融入城市的多重维度,构建农民工城市融入的指标体系,测量农民工在经济、社会、心理等各个维度上的融入水平。

(3)对影响农民工融入城市与融入城市能力的相关因素进行实证分析,进一步探讨"市场化机制"转型过程中农民工经济资本、人力资本和社会资本之间的内在联系,阐述了农民工城市资本积累对农民工融入城市能力的作用机制。

(4)探讨农民工融入城市能力代际传递的载体,构建农民工城市资本积累立体式框架,探寻城市资本积累提升农民工融入城市能力的路径。

二、主要内容

本书围绕研究目标,分十二章进行阐述:

第一章"农民工城市资本积累与融入城市能力概述",阐述研究问题提出的时代背景、研究目标与研究意义,并描述技术路线和研究框架,重点说明城市融入能力与农民工市民化的关联,以及城市资本积累决定农民工城市融入能力。最后对本书采用的研究方法及实证研究的大样本数据来源进行介绍,并阐述本研究可能的理论和实证方面的学术贡献。

第二章"政策述评与学术梳理",围绕本书的主题,首先梳理党中央国务院及政府有关部门出台的关于推动和促进农民工市民化,加快新型城镇化等一系列改革措施,对其推动和促进农民工融入城市的效果进行总体分析;然后阐述了资本积累理论和国内外社会融合理论,在界定社会融合和社会融入概念的基础上提出"农民工融入城市"的概念;并对农民工融入城市能力的相关文献进行梳理,包括农民工融入城市能力的内涵、构成、类型、影响因素以及指标体系等。

第三章"农民工城市资本积累内涵与关系",围绕研究主题,首先在界定资本、经济资本、人力资本和社会资本概念的基础上,新建"农民工城市资本积累"的概念,然后着重论述了经济资本、人力资本与社会资本的转化效应、互补效应和整合效应。

第四章"农民工城市资本积累的测量方法与结果",基于2118份有效问卷的数据录入和整理,对经济资本、人力资本、社会资本的测量指标、测量方法以及测量结果进行分析,为后文实证分析提供理论基础。

第五章"农民工融入城市维度划分、测量与评价研究",总结了国际移民融入维度的划分和农民工融入城市维度的划分,在以往研究的基础上构建了农民工融入城市维度测量和评价指标体系,采用因子分析法,分维度测算了农民工融入城市的融入指数,作为后续展开实证分析的基础。

第六章"农民工融入城市能力界定、测量与评价研究",从经济能力、就业能力、适应能力、心理能力及可行能力等方面构建了农民工融入城市能力的指标体系,使用模糊集评价理论方法测量了农民工融入城市能力的大小,并在对农民工融入城市能力隶属度的分布、分类别比较的基础上,从纵向和横向两个角度进行评价。

第七章"城市资本积累与农民工融入城市能力的理论及机理分析",首先将农民工融入城市能力缺失的原因归结于贫困的经济资本、欠缺的人力资本以及匮乏的社会资本;其次分别阐述了经济资本、人力资本和社会资本影响农民工融入城市能力的不同作用机制,在此基础上构建了农民工城市资本与融入城市能力生成机理的框架;最后通过社会资本测量"定位法"法,确定社会资本测量指标,对农民工社会关系网络、职业声望得分的规模、网顶和网距指标,采用因子分析法,量化测算出社会资本得分指数,作为后续展开实证分析的基础。

第八章"城市资本积累与农民工融入城市能力因果效应分析",首先从代际差异、内部分化取向、制度因素取向、资本因素取向等方面分析了农民工融入城市的影响因素,以便选取控制变量;其次构建融入城市各分维度相互作用的理论框架并提出研究假设,采用 OLS 回归实证分析城市资本积累对农民工融入城市各分维度的影响,检验它们之间的影响效应;最后实证分析城市资本积累对农民工融入城市能力的影响,针对社会资本内生性问题,采用倾向匹配得分(PSM)模型,实证分析修正社会资本对农民工融入城市能力影响的偏误。

第九章"农民工城市资本积累与融入城市能力的留城意愿研究",首先探讨了两代农民工留城意愿的延续与分化,两代农民工留城意愿和能力的形成机制受到户籍制度之外的结构性因素的制约,新老农民工留城意愿没有发生根本性的变化;其次实证检验了影响农民工留城意愿的因素,指出年龄、性别和代际差异只是影响农民工定居城市的因素之一,农民工受教育水平、职业阶层和职业流动、工作认知及未来预期、居住条件都影响其在城市定居的意愿和能力。此外,社会资本拥有状况与个人城市生活满意度也对其留城意愿有显著影响。

第十章"城市资本积累影响农民工融入城市的职业与收入问题",探讨了农民工融入城市进程中劳动力供需结构及市场演化进程,农民工职业分层及发展现状,并对城市资本积累影响农民工融入城市的职业与收入问题展开实证研究。将农民工收入变化作为考察重点,系统检验农民工职业与收入之间的关系,基于 Oaxaca-Blinder 与分位数分解方法深入剖析了农民工收入差距存在的多维原因。说明收入差距来源于经济资本、人力资本、社会资本、职业阶层等因素在不同群体的要素禀赋不同,要素禀赋回报不同;拉大或缩小收入差距在于要素禀赋差异或回报差异的正负效应贡献。

第十一章"城市资本积累影响农民工融入城市能力的代际传递",基于代际传递视角首先阐述农民工代际职业传递的理论,并利用职业流动性指数和继承性指数测算的结果,分析农民工职业流动的特征;其次基于 Logit 模型,实证分析农民工代际职业传递的影响因素;构建代际职业传递与流动的理论框架与研究假设,通过农民工代际收入传递估计模型,实证检验城市资本积累影响农民工代际收入传递;最后针对农民工收入代际传递和流动性分析,构建收入代际传递理论框架与研究假设,实证分析估计代际收入流动系数并对代际收入传递路径进行分解。

第十二章"城市资本积累与农民工融入城市能力提升的对策建议",总结前文内容,提出应该通过政府主导、社区联动,以及农民工自身努力等多方力量共同促进农民工融入城市能力的提升,构建包含经济资本、人力资本与社会资本的立体式农民工城市资本积累的框架体系,通过"携地市民化""公共服务均等化""政策保障体系"等制度创新提升农民工融入城市意愿,并通过人力资本提升路径、社会资本提升路径与经济资本提升路径相结合,提升农民工融入城市能力。最后基于城市资本积累提升融入城市能力的策略相结合,构建"新常态"下城市资本积累提升农民工融入城市能力、深化融入城市进程的愿景,并提出进一步研究方向。

三、学术贡献

(一)理论研究方面的贡献

1. 问题研究视角的多维拓展

理论研究视角的拓展体现在三个方面:一是将农民工融入城市维度研究拓展到农民工融入城市能力研究,以往研究大都集中在农民工的城市融入问题、社会融合问题,很少涉及城市资本积累与农民工融入城市能力问题;二是新建"城市资本积累"的概念,以往研究并没有关于农民工融入城市的影响因素达成基本一致的结论,本书认为资本匮乏是导致农民工融入能力不足的重要因素,提出应该从城市资本积累的角度研究农民工融入能力;三是将代际理论与农民工融入城市能力相结合,研究了农民工代际职业传递的影响因素以及代际收入的内在传递机制,填补目前农民工代际收入流动性、代际职业流动性研究的不足。

2. 理论研究内容的多维深化

理论研究内容的深化主要体现在概念的界定、理论框架的构建,以及指标评价体系的构建。在概念界定方面,首先,以往研究并没有关于农民工城市"融合"与"融入"达成明晰界定和共识定义,这直接影响对农民工城市融入进程的理解。其次,以往研究并没有能够清晰界定"城市资本积累""融入城市能力"等概念。一方面是由于尚未对能力类型形成科学的划分,存在一定的重复和交叉;另一方面是没有能够准确区分农民工融入城市能力内涵和构成要素,导致"市民化能力"和"融入城市能力"混用,"市民化能力"和"经济能力""就业能力"概念之间内容存在交叉和重复。关于理论框架的构建,以往研究对"人力资本与社会资本之间的内在关系"的关注很少,也没有构建"人力资本与社会资本影响农民工融入城里能力内在机理"的分析框架,同时,对农民工融入城市能力问题的分析也缺乏从社会、历史和个体生命历程、代际视角的综合角度构建理论分析框架。因此,本书除了构建"机理分析"理论框架之外,还依次构建了"农民工融入城市能力指标构建的理论架构、融入城市分维度相互作用的理论框架、农民工代际收入传递的理论框架以及农民工代际职业流动的理论框架"。关于指标评价体系的构建,以往研究在构建农民工融入城市指标体系时主观性较强,对融入维度的方向性关注不够,也没有囊括农民工城市融入所有维度,融入城市指标体系的构建不仅要遵循简洁性、方向性和全面性原则,更要考虑中国农民工流动人口的"本土化"情境;以往研究构建农民工城市融入能力指标体系存在两个方面的问题:一是混淆了能力测量的指标体系构成因素和影响因素,二是忽略了市民化能力与融入城市能力之间的关系和区别。

3. 实践研究视角的多维价值

本书旨在构建一个内含经济资本、人力资本与社会资本的立体式农民工城市资本积累框架体系,整合社会、政府、企业、农民工等方面的力量,探寻积累和提升农民工城市资本积累的路径,通过积累和提升农民工人力资本、经济资本、社会资本的规模与水平,不断提升农民工融入城市的能力,在市民化的进程中推动制度融合、社会融合、文化融合、心理融合,使农民工真正成为城里人。研究的实践价值包含多个维度:一是通过对农民工融入城市的影响因素、实现市民化的条件等内容的研究,可以为我国城镇化进程中避免"中等收入陷阱"提供一定的参考价值;二是农民工在城市的资本积累规模与水平,关系到我国经济转型、产业升级、新型城镇化战略实施与农业现代化的进程,具有十分重要的战略意义;三是由于农民工城市资本积累的差异而形成的农民工融入城市能力的不同,关系到"分层次、分城市、分类型"不同城市化道路的选择,有很强的政策导向意义;四是研究成果所提出的农民工城市资本积累的方式与途径、提升融入城市能力的对策建议,对农民工个体素质的提高、社会组织的创新以及政府公共政策的制定都有一定的参考价值和借鉴意义。

(二)实证研究方面的贡献

1.实证研究视角多维拓展

实证研究视角的拓展主要体现在三个方面:农民工融入城市能力影响因素实证分析、农民工代际收入流动系数估计与影响因素实证分析,以及农民工代际职业流动性影响因素实证分析。以往国内学者主要对农民工融入城市意愿的影响因素展开实证分析,很少关注农民工融入城市能力的影响因素。估计代际收入流动系数,构建模型实证分析代际收入流动性和代际职业流动性的影响因素研究成果较少。

2.农民工融入能力指标体系的规范量化

国内关于构建农民工融入城市能力指标体系的研究大都选取单个指标或少量几个具体指标进行测量,没有能够建立系统的测量指标体系,导致其融入城市能力水平的代理变量选取过于简单,无法全面真实反映农民工融入城市能力水平,并且缺乏分维度的能力定量测量和比较分析。比如陈俊峰、杨轩(2012)构建了农民工融入城市能力测评指标体系,但是仅仅构建了指标体系的理论框架,没有数据进行测量与评价,缺乏量化分析。① 目前已有研究大多是针对能力整体进行定量分析,或只是通过单项指标或少数几个指标进行测量,比如徐建玲(2008)只是对农民工市民化水平总体进程构建单一指标进行测算,没有对能力进行分维度测量和评价②。

3. 改进研究方法,修正已有研究的偏误和克服实证方法的不足

研究方法的改进主要体现在两个方面:一是采用模糊评价方法获取融入城市能力指数的权重,模糊评价法测量农民工城市能力水平,并对融入能力测评结果进行代际纵向比较,同一内部不同类型农民工融入城市能力差异进行横向比较,克服了以往研究对指标构建权重和测量方法具有主观性的缺陷;二是对社会资本内生性的处理,由于个体的智商、情商、进取心等难以度量的异质性不可观测变量存在的内生性问题,在研究农民工融入问题时对社会资本内生性进行处理,普通 OLS 回归存在高估社会资本系数的"正向选择"或低估社会资本系数的"逆向选择"偏误,本研究在代际收入传递系数估计上分别采用年龄调整修正模型、Heckman 两步法对社会资本内生性予以处理。

---

① 陈俊峰、杨轩:《农民工融入城镇能力测评指标体系研究》,《城市问题》2012 年第 8 期。
② 徐建玲:《农民工市民化进程度量:理论探讨与实证分析》,《农业经济问题》2008 年第9 期。

第 二 章

政策述评与学术梳理

　　我国的农业人口向城市转移的进程始于中华人民共和国成立初期,但受制于工业化基础薄弱、中国农村人口基数太大且人均资源占有量少,农村劳动生产率低下,致使中国出现严重的粮食食品短缺问题,城市经济发展和就业岗位难以容纳农村人口向城市的转移与迁徙,近30年城乡人口户籍身份的壁垒和固化成为常态。改革开放以来,为了快速推进工业化进程,中国政府采取农民剩余劳动力向城市转移的政策,城镇化进程进入了快车道,数亿农民工进城,共和国成立70年中国城乡二元结构发生了巨大变化,农业转移人口形成的农民工与城市新市民,成为当今时代中国社会的巨大变革和壮举。因此,梳理共和国成立以来党中央、国务院及政府有关部门出台的关于推动和促进农业人口转移、农民工市民化,加快新型城镇化等一系列改革措施,有助于更清晰地了解其推动和促进农民工融入城市的总体进程和效果。

第一节　推动和促进农民工城市
融入的相关政策述评

　　1958年,国家颁布的《中华人民共和国户口登记条例》确立了以户籍制度为核心的一系列制度安排,将整个社会切分成城乡对立两大部分,严格限制了劳动力的流动和农民向市民的转化。随着"文革"的结束,党的十一届三中全会开启了我国经济社会改革开放的新时代,改革首先从农村实行家庭联产承包责任制开始,与此同时,党的十一届四中全会通过的《中共中央关于加快农业发展的若干问题的决定》及 1982 年国家制定"严格控制大城市规模,合理发展中等城市,积极发展小城镇"的城镇化方针,实行大力发展农村剩余劳动力就地转移的政策。1984 年"乡镇企业"异军突起以及 1986 年《关于一九八六年农村工作的部署》指出"不发展农村工业,多余劳动力无出路",乡镇企业为农村劳动力"离乡不离土,进厂不进城"就地转化剩余劳动力,克服我国农村耕地有限、劳动力过多、资金短缺困难,为建立新的城乡关系找到了一条有效途径。乡镇企业的异军突起,为中国农民找到了一条参与工业化的现实途径,从而彻底改变了中国工业化的发展模式,在城乡分割的条件下,在农村地区发动工业化、推动工业化,提高了农村经济的分工水平,加速了农村剩余劳动力从农业部门向非农产业转移,在改造传统农业、提高非农经济收入等方面,发挥了积极的作用。1990 年以来,农村剩余劳动力向城市转移的规模越来越大,许多地区的农民进入大城市务工,形成了所谓的"民工潮"。但是,中国城市独特的"经济不平等吸纳、社会屏蔽性排斥"制度性安排,产生了差异分化的农民工等流动人口的社会融合问题。

胡鞍钢等(2013)认为,中国经历了从城乡二元经济社会结构到农业部门、农村工业、城镇正规经济与城镇非正规经济的四元经济社会结构,其历史轨迹概括为:一是 1840—1948 年从传统农业解体到城乡二元经济社会结构的漫长演变阶段;二是 1949—1977 年计划经济体制下的城乡二元经济社会结构分割和强化阶段;三是 1978—1991 年农村改革和农村工业化迅速发展所伴随的二元经济社会结构开始解体并逐步转向三元经济社会结构,即农业部门、乡镇企业部门与城镇正规部门;四是 1992 年之后建立和完善社会主义市场经济体制和城市化迅速发展所伴随的四元经济社会结构,即农业社会、农村工业、城镇正规经济与城镇非正规经济,如表 2-1 所示。① 新的四元结构决定了中国未来以城乡一体化、城市内部一体化、经济社会一体化为目标的发展方向。实现农民工市民化是破解"中国难题"的重大社会创新与巨大社会实践,中国现代化发展的基本矛盾决定了中国发展要真正实现"共同富裕的社会主义现代化",关键只有不断促进农业现代化、农村工业集聚化、农民工市民化与城乡居民基本公共服务均等化。

表 2-1　城乡四元经济社会特征

主要内容	特征	农村二元结构		城镇二元结构	
		农业社会	农村工业	城镇非正规经济	城镇正规经济
四类社会	经济主体	传统农业	乡镇企业	个体、私营、未统计	公有、股份、外资等
	就业主体	农民	农民工	农民工	城镇居民
	户籍状况	农村户口	农村户口	主要农村户口	城市户口
	居住地点	农村	农村	城镇	城镇
四种国民	收入水平	低	中等	中等	较高
	就业质量	低端就业	中低端就业	中低端就业	中高端就业
	职业类别	自我就业	非正规就业	中等	正规就业为主
	人力资本	较低	中等	中等	较高
四项服务	社会保障	覆盖率较低	覆盖率较低	覆盖率较低	基本覆盖
	公共卫生	较差	中等	中等	较好
	教育提供	有待改善	有待改善	有待改善	较好
	就业服务	接近空白	有待改善	有待改善	逐步发展

2013 年 12 月,习近平总书记在中央城镇化工作会议上提出:"努力提高农民工融入城镇的素质和能力。"②以"素质提高"解决好人的问题是推进新

---

① 胡鞍钢:《中国特色城镇化新在何处——"四化"同步破解"四元结构"》,《人民论坛》2013 年第 4 期。

② 中共中央文献研究室编:《习近平关于社会主义经济建设论述摘编》,中央文献出版社 2017 年版,第 162 页。

型城镇化的关键,以"能力提升"促进人的全面发展融合是本书研究最主要的现实背景。2013 年,中央农村工作会议上提出,将土地承包权和经营权分离,给予农民保留土地承包权,流转土地经营权的自由。同年党的十八届三中全会强调要"赋予农民更多财产权利"。只有赋予农民工更多的财产权利,才能积累农民工城市融入的经济资本。

2014 年《关于全面深化农村改革 加快推进农业现代化的若干意见》指出,在"健全城乡发展一体化机制"中加快推进农业转移人口市民化,对具有能力在城镇稳定就业和稳定生活的常住人口促使其有序实现市民化。2014 年《国务院关于进一步推进户籍制度改革的意见》明确提出"合理引导农业人口有序向城镇转移,有序推进农业转移人口市民化"。

2015 年 4 月 30 日,习近平总书记在中央政治局第二十二次集体学习会议上强调:"促进流动人口的政治融合、经济融合、社区融合、心理文化融合、人的全面发展融合和历史融合,使'优者有其荣、老者有其得、工者有其居、孤者有其养、力者有其乐、来者有其尊、农者有其地、外者有其归'"[①],为"服务流动人口,促进社会融合"提供了基本原则和行动指南,为解决农民工城市融入、社会融合问题做了明确回答。2015 年 10 月 29 日,习近平总书记在党的十八届五中全会第二次会议提出,推进以人为核心的新型城镇化,以提供义务教育、扩大社会保障、加快户籍制度改革为三大抓手,是促进流动人口社会融合的根本解决办法。[②] 2015 年 12 月 23 日中央城市工作会议则提出,推进城镇化要把促进有能力在城镇稳定就业和生活的常住人口有序实现市民化作为首要任务。要加强对农业转移人口市民化的战略研究,统筹推进土地、财政、教育、就业、医疗、养老、住房保障等领域配套改革。

---

① 习近平:《在十届中央政治局第二十二次集体学习时的讲话》,《人民日报》2015 年 4 月 30 日。

② 习近平:《在省部级主要领导干部学习贯彻党的十八届五中全会精神专题研讨班上的讲话》,《人民日报》2016 年 5 月 10 日。

2017 年 1 月 25 日《国务院关于印发国家人口发展规划（2016—2030）的通知》"注重人口与社会发展相协调"，提出"完善国家基本公共服务制度体系，推动基本公共服务常住人口全覆盖，有序推进农业转移人口市民化"。我国已进入城镇化发展的中后期，大规模和快速的城镇化构成 21 世纪以来我国社会转型的突出特征，妥善解决市民化问题，有序推进农民工市民化对实现新型城镇化建设起着至关重要的作用。

《国家新型城镇化规划（2014—2020 年）》着重强调了中国要走新型城镇化道路。新型城镇化的关键在于人的城镇化，将人的权利、人的发展能力、人的福利和幸福作为城镇化的核心，其主要目标包括：促进城市发展的同时也注重人的福利和幸福的提升，加强人力资本投资以提高劳动者的知识技能，充分发挥其在城镇化建设过程中的作用，促进流动人口和农民工的市民化与社会的有机融合，通过培育新的产业技能和发展理念，强化城市移民在城镇化过程中的作用，建立和谐发展的城乡关系，促进人的全面发展和社会的全面进步。《国家新型城镇化规划（2014—2020 年）》提出了农民工市民化动因和实现路径，一是通过建立健全农民工市民化成本分担机制，政府承担农民工市民化在义务教育、劳动就业、基本养老、基本医疗和保障性住房的公共成本建立健全农民工市民化推进机制；二是农民工要积极参与城镇社会保险、职业教育和技能培训，积累人力资本、社会资本和经济资本水平，提升农民工融入城市的能力。上述政策的制定和实施，有力推动了新型城镇化和农村转移人口市民化的进程，有力提升了农民工城市资本积累的水平和城市融入的能力。

第二节　资本积累与社会融合理论及相关学术梳理

一、资本积累理论及相关学术梳理

作为马克思主义（Marx，1867）政治经济学用语的资本是指能够带来剩余价值的价值,用无偿占有的资本获得更多的价值增值就是资本积累;在西方经济学理论中,资本是生产要素之一,包括:劳动、土地、资本。资本积累就是资本在存量与增量规模上的扩大。美国经济学家舒尔茨(Schultz,1960)第一次系统提出了人力资本理论,并对教育投资的收益率以及教育对经济增长的贡献做了定量研究。作为社会学的一个术语,资本泛指从事工作的条件和谋取利益的凭借,法国著名社会学家布迪厄(Pierre Bourdieu,1990)将资本划分为经济资本、社会资本与文化资本,他认为只有通过积累才能实现对社会资源的占有,资本是对社会权力的占有。人力资本、社会资本作为城市积累的重要基础,与个人地位获得之间存在显著关系,个人地位获得是西方社会分层理论研究的主要领域,主要内容包括:流动人口在迁入地收入的增加、家庭经济条件的改善、子女成长环境的优化、教育质量的提高以及城市融合的不断深化。

以布劳、邓肯(Blau,Duncan,1967)为代表的学者开发了地位结构获得模型,他们认为,除了先赋资源(父母地位和家庭禀赋)直接或间接影响到个人地位获得以外,自致资源(个人教育和职业地位)对其社会经济地位的获得发挥了更为显著的作用,"地位结构观"更倾向于人力资本的作用[①]。其中个人因素(才智、健康、能力等)是决定个人能否获得流动机会的唯一因素,而先赋因素(出身、性别、种族、父母的教育水平或社会地位等)则对个人的职业流动不起作用。

以马克·格兰诺威特、林南、边燕杰为代表的网络结构观认为,仅仅从地位结构角度研究社会结构存在片面性,社会资源的结构对个人地位获得的影响更为重要,这也就意味着:在网络结构中以社会资源形式存在的社会资本,比个人资本在个人社会地位的获得中更有价值。"新经济社会学"的领军人物马克·格兰诺威特(Mark Granovetter,1973)认为,个人的行为和决策是嵌入社会关系网络之中并受其约束,他将人与人之间的关系分为强关系和弱关系

① P.M.Blau,O.D.Duncan,*The American Occupational Structure*,New York:Wiley,1967.

两种,强关系被视为"核心网络关系",维持着群体组织内部的关系,而弱关系通常是人们在组织或群体关系之间建立的纽带关系,被称为"外围网络关系"①,格兰诺威特通过一项对美国波士顿专业劳动者的职业流动经历的研究,发现即使在市场机制较为完善的劳动力市场上,"弱关系"(关系不亲密或不熟悉的人)仍然能够为劳动者提供超越其所在社会圈子的非重叠的信息和资源,在寻找工作和职位晋升中发挥了重要作用,创造了更多职业流动的机会。格兰诺威特认为,个人的经济行为是嵌入到社会网络之中的,社会网络会影响信息获取、人际信任、组织规范和集体责任感。当"弱关系"作用于个人经济行为时,社会网络与其带来的经济回报存在一种因果关系,地位获得的过程也被视为个人为得到有价值的资源回报而动用和投资资源的过程,网络位置在决定个人获得资源的过程中起到举足轻重的作用。在上述研究的基础上,林南(Lin,2005)的"社会资源理论",假设社会地位按照阶层、财富和权威等有价值资源的等级进行排序,社会中资源的分布呈现金字塔型,这也意味着:处在同一社会地位的人拥有的资源情况大致相当,处于金字塔中较高位置的人拥有更高的社会地位、更丰富的资源和更多的投资回报。结合林南的地位强度命题和社会资源命题,可以得出以下结论:在个人社会地位获得过程中存在着"接触的社会资本"和"动员的社会资本"两种类型,二者都会受到社会地位和社会网络位置的影响,而且"接触的社会资本"会显著影响"动员的社会资本","动员的社会资本"又对个人社会地位获得的结果有直接影响。

二、国外社会融合理论及相关学术梳理

(一)国外社会融合理论

西方学者最先提出社会融合的概念,主要用来描述移民在进入到新的国

---

① M.Granovetter, "The Strength of Weak Ties", *American Journal of Sociology*, Vol.78, No.6 (May 1973), pp.1360–1380.

家或社会之后的行为适应、文化融合和身份认同,对社会融合问题的研究主要有"融合论""多元文化论""区隔融合论"三大流派。中国农民工流动群体与国际移民的产生背景和流入地环境存在很大差异,但移民与农民工在流入地同属于"弱势群体"的共性使得西方社会融合理论对研究中国流动人口具有一定的参考意义。

1. 融合论

在 20 世纪中期经由美国社会学家戈登(Mliton Gordon,1964)发展成为传统社会融合理论的经典范式①。融合论起源于 20 世纪初期的美国芝加哥社会学派,由帕克、伯吉斯(Park,Burgess,1921)等人提出②,他们将社会融合定义为"个体或群体相互竞争、渗透和交融的过程;在社会调节过程中将社会融合划分为经济竞争、社会适应、政治冲突、文化交融互动,正是在这一过程中共享历史和经验,最终整合于一个共同的文化生活之中"。20 世纪 60 年代,戈登(Gordon,1964)进一步提出了经济社会融和(Canonical Assimilation)理论,认为社会融合是移民以融入迁入地的主流社会或中产阶级为目标的线性轨迹,同时伴随着移民自身传统逐渐弱化和被抛弃的过程。然而,20 世纪 60 年代以后,传统社会融合理论遭到批判和抨击,逐渐形成了"多元文化论""曲线融合理论""区隔融合论"和"空间融合论"。

2. 多元文化论

"多元文化论"以卡伦(Kallen)为代表,不同于传统融合理论移民会抛弃自身传统文化来适应迁入地主流文化的观点,该理论更强调迁入地社会对不同文化的包容,认为在迁入地社会具有文化包容性的情况下,为了更好融入迁入地社会,移民会在重塑其身份认同和价值观念的同时,继续保持原有的文化价值观念,形成了多元化的文化秩序。

---

① Milton M.Gordon,*Assimilation in American Life*,New York:Oxford University Press,1964.

② Robert Ezra Park,Ernest W.Burgess,*Introduction to the Science of Sociology*,Chicago:University of Chicago Press,1921.

约翰·戈尔德鲁斯特、安东尼·里士满(John Goldlust, Anthony H.Richmond,1974)在《移民适应的多元模型研究》一文中指出社会融合是多个因素共同作用的产物,并从主观和客观两个方面提出移民适应的七个指标,其中客观指标主要有经济融合(从事的行业、职业、收入以及消费支出)、社会融合(正式组织的社会参与,初级关系到新型关系的形成)、文化融合(语言、宗教和道德信念的转变)和政治融合(选举或被选举权的获得和执行),主观指标则包括身份认同,对迁入地价值的接受以及生活满意程度①。阿尔瓦、尼(Alba,Nee,1997)认为,社会融合是欧裔白人和少数族群之间差异的消减及其导致的文化和社会差异的模糊和重构②。

3.区隔融合论

以胡、金(Hurh,Kim,1984),波特斯、周(Portes,Zhou,1993),周(Zhou,1997)为代表的经济学家扩展了传统融合理论,进一步解释了代际间社会融合出现的"区隔融合"模式③④⑤,由于所处时代的不同,第二代移民的生活轨迹和迁移目的发生变化,导致流动人口子女在迁入地行为适应和心理文化的融合趋势与路径选择与第一代移民存在着很大差别,"区隔融合"认为流动人口子女仅仅在某些方面选择融入到美国的主流社会,主要表现为三种模式:其一,选择性融合;其二,完全融合于主流社会;其三,融合于城市贫困文化。以

---

① John Goldlush, Anthony H.Richmond, "A Multivariate Model of Immigrant Adaptation", *International Migration Review*, Vol.8, No.2(1974), pp.193–225.

② Richard Alba, Victor Nee, "Rethinking Assimilation Theory for a New Era of Immigration", *International Migration Review*, Vol.31, No.4(1997), pp.826–874.

③ Won Moo Hurh, Kwang Chung Kim, "Adhesive Social Cultural Adaptation of Korean Immigrants in the U.S.:An Alternative Strategy of Minority Adaptation", *International Migration Review*, Vol.18, No.2(1984), pp.188–216.

④ Alejandro Portes, Min Zhou, "The New Second Generation:Segmented Assimilation and its Variants", *Annals of the American Academy of Political and Social Science*, Vol.530, No.1(1993), pp.74–96.

⑤ Min Zhou, "Growing up American:The Challenge Confronting Immigrant Children and Children of Immigrants", *Annual Review of Sociology*, Vol.23, 1997, pp.63–95.

马西(Massey,1985),马西、登顿(Massey,Denton,1987,1993),阿尔瓦等(Alba et al.,1999)为代表的经济学家提出,"居住融合论",采用"居住隔离"的概念分析社会隔离问题,并进一步研究了社会融合进程,认为"居住隔离"是社会隔离最明显的表现形式和组成部分[1][2][3][4]。马西、登顿(Massey,Denton,1987)认为,居住隔离体现了不同群体在本区域居住空间上的分散程度,包括"均衡性、聚集性、集群性、接触性、中心化"五个维度;托伊伯(Taeuber,1968)认为,代表群体空间分布上差异、基础设施差别的居住隔离是导致人与人交往产生隔离和分化的主要原因[5]。在人口迁移过程中,不同的职业、社会地位、生活习惯、住房区位选择意向等特征导致流动人口与本地城市居民之间形成分区域、集中独立的居住格局。另外还有一些学者提出地方分层论、空间同化论、住房阶级论对居住隔离进行了解释。

(二)国外社会融合和社会融入内涵的研究

社会融合概念。法国社会学家杜尔凯因(E.Durkhein,1964)首次提出"社会融合"这一概念,并认为社会融合指的是能够维持正常社会秩序的一种集体意识,这里的"社会"不代表其他具有明确界定的社会集合体,仅仅指的是社会本身[6]。在 E.Durkhein 研究的基础上,学者们进一步拓展了社会融合的内涵,施瓦茨(Schwarz,1964)认为社会融合衡量的是个体在某个群体的参与

---

① Douglas Massey,"Ethnic Residential Segregation:A Theoretical Synthesis and Empirical Review",*Sociology and Social Research*,Vol.39,No.3(1985),pp.315-350.

② Douglas Massey,Nancy A.Denton,"Trends in the Residential Segregation of Blacks Hispanics and Asian 1970-1980",*American Sociological Review*,Vol.52,No.5(1987),pp.802-825.

③ Douglas Massey,Nancy A.Denton,*American Apartheid:Segregation and the Making of the Underclass*,Cambridge,MA:Harvard University Press,1993.

④ Richard D.Alba,et al.,"Immigrant Groups in the Suburbs:A Reexamination of Surburbanization and Spatial Assimilation",*American Sociological Review*,No.2(1999),pp.446-460.

⑤ K.E.Taeuber,"The Effect of Income Redistribution on Racial Residential Segregation",*Urban Affairs Review*,Vol.4,No.1(1968),pp.5-14.

⑥ E.Durkhein,*The Division of Labour in Society*,New York:Free Press,1964.

程度、认同程度和依赖程度,体现了群体的内聚性①。阿玛蒂亚·森(Amartya Sen,1982)基于"可行性能力"提出社会融合意味着社会成员享有公平的机会和资源,全面参与社会经济和文化生活建设,并且强调社会福利要覆盖到那些受到社会排斥和具有社会风险的弱势群体②。达菲(Duffy,1998)认为社会融合具有两方面的内涵:一方面是在流入地可以平等地参与社会经济文化生活,另一方面是在家庭和社区中拥有相互信任、尊重和互惠的人际关系③。20世纪90年代以来,随着当代西方国家社会政策研究和实践的不断推进,"社会融合"这一概念成为大众关注的焦点。2000年3月,在里斯本召开的欧洲首脑峰会上制定的里斯本战略,开启了欧盟成员国的社会融合进程。2006年,时任联合国秘书长的安南系统阐述了"移民社会融合"的观点,"移民迁徙的成功在于迁入者与迁入地社会的相互适应,平等待遇和减少歧视是融入社会的基石,融入社会包括使用当地语言、公平的劳动力市场准入、平等就业、熟悉风俗、接受迁入地社会价值观念、家庭团聚与获得入籍的条件资格"。

　　社会融入概念。社会融入是一个多层面、多维度的概念,理论学界尚不存在明确统一的定义,西方关于移民的社会融入研究主要描述了移民在进入新社会之后的融入状态到融入过程中的同化(assimilation)和社会适应(social adaptation)、社会吸纳(social inclusion)与社会并入(social incorporation)。吕卡森(Lucassen,1997)和格莱泽(Glazer,1997)强调了同化概念的单向性和同质性的特点,认为同化意味着移民完全接受了流入国新的社会价值,实现了对流入地市民身份的完全认可④⑤。威廉·伯纳德(William S.Bernard,1967)认

---

① H.K.Schwarz Weller, "Parental Family Ties and Social Integration of Rural to Urban Migrants", *Journal of Marriage and the Family*, 1964.

② Amartya Sen, *Choice, Welfare and Measurement*, Basil Blackwell, 1982.

③ K.Duffy, "The Human Dignity and Social Exclusion Project-research Opportunity and Risk: Trends of Social Exclusion in Europe", Council of Europe, 1998.

④ L.A.C.J.Lucassen, "Niets nieuws onder de zon? Devestiging van Vreemdelingen in Nederland sindsde 16e eeuw", *Justitiële Verkenningen*, Vol.27, No.6(1997), pp.10-21.

⑤ N.Glazer, *We are all Multiculturalists Now*, Cambridge, MA:Harvard University Press, 1997.

为,并不存在纯粹的一般意义上的同化,同化概念过于强调当地人对移民的单向影响,忽略了移民同样会对流入国的社会观念、文化思想等意识形态产生一定的影响,移民与当地人之间实际上是互相融入的。马滕斯(Martens,1995)认为,社会适应更强调移民群体适应新生活的主观主动性,具体表现为移民会不仅在语言、收入和消费等客观层面适应当地生活,并且实现了主观上的态度、价值观念和认同感的转换。埃林森(W.Ellingsen,2003)认为,社会融合是一个多层次的融合,既包括个体层次、群体层次与国家层次上的融合,也包括政治、经济、文化等多个方面内容的融合,是移民个体或群体被融入到社会各个领域的过程,体现了移民与当地社会之间的相互适应[1]。雷德菲尔德、赫斯科维茨(Redfield,Herskovits,1936)给出了文化适应的经典定义,它是指不同文化背景的移民个人或群体进入到新的社会环境以后对流入地社会语言与文化的适应,使原有的文化模式发生变化的过程,该过程体现了移民社会文化的融合[2]。社会吸纳从社会福利和公共政策角度出发,包括价值认同、个人技能、机会空间涉取和社会生活卷入程度等要素。社会并入更强调移民的社会结构性特征,体现了移民在就业、教育、福利以及社会关系等方面的融入,由于移民在经济融入方面存在困难并影响到移民的结构性融合,政府需要制定社会并入的公共政策,通过教育和培训等方式提升移民的个人技能,进而提升移民的市场竞争力。

三、国内社会融合理论及相关学术梳理

(一)国内社会融合理论及相关学术梳理

当前国内农民工社会融合问题的研究大多围绕"再社会化说""新二元关

① Winfried Ellingsen,"Social Integration of Ethnic Groups in European",*Geography Bergen*,University of Bergen,Department of Geography,2003.

② R.Redfield,et al.,"Memorandum for the Study of Acculturation",*American Anthropologist*,Vol.38,No.1(1936),pp.149-152.

系说""融入递进说"等三个角度展开。

1. 再社会化说

再社会化理论基于社会化视角,认为农民工应当参照城市居民主动调整自己的行为模式,完成从传统到现代、从农村到城市靠拢的转变过程,这种基于农民工主观判断的二元对立模式在一定程度上反映了农民工对现代化城市文明的依赖。田凯(1995)认为农民工的"城市适应性"是指农民从农村进入城市以后对现代城市文明的适应状况,城市适应的结果是农民工改变了原有的生活方式和价值观念,被当地文明所接纳,成为城市社会中的一员。农民工城市适应是一个再社会化的过程,这个过程的实现需要具备三个条件:经济层面的立足、社会层面的交往、文化层面的认同①。这三个条件是依次递进的关系,首先,经济层面的立足是基础,包括稳定的职业和收入;其次,经济条件的改善改变了农民工的消费方式和生活习惯,促进了社会层面的人际交往;最后,通过社会层面的人际交往进而实现观念的转变、文化的认同和心灵的归属。城市文明和农村文明的兼容与冲突导致了农民工城市适应同样具有长期性、滞后性、差异性和兼容性的特点,社会适应本身固有的复杂性和系统性特点决定了农民工的城市适应是一个从点到面、从部分到整体、从量变到质变的漫长过程。朱力(2002)认为,农民工的城市适应同样存在从经济层面到社会层面再到心理层面的循序渐进过程,经济适应是基础,而心理适应则意味着农民工实现了真正意义上的城市融入②。经济适应表现为稳定的职业、收入和住所,在基本生存条件得到满足的情况下,社会层面的生活方式、行为举止和社会交往反映了农民工主动适应城市生活的必然要求,经济适应和社会适应潜移默化改变农民工的价值观念和心理认同等主观意识,最终实现心理适应。

2. 新城市二元说

马西恒和童星(2008)提出"二元社区""敦睦他者"和"同质认同"是农民

---

① 田凯:《关于农民工的城市适应性的调查分析与思考》,《社会科学研究》1995 年第 5 期。
② 朱力:《论农民工阶层的城市适应》,《江海学刊》2002 年第 6 期。

工与城市社会融合依次经历的三个阶段①。新移民进入城市初期,城乡分割的"二元结构"导致同一城市不同群体之间同样分割为"二元社会",并呈现出一种相互排斥和对立的状态,由于在公共政策、社会观念、身份认同上存在差异,新移民和城市居民之间的融合关系处于初级阶段,离同质认可的社会融合还有一定距离,随着新移民在城市居留时间的延长,双方开始意识到"与人方便,自己方便"的好处,主动调整各自的态度和行为,相互合作、相互包容,这种基于二元结构的正向互动的"敦睦他者"阶段是新移民与城市居民融合的过渡期和关键期;随着城乡分割制度的取消,新移民逐渐在就业、交往、居住、文化和价值观念等方面融入城市,并获得城市的居民权和居民身份,到达"同质认同"的社会融合阶段,兼容、合作、理性的"新二元关系"得到进一步发展。

3. 融入递进说

融入递进说的研究差异体现在社会融合维度的不同划分,李树苗等(2008)认为,社会融合可以分为情感融合和行为融合两个维度,并通过实证研究得出结论:以社会关系网络为指标的行为融合对农民工的定居意愿、情感融合、生活满意度均具有显著的正向作用②;杨菊华(2009)将农民工的社会融入划分为经济整合、文化接纳、行为适应、身份认同四个维度,并将社会融入结果提炼为隔离型、多元型、选择型、融入型、融合型五种模式③;悦中山等(2012)把农民工社会融合划分为经济融合、文化融合、心理融合三个维度,其中经济融合是单向的,文化融合和心理融合是双向的,并认为制度障碍和歧视性政策是影响农民工社会融合的根本因素④。

---

① 马西恒、童星:《敦睦他者:城市新移民的社会融合之路——对上海市 Y 社区的个案考察》,《学海》2008 年第 2 期。

② 李树苗等:《中国农民工的社会融合及其影响因素研究——基于社会支持网络的分析》,《人口与经济》2008 年第 2 期。

③ 杨菊华:《从隔离、选择融入到融合:流动人口社会融入问题的理论思考》,《人口研究》2009 年第 1 期。

④ 悦中山等:《农民工社会融合的概念建构与实证分析》,《当代经济科学》2012 年第 1 期。

（二）国内社会融合和社会融入内涵的研究

1. 社会融合概念

国内学者关于社会融合的概念界定大多套用西方移民研究中的社会融合定义,缺乏对国内农民工社会融合概念的界定。任远、邬民乐(2006)认为,"社会融合"是不同个体之间、不同群体之间以及不同文化之间彼此适应和互相接纳的过程。①。周明宝(2004)认为,农民工"社会融合"主要体现在城乡文化融合,一方面现代城市文明、生活方式和人际交往规则逐渐改变农民工的生活习惯,赋予其现代化的特质;另一方面农民工朴实的乡土文化也在潜移默化影响着城市文明。② 王毅杰、倪云鸽(2005)探讨了农民工的社会认同状况,认为作为农民与市民之间的"边际人"或"过渡人",农民工更需要获得强烈的认同感和归属感,不仅实现职业身份的转换,更需要完成农村人到城市人的身份转变。③ 王桂新(2006)基于农民工城市化的角度并提出社会融合度概念,外来人口的社会融合度指的是外来人口在居住和就业等生活各个方面融入城市的程度,也被看作是外来人口和城市居民的同质化水平,农民工迁入城市生活只是完成了空间上的城市化,但由于二元社会体制的制约,广大农民工很难拥有城市户籍实现身份上的"市民化",农民工的社会融合是推进城市化进程中的一个重要阶段,也是实现城市化的关键阶段。④

农民工的城市化经历了一个从形式上的城市化到过渡城市化,最后达到实质城市化的过程。悦中山等(2009)认为,研究农民工的社会融合问题,实质上也是研究处于弱势地位的农民工与处于优势地位的城市居民之间的关系,农民工社会融合体现了农民工与城市居民之间经济地位、社会文化和心理

---

① 任远、邬民乐:《城市流动人口的社会融合:文献述评》,《人口研究》2006年第3期。
② 周明宝:《城市滞留型青年农民工的文化适应与身份认同》,《社会》2004年第5期。
③ 王毅杰、倪云鸽:《流动农民社会认同现状探析》,《苏州大学学报》2005年第2期。
④ 王桂新、张得志:《上海外来人口生存状态与社会融合研究》,《市场与人口分析》2006年第5期。

方面差异的消减。① 任远、乔楠(2010)认为,社会融合是流动人口与本地居民之间相互影响、消除排斥、逐步同化的过程,体现了流动人口对城市未来的期望和本地居民主观接纳过程的统一。② 陈友华(2014)在《市场驱动、制度隔离:继发型性别失衡》一文中指出,流动人口的社会融合不是简单的单向融合,不仅要考察流动人口对流入地的情感认同和社会参与程度,还要考察流入地居民对流动人口的感受和接纳程度;流动人口的社会融合涉及多方主体,既包含流动人口内部成员之间的融合,也包括流动人口对流入地居民之间的融合。③ 黄匡时、嘎日达(2010)认为,农民工城市融合是一个多层次和多维度的概念,借鉴欧盟社会融合指标和移民整合指数,中国农民工城市融合程度可以构建以下三个指标来衡量,从个体层面构建"民工城市融合个体指数",从总体融合角度构建"农民工城市融合总体指数",从政策融合角度构建"农民工城市融合政策指数"。④ 王谦(2014)基于公平角度指出,社会融合是流动人口在流入地享有平等的生存和发展机会,公平享有社会资源和福利待遇,实现经济立足、社会认同和文化融合的过程。⑤ 中国在社会保障和公共服务方面的地区差异、城乡差别、体制内外差别强化了农民工对乡缘、地缘和亲缘关系的主观依赖,进一步加剧了社会隔离,只有当农民工获得平等的发展机会、享受均等化的公共服务、共享社会经济发展的成果,才能接受城市价值观念及行为方式完成向市民的转变。

2. 社会融入概念

目前国内已有研究对农民工"融入城市"还没有达成一致的定义,存在

---

① 悦中山等:《当代西方社会融合研究的概念、理论及应用》,《公共管理学报》2009 年第 2 期。

② 任远、乔楠:《城市流动人口社会融合的过程、测量及影响因素》,《人口研究》2010 年第 2 期。

③ 陈友华:《市场驱动、制度隔离:继发型性别失衡》,《探索与争鸣》2014 年第 9 期。

④ 黄匡时、嘎日达:《"农民工城市融合度"评价指标体系研究——对欧盟社会融合指标和移民整合指数的借鉴》,《西部论坛》2010 年第 5 期。

⑤ 王谦:《关于流动人口社会融合指标研究的几点思考》,《人口与发展》2014 年第 3 期。

"融入城市""城市融合""社会融合""城市适应""市民化"等诸多表述,概念界定的模糊直接影响了对概念内涵和外延的理解。农民工离开家乡,从熟悉的乡村进入陌生的城市,不仅是生活场所和工作场地发生变化,更重要的是方言、习俗、价值观念与流入地社会存在较大差异,初次进入城市的农民工大都会经历一个被边缘化的隔离阶段,需要逐步适应全新的城市生活方式,完成自身再社会化或再城市化的过程,随着留居城市时间的延长,不愿回流的农民工开始了漫长的融入城市之旅。现实社会中,农民工进入城市社会融合的模式各有不同,从"隔离、区隔再到融合"是多方面因素共同作用的结果,它们之间可能会有重叠或者呈现出不同的轨迹,郭星华、李飞(2009)考察了农民工社会认同的二重性特征,二重性是城市化进程中农民工认同转化的中间过渡阶段,大部分新生代农民工对现代城市文明高度认同,表现为主动吸纳和自觉内化这种城市文明和生活方式,最终成功转化为市民。①

3. 社会融合与社会融入的关系

杨菊华(2014)认为,融入是融合的前提和基础,融合是融入的最高境界,没有融入肯定不会达到融合,但融入并不意味着实现了融合,反过来,融合必定已经实现了融入。② 不平等的城乡二元体制是农民工社会地位不平等和待遇不公正的根源,直接影响了农民工融入城市的深度和我国城镇化的发展速度。农民工社会融合是一种可以实现的理想状态,关键在于赋予农民工与城市居民同等的公民权利,只有农民工在劳动权益、工作机会、医疗服务、教育培训、社会保障方面享有充分的权益,才能真正成为城市社会中的一部分,实现"农民"向"市民"身份的转变。

目前,国内学者在描述流动人口在流入地的互动情况时,通常使用"融合"概念,融合与融入虽然只差一字,但二者的内涵却"失之毫厘,差之千里"。

---

① 郭星华、李飞:《漂泊与寻根:农民工社会认同的二重性》,《人口研究》2009 年第 6 期。
② 杨菊华等:《流动人口社会融合:"双重户籍墙"情景下何以可为?》,《人口与发展》2014 年第 3 期。

"融合"是一个双向过程,体现了流出地文化与流入地文化相互渗透、相互交融,"融入"则是单方面行为,强调流动人口在经济行为、文化习俗和价值观念上融入到主流社会。本书使用"融入城市"这一概念探讨农民工在流入地的互动状况和社会经济地位,将"农民工融入城市"界定为"在城镇化第二阶段乡—城流动人口市民化过程中,农民工与城市居民、城市经济、城市文化相适应的过程,在此过程中农民工加强自身城市资本积累的同时,制度藩篱的消除将赋予农民工平等的公民权,实现'社会融合'的最终目标"。

第三节　农民工融入城市能力相关的学术梳理

一、农民工能力内涵的学术梳理

(一)关于能力含义的学术梳理

理解"农民工融入城市能力"的含义,首先要厘清"能力"概念。"能力"是一个二元性的概念,包括先赋智能以及后天性知识、经验、技能的习得。王竹林、范维(2015)基于人力资本角度研究"能力构成",着眼于人力资本经济价值的探讨与分析,在此基础上提出"能力论"分析范式,认为人力资本是能力的载体,能力存在于人力资本之中,是人力资本的核心构成要素。[1] 李忠民(1999)认为能力是由人力资本投资形成,是个体拥有的可以转化为商品或服务进而获取收益的一种效用,具体可以划分为组织能力、管理能力、工作能力和资源配置能力等类型。[2]

张笑秋(2016)认为研究能力的构成要素和影响因素有利于把握农民工

---

[1]　王竹林、范维:《人力资本视角下农民工市民化能力形成机理及提升路径》,《西北农林科技大学学报(社会科学版)》2015年第2期。

[2]　李忠民:《人力资本——一个理论框架及其对中国一些问题的解释》,经济科学出版社1999年版,第118页。

的真实能力水平,能力与行为活动紧密相连,是行为主体从事某项活动的前提基础,在具体行为活动过程中又使得能力得到进一步的生成和发展。[1] 陈俊峰、杨轩(2012)认为"能力"指的是个体或群体为达成某种目标所运用的手段和方式,主要包括知识、技能、经验以及心理状态等个人内在素质。[2] 徐丽敏(2015)认为"能力"是生存在一定的社会结构中具有能动性的个人对社会资源的运用,以及在利用资源过程中构建能力的功能,能力和社会资源之间互相作用、互相促进,能力决定个人所能拥有社会资源的数量多寡和质量高低,而能力高低又是利用资源构建能力行为的结果。[3]

(二)关于农民工能力构成和类型的学术梳理

为了全面准确把握"农民工能力"的内涵和外延,需要从不同维度对农民工能力类型进行分类。阿玛蒂亚·森提出"可行能力"的目的在于发展一种"工具性自由"促进功能性活动的实现,为个人的发展提供必要的方式和手段,因此,构建农民工融入城市能力的清单非常必要,重点在于整合人们所需要的各种能力,能力的提升有利于农民工更好的融入城市。张笑秋(2016)认为能力主要包含五种类型:发展能力、就业能力、心理能力、可行能力和市民化能力,划分能力维度有助于区分能力构成要素和影响因素,确定农民工"多主体参与、分阶段与差异化发展"的能力发展和提升路径。徐丽敏(2010)把"能力"划分为智能、技能和体能三个方面,智能是参与和社交能力,包括社区参与能力、教育参与能力和社交能力;技能是学习能力,包括语言学习能力、信息学习能力、知识学习能力和政策学习能力;体能是健康能力,包括身体健康、心理健康和社会适应。由于可行能力受制于农民工自身因素和制度因素,并且

---

[1]　张笑秋:《农民工能力的类型、测量、影响因素与提升路径——基于文献研究的视角》,《求索》2016 年第 5 期。

[2]　陈俊峰、杨轩:《农民工融入城镇能力测评指标体系研究》,《城市问题》2012 年第 8 期。

[3]　徐丽敏:《农民工随迁子女社会融入中的教育困境及对策研究》,《郑州大学学报(哲学社会科学版)》2015 年第 6 期。

缺乏社会支持,可以通过自我能力培训、重构社会支持网络等路径提升农民工学习和社会参与能力。农民工从农村来到城市务工主要出于经济层面的考虑,求职是他们的首要目的,就业能力成为农民工能力的重要组成部分。林竹(2016)认为农民工融入城市能力包括内在能力和外在能力两种,内在能力包括经济能力、社交能力和心理文化能力,外在能力主要指政治能力,这些能力构成之间相互影响、相互制约。① 农民工作为城市的弱势群体,部分功能性活动受制度因素的制约难以顺利展开,部分学者认为农民工的"可行能力"也是构成农民工能力的重要组成部分。本书重点从就业能力、社会能力和可行能力三个方面展开评述。

就业能力——罗恩立(2012)认为农民工个人的就业能力关系到家庭经济收入和社会人际交往,农民工群体的就业能力直接影响到他们的福祉尊严和社会地位,关系到中国经济发展方式转变和产业结构升级,他把就业能力定义为"就业特有的,嵌入于个体就业适应性中的多维要素集合与构建",并构建了包含人力资本、工作文化、适应能力、家庭环境、市场需求、公共政策、资源可及性和权益保障等要素的就业能力评价指标体系。② 就业能力的高低直接影响农民工寻找、维护和转换工作的竞争力,和农民工城市融入显著正相关,研究结果表明,新生代农民工的就业能力越强,他们适应城市、融入城市的目标越容易实现,因此,政府应加快出台促进劳动保护、提高就业能力的社会公共政策。

社会能力——胡晓江等(2014)从社会能力视角研究新生代农民工社会融合,认为"社会能力"是个人与社会互动过程中所拥有的社会技能、社会关系与社会地位的外在表现,对新生代农民工来说,"社会能力"是在城乡分割背景下,伴随着寻求职业发展、适应城市生活过程中所具备的一系列社会技

---

① 林竹:《资本匮乏与阶层固化的循环累积——论城市农民工的贫困》,《社会科学文摘》2016年第11期。

② 罗恩立:《我国农民工就业能力及其城市化效应研究》,博士学位论文,复旦大学,2012年。

能,具体来说,主要包含求职能力、工作技能、适应能力以及人际交往能力。①

可行能力——阿玛蒂亚·森(1982)超越了功利主义的局限,将研究焦点集中于差异化个体的现实能力上,基于人际异质性将"可行能力"定义为个人能够选择有理由珍视生活的实质自由,强调个体拥有能够进行选择的机会,个人的"可行能力"是个人可以选择的功能性活动的集合,这种意义上的能力是一种自由,是个人享有的"机会"和个人选择"过程"的统一。"可行能力的贫困"意味着相关能力的缺失,贫困在这里不是指经济学意义上的收入低下,而是说明个体的可行能力被剥夺。徐丽敏(2009)从农民工"自由缺失"和"可行能力的贫困"出发,从政治自由、经济状况、社会机会获得、透明性保护和防护性保障五个方面展开分析。不完善的市场机制下,由于就业政策、就业歧视使得农民工无法获得均等机会而处于弱势地位;社会机会方面,农民工子女难以享受到优质的教育资源和医疗保障,严重影响社会的公平正义;在透明性保护方面,农民工劳动力市场存在大量不规范交易,而且正式劳动合同的签订率较低,农民工权益得不到法律的保护;防护性保障方面,农民工社会福利、社会保障及社会救助体系的不健全,使农民工被排除在"社会安全网"的保障之外。

二、农民工融入城市能力影响因素的学术梳理

(一)资本因素

部分学者从人力资本角度分析农民工融入城市的现实困境,从社会资本角度分析农民工融入城市与社会资本之间的内在关联,以及社会资本对农民工城市融入的建构作用。

1.经济资本因素

农民工内部收入分化差异影响其经济资本形成,进而影响其城市融入能

---

① 胡晓江等:《新生代农民工的社会能力与社会融合》,《同济大学学报(社会科学版)》2014年第2期。

力。在当前中国社会,二元社会结构、二元经济结构、二元劳动力市场结构三重分割机制导致了中国复杂的多重分割劳动力市场(李春林,2006)。长期以来,农民工遭受户籍制度的"身份歧视"、外来人口的"地域歧视",以及人力资本壁垒的"职业门槛",他们很难进入一级劳动力市场从属于正规就业部门,只能以"低收入、低保护、高流动、高风险"的就业状态滞留在次级劳动力市场的非正规部门或者是正规部门的非正规就业岗位,因此,非正规就业成为农民工就业的代名词。近年来,在"农民工新政"和"人的城镇化"背景下,农民工群体内部结构发生了阶层分化和职业分化,农民工并不再是处于社会底层"被边缘化"的同质性群体,部分农民工通过职业向上流动途径改善了自己的社会经济地位①(王超恩、符平,2013),进入一级劳动力市场或正规部门从事正规就业,稳定职业与城市社会保障的获得强化了农民工自身融入城市的能力,产生了农民工群体内部正规就业与非正规就业性质的"就业分流"。进一步,非正规就业农民工内部存在异质性,表现为自雇就业已成为农民工重要的就业形式,从流动商贩到个体经营,所涉及农民工群体数量大、行业多,故将农民工非正规就业进一步区分为自雇就业和受雇就业。

以往研究关注户籍制度(农民工身份)这堵"无形之墙"所造成的就业歧视和社会隔离,农民工之所以为"农民工",与城市居民根本的区别在于农民工被隔离在城市非正规部门,不具备正式的雇佣关系且缺乏制度保护,具有低层次性、依附性和边缘性的特点②(万向东,2008)。吴要武、蔡昉(2006)描述了中国非正规就业的规模和特征,认为非正规劳动者在个人特征、劳动条件、收入水平和所享受的福利水平均显著低于正规就业者;进一步研究关于正规就业与非正规就业劳动者之间的工资差距,③相关文献一致认为正规就业收

---

① 王超恩、符平:《农民工的职业流动及其影响因素——基于职业分层与代际差异视角的考察》,《人口与经济》2013 年第 5 期。

② 万向东:《农民工非正式就业的进入条件与效果》,《管理世界》2008 年第 1 期。

③ 吴要武、蔡昉:《中国城镇非正规就业:规模与特征》,《中国劳动经济学》2006 年第 2 期。

入高于非正规就业,常进雄、王丹枫(2010)认为正规就业人力资本占优配置和经验回报率歧视差异是两者工资差距拉大的原因①;薛进军、高文书(2012)研究发现二者之间的工资差距主要来源于非正规就业个体较低的人力资本禀赋水平以及较低的教育回报率歧视差异,总收入差距中有1/4的差距是由劳动力市场歧视造成②;屈小博(2012)分析工资差距,发现总收入差距中20.7%的收入差距来源于市场分割的歧视,其余差距是由于两类就业群体的特征差异③;魏下海、余玲铮(2012)分位数分解工资差距,认为在工资分布的收入低端,工资差距来自歧视等非市场因素,在工资分布的收入高端,工资差距来自于教育和经验等个人禀赋差异。④农民工作为非正规就业群体的主体部分,"二等公民"的差别待遇最明显的是与城市工人的收入差距,事实上,就业于正规部门还是非正规部门、公有部门还是非公有部门成为区分外来劳动力与城市劳动力的"尺度"之一,因此,农民工与城市工人收入差距研究成为"中国本土化"的正规就业与非正规就业收入差距研究不可忽略的部分。目前,农民工与城市工人收入差距研究涉及身份分割、职业隔离和性别歧视等,户籍制度是通过身份区别对待的"同工不同酬"工作歧视直接形成职业内报酬差异,或是通过与城市劳动力结构性分割的"职业隔离"形成职业间报酬差异,得出的研究结论不相一致。吴贾等(2015)研究发现农民工与城市职工工资差距完全是由农民工"身份歧视"职业内同工不同酬的工资待遇所造成。⑤王美艳(2005)认为农民工作为城市劳动力市场的后来者,面临着岗位获得的"进入"

①　常进雄、王丹枫:《我国城镇正规就业也非正规就业的工资差异》,《数量经济技术经济研究》2010年第9期。

②　薛进军、高文书:《中国城镇非正规就业:规模、特征和收入差距》,《经济社会体制比较》2012年第6期。

③　屈小博:《中国城市正规就业与非正规就业的工资差异——基于非正规就业异质性的收入差距分解》,《南方经济》2012年第4期。

④　魏下海、余玲铮:《我国城镇正规就业与非正规就业工资差异的实证研究——基于分位数回归与分解的发现》,《数量经济技术经济研究》2012年第1期。

⑤　吴贾等:《城乡户籍歧视是否趋于止步——来自改革进程中的经验证据:1989—2011》,《经济研究》2015年第11期。

歧视与工资决定同工不同酬的"身份"歧视,二者工资差距的59%是由就业岗位间工资差异作用,41%受由就业岗位内工资差距作用,其中,42.8%的工资差异是由纯粹意义上的歧视所引起。① 邓曲恒(2007)认为对于中低端收入人群,歧视是造成二者收入差距的主要原因,对于高端收入人群,收入差距是因为特征差异效应所致。② 吴晓刚、张卓妮(2014)利用布朗分解法,揭示户籍制度(农民工身份)对收入不平等的作用,发现农民工因个人特征因素被隔离在低端职业的职业隔离是导致农民工与城镇工人收入不平等的主要原因,而并非同工不同酬"身份歧视"的劳动力市场直接歧视。③

以往研究关注城镇正规就业与非正规就业劳动者工作差距、农民工与城市工人的收入差距,而对农民工内部收入差距的研究较少。黄乾(2009)比较研究农民工内部稳定就业与不稳定就业两类不同群体工资收入差距,发现构成总工资差异的禀赋差异总效应为40.52%,禀赋回报率差异(系数差异)总效应为59.48%。④ 寇恩惠、刘柏慧(2013)使用分位数分解短期农民工与长期农民工收入差距,发现农民工工资存在收入分布低端差距较大的"粘地板效应"。⑤ 王春超、何意銮(2014)探讨社会资本对农民工收入差距的影响机制,研究结论表明"整合性"社会资本能够缩小农民工内部收入差距,"跨越型"社会资本会拉大收入差距。⑥

2.人力资本因素

人力资本归因论。国际移民良好社会融入的主要原因在于移民获得了新

---

① 王美艳:《中国城市劳动力市场上的性别工资差异》,《经济研究》2005年第12期。

② 邓曲恒:《城市居民与流动人口的收入差异——基于 Oaxaca-Blinder 和 Quantile 方法的分解》,《中国人口科学》2007年第2期。

③ 吴晓刚、张卓妮:《户口、职业隔离与中国城镇的收入不平等》,《中国社会科学》2014年第6期。

④ 黄乾:《城市农民工的就业稳定性及其工资效应》,《人口研究》2009年第3期。

⑤ 寇恩慧、刘柏慧:《城镇化进程中农民工就业稳定性及工资差距——基于分位数回归的分析》,《数量经济技术经济研究》2013年第7期。

⑥ 王春超、何意銮:《社会资本与农民工群体的收入分化》,《经济社会体制比较》2014年第4期。

人力资本,较高水平的人力资本加快了移民融入城市的步伐,反之,人力资本的匮乏在一定程度上限制了移民融入城市。这与国内学者研究的基本结论一致,人力资本与农民工社会融入二者之间密切相关,丰富的人力资本对流动人口的融入城市起到积极的促进作用。一般来说,劳动力流入到一个更发达、更现代的城市,为了适应新的社会环境,他们必须具备与之匹配的语言能力、劳动技能、工作经验等人力资本,为了顺利实现社会融入,移民必须发挥人力资本的作用并不断形成新人力资本,进而转化为较强的融入城市能力。农民工人力资本的缺失限制了他们社会融入的程度,并且由于不具备适应新的劳动力市场需求、经济生产方式和职业流动的基本能力,绝大多数农村移民从事体力劳动或半技术半体力职业,职业上升渠道和空间有限。荣格・陶什(Junger-Tas,2001)认为随着经济社会的发展和产业结构的转型升级,对劳动者素质提出了更高的要求,移民由于缺乏现代化的劳动技能难以获得合适的工作岗位,结构性失业增加。①

关于农民工人力资本与社会融入关系的研究。农民工人力资本投资回报率影响农民工经济融入,表现为人力资本积累对农民工个人收入和经济地位提升的促进作用(邓曲恒,2007;李春玲,2006)认为,农民工人力资本积累越丰富,可供选择的工作岗位就越多,也更容易获得职业阶层位置较高的岗位,同时还会获得更丰厚的经济收入和更公平的社会待遇。②③ 张蕾、王桂新(2008)认为,受教育程度既是人力资本构成中非常重要的组成部分,同时也是提升人力资本的重要途径和手段,人力资本的高低直接影响流动人口的学习能力、适应能力以及参与劳动力市场竞争的能力;同时,拥有较高人力资本的农民工更容易跨越制度性障碍、积累社会资本,顺利实现社

---

① Josine Junger-Tas, "Ethnic Minorities, Social Integration and Crime", *European Journal on Criminal Policy and Research*, Vol.9, No.1(2001), pp.5–29.

② 邓曲恒:《城镇居民与流动人口的收入差异——基于 Oaxaca-Blinder 和 Quantile 方法的分解》,《中国人口科学》2007 年第 2 期。

③ 李春玲:《城乡移民与社会流动》,《江苏社会科学》2007 年第 2 期。

会融入目标。① 刘林平、张春泥(2007)从制度主义的视角构建了农民工工资决定模型,研究结果显示:企业制度和人力资本是决定农民工工资水平的基本因素,企业规模和工种等级显著影响农民工的工资水平,具体来说,企业规模越大、工种等级越高,则农民工的工资也越高,但是农民工工资水平不受社会资本与社会环境变量的影响。② 李培林、田丰(2010)考察了知识、技能、经验三类人力资本对个体工资水平和社会经济地位的影响,研究结果发现,不同的社会职业阶层,教育收益率存在较大差异,引起这种差异的原因在于人力资本因素的影响,并且由于现阶段我国劳动力市场仍然受到城乡二元体制的影响,教育收益率存在户籍差异、体制内外差异以及地域差异。③ 人力资本和多种制度因素(户籍、体制、社会保障)共同决定了个体的收入和经济地位,个人教育回报率的提高有利于促进劳动力市场的公平竞争,但劳动力市场的公平难以保证社会公平,需要政府完善社会福利和社会保障制度,消除城乡差别促进社会公平的实现。

人力资本回报率研究。人力资本收益率研究一直是劳动经济学领域的热点问题。很多经济学家长期致力于人力资本收益率"一致性"估计的研究,只要改进研究方法或者更新数据就会得到新的结论。王德文等(2008)通过实证分析了教育和培训对农村外出劳动力的就业选择、工资决定以及再流动的影响,并对人力资本回报率采用简单的 Mincer 工资方程、拓展的 Mincer 工资方程及工具变量三种方法进行了估计。④ 研究结果显示:人力资本积累水平对农村外出劳动力的就业选择、工资决定和再流动具有重要影响,教育和培训

---

① 张蕾、王桂新:《第二代外来人口教育及社会融合调查研究——以上海为例》,《西北人口》2008 年第 5 期。

② 刘林平、张春泥:《农民工工资:人力资本、社会资本、企业制度还是社会环境?——珠江三角洲农民工工资的决定模型》,《社会学研究》2007 年第 6 期。

③ 李培林、田丰:《中国劳动力市场人力资本对社会经济地位的影响》,《社会》2010 年第 1 期。

④ 王德文等:《农村迁移劳动力就业与工资决定:教育与培训的重要性》,《经济学(季刊)》2008 年第 4 期。

显著提高了农民工选择成为工资收入者(相对于自我经营者)的概率,也显著提高了农民工选择再流动的概率。张车伟(2006)研究发现中国的教育回报率与教育程度显著正相关,并且最低收入 5% 分布群体的教育回报率为 2.7%,最高收入 95% 分布人群的教育收益率为 6.53%,目前中国的劳动力市场存在着多重分割,估计的教育总体回报率为 4.34%,教育回报率的高低主要是由选择的职业或行业、就业地区等因素决定。[1] 提高农民工融入城市的能力,就必须不断缩小城乡收入差距,同时提高农村外出劳动力特别是低收入水平以及低教育水平劳动者的受教育程度。为此,一是建议国家将义务教育的时间适当延长到高中阶段;二是政府需要不断加大面向贫困地区以及低收入人群的转移支付力度。钱文荣、卢海阳(2012)基于变量的主效应和变量间条件效应,研究了农民工人力资本与收入关系的性别差异以及户籍地差异。研究结果显示,农民工的人力资本状况与收入水平存在显著的正相关关系,在较高的受教育水平上,农民工的教育收益率存在显著的性别差异,但户籍地差异并不显著。[2] 谢桂华(2012)考察农民工流动状况和户籍制度对收入的影响,比较了不同流动状态和不同户籍性质的劳动力的人力资本回报状况,探讨不同群体劳动力的城市劳动力市场融合问题。研究表明外来流动人口都存在正向自我选择的倾向,表现为年轻人和受教育程度高的人更容易流动,教育程度存在户籍性质划分界限,工作经验也存在流动状态划分界限,从人力资本回报率来看,由低到高依次为:外来农民工、本地农民工、本地工人和外来工人。[3]

3. 社会资本因素

社会资本归因论。移民融入的社会资本归因理论建立在"社会网络范

---

① 张车伟:《人力资本回报率变化与收入差距:"马太效应"及其政策含义》,《经济研究》2006 年第 12 期。

② 钱文荣、卢海阳:《农民工人力资本与工资关系的性别差异与户籍地差异》,《中国农村经济》2012 年第 8 期。

③ 谢桂华:《中国流动人口的人力资本回报与社会融合》,《中国社会科学》2012 年第 4 期。

式"的假设基础上,认为移民离开家乡进入新的社会,会失去原有的社会关系网络,在新的社会关系网络构建之前,原先基于"三缘关系"形成的社会网络在为移民提供信息支持和情感支持的同时,也在一定程度上阻碍了移民的社会融入过程。美国社会学家波特斯、森森布伦纳(Portes,Sensenbrenner,1993)研究了社会网络和社会资本对移民融入的积极促进作用,认为移民族群网络和外部社会网络之间具有互补性和替代性,在遭受外部社会的歧视和偏见时,族群内部网络对移民的重要性就会凸显,而当移民能够从新的社会网络中获得各种资源时,族群网络的作用就会被弱化。① 社会资本归因理论强调,社会资本对移民的社会融入产生了重要作用,移民原有的社会资本产生积极作用的同时也限制了移民与外在社会的互动和融入,流入地的移民融入政策应该帮助移民建构新的社会资本与支持网络,为他们提供更多有效的社会支持。

关于农民工社会资本与社会融入研究。任远、乔楠(2010)认为流动人口融入城市是一个多方面、多维度的逐步融入过程,社会融合受到个人和家庭微观层面、社区和社会资本中观层面以及制度宏观层面等因素的共同影响,因此要推动流动人口的渐进性融合和多维度融合,具体来说,流动人口的社会融合是随着就业、交往、居住、婚姻等社会生活展开的自然融合过程,这一过程离不开政府干预性政策的支持,包括公共服务的提供、教育培训的开展、制度上的接纳,以及组织化的社会支持。② 农民工社会融合是农民工主动融入城市和城市接纳的统一过程,在农民工从单向融入转向双向融合的过程中,除了农民工主动提升自身素质和能力以外,还需要政府提供外在社会环境和制度条件的支持,推动流动人口顺利融入当地社会。因此,流动人口对自我身份的认同和对城市的态度在农民工融入城市过程中起着重要的作用。在强调制度环境作用的同时,还

---

① Alejandro Portes, Julia Sensenbrenner, "Embeddedness and Immigration: Notes on the Social Determinants of Economic Action", *American Journal of Sociology*, Vol. 98, No. 6 (May 1993) , pp. 1320–1350.

② 任远、乔楠:《城市流动人口社会融合的过程、测量及影响因素》,《人口研究》2010 年第 2 期。

需要加强农民工自身人力资本和社会资本的积累。靳小怡等（2011）从移民——居民网络的视角出发，将农民工拥有的社会网络关系划分为市民亲属关系、市民非亲属关系和非市民关系等三类关系，分析了农民工的"后致"资源（农民工——市民网络）对农民工社会融合的影响①，进一步实证研究发现，"市民亲属关系"对农民工的方言学习、房产拥有和收入具有显著正向影响，表现为"市民亲属关系"与农民工经济融入能力显著正相关；"市民非亲属关系"对农民工的方言学习、城市归属和身份认同产生显著正向影响，表现为"市民非亲属关系"对文化融合和心理融合具有促进作用；"非市民关系"对农民工经济融合和文化融合均没有显著影响，该研究结果表明，在制度歧视下农民工社会网络这种非正式制度对社会融合的作用有限。因此，提高农民工经济融合水平离不开制度层面的支持和改革，政府要从制度上扭转农民工的弱势地位，消除城乡差别，促进农民工向上流动，对于文化融合和心理融合来说，制度建设的作用有限，而社会网络建设则是提升农民工文化融合和心里融合水平的有效途径。张文宏、雷开春（2008）探讨了影响新移民社会融合的因素，研究表明，已婚新移民的经济融合和身份融合显著高于未婚者，教育年限对城市新移民的身份融合有显著的正向影响，经济收入对城市新移民的经济融合、身份融合和心理融合均有显著的影响，居住时间对新移民文化融合、经济融合和身份融合均具有显著的正向作用。② 卢海阳等（2016）实证分析了农民工城市融入的影响因素，采用Oaxaca-Blinder 分解法对农民工城市融入的群体差异进行分解，研究发现，人力资本的高低对于农民工融入城市有显著影响并存在差异，其中受教育程度显著影响农民工的经济、文化、社会及身份融入；健康状况虽然没有显著影响农民工经济融入和社会融入，但却显著影响农民工文化融入和心理融入。③ 社会资本

---

① 靳小怡等：《从"先赋"到"后致"：农民工的社会网络与社会融合》，《社会》2011 年第 6 期。

② 张文宏、雷开春：《城市新移民社会融合的结构、现状与影响因素分析》，《社会学研究》2008 年第 5 期。

③ 卢海阳等：《农民工融入城市行为分析——基于 1632 个农民工的调查数据》，《农业技术经济》2016 年第 1 期。

对农民工融入城市具有不同的效应,基于"三缘关系"形成的社会资本对农民工的城市融入有一定的抑制作用,基于市民网络关系形成的新型社会资本对农民工融入城市具有积极的促进作用。

农民工社会关系网络与求职渠道研究。我国社会转型期的人口流动结构在很大程度上受到了农民工城市打工潮的影响,相关研究表明,背井离乡的农民工们脱离原始的乡土社会关系来到城市,主要依靠基于家人和亲属为主体的亲缘关系、同乡为主体的地缘关系,以及同事、同行为主体的业缘关系的社会网络支持进入城市劳动力市场,呈现出"中国式打工"的独特现象。国际和国内关于人口流动与移民的研究表明,社会资本对移民在迁入地的社会地位获得、求职和收入有很大影响。以往文献关于社会资本和社会网络对于农民工收入的影响没有统一结论。一是社会资本对农民工收入影响不显著,例如,刘林平、张春泥(2007)以是否使用社会网络增加工资、是否参加工会、请客送礼花费度量农民工社会资本,研究显示一般社会资本对农民工工资水平没有直接作用[1];章元、陆铭(2009)研究证明家庭社会网络对农民工工资的影响非常微弱[2]。二是社会资本与农民工工资水平有正相关关系,例如,李树茁等(2007)研究表明网络规模、弱关系为主导的关系构成对农民工的职业阶层和收入显著正向显著影响[3];陈云松(2012)以"同村打工网"度量农民工社会资本,采用多重识别策略,认为"同村打工网"作为农民工求职的主要依靠资源,它对农民工收入有显著正向影响[4]。三是区分原始社会资本与新型社会资本以及从社会资本质量与层次探讨社会资本对农民工工资水平的影响。例如,

---

① 刘林平、张春泥:《农民工工资:人力资本、社会资本、企业制度还是社会环境?——珠江三角洲农民工工资的决定模型》,《社会学研究》2007年第6期。

② 章元、陆铭:《社会网络是否有助于提高农民工的工资水平》,《管理世界》2009年第3期。

③ 李树茁、杨绪松、任义科、靳小怡:《农民工的社会网络与职业阶层和收入:来自深圳调查的发现》,《当代经济科学》2007年第1期。

④ 陈云松:《农民工收入与村庄网络——基于多重模型识别策略的因果效应》,《社会》2012年第4期。

叶静怡、周晔馨(2010)研究发现,农民工进城前基于"三缘"积累起的原始社会资本,对进城就业的工资水平影响不显著,而进城后拓展的新型社会资本与其工资收入呈正相关关系①;张学志(2012)用定位法以"职业网"测量社会资本,表明拥有较高"新生社会资本"对农民工收入有正向影响,而乡土社会网络有"自我复制"和"隔离"的消极作用②;叶静怡等(2012)构建身份定位模型,解释了拥有高层次、高质量社会网络会通过生产率效应提高农民工的工资水平③。

考查农民工外出就业为什么要依靠社会关系网络？刘林平等(2006)认为,由于城市劳动力分割及市场信息不对称、不充分,中国农民工是一个依赖社会关系网络去寻找工作的群体,农民工利用关系网络求职是一种结构安排下节省求职成本、降低风险的理性选择,并非简单的惯性行为。④ 在西方社会,格兰诺威特依据互动频率、亲密程度、情感程度、互惠互利考察社会关系及强度,提出了著名的"弱关系假说"。所谓弱关系的特征是社会网络成员之间差异性较大、相互交往关系广泛、信息通常是异质性的,利用弱关系寻求职位的变化,往往由于非重复性的相关信息,找到更令人满意的工作,因此弱关系对人们的求职更有意义。与西方社会不同,中国是一种更具有强关系取向的"人情社会",社会关系的"中国性"特征呈"差序格局",人际关系由血缘、地缘依亲疏、强弱、远近之序依次向外推广,关系不仅嵌入在现实社会中表现为充满了人情成分的人际关系本位,并且中国社会的关系为"一种制度"在许多方面发挥着重要的功能性作用。边燕杰(2006)对关系强度理论在中国本土

---

① 叶静怡、薄诗雨、刘丛、周晔馨:《社会网络层次与农民工工资水平——基于身份定位模型的分析》,《经济评论》2012年第4期。

② 张学志、才国伟:《社会资本对农民工收入的影响研究——基于珠三角调查数据的证据》,《中山大学学报(社会科学版)》2012年第5期。

③ 叶静怡:《社会网络层次与农民工工资水平——基于身份定位模型的分析》,《经济评论》2012年第4期。

④ 刘林平等:《制度短缺与劳工短缺——"民工荒"问题研究》,《中国工业经济》2006年第8期。

进行了研究,研究发现可通过作为职业流动调节机制的强关系能够找到更好的工作。①

社会关系网络作为农民工求职的最主要路径,往往是借助工具性行动来挖掘原始关系网络中的相关资源。林南提出了社会资源理论,使得相关理论从"零散"转为"合一",对强弱关系假设进行了扩展和修正,他认为"资源"才是社会资本的"原型",承载"资源"的载体恰恰是社会关系网络。格兰诺威特(1995)最早区分了社会关系网络中流动的资源,分为"影响"和"信息"。② 边燕杰、张文宏(2001)认为,在中国转型经济中求职者的社会关系网络主要由包括朋友和亲属的强关系构成,社会关系网络发挥作用的形式是以交换人情为主,传递信息为辅,人情关系对实现就业和职业流动有重要作用③;边燕杰等(2012)进一步区分关系资源和关系强度,认为两者相关但不能替代,强关系提供人情资源,弱关系传递信息资源,且人情资源对收入提升作用大于信息资源;④张顺、郭小宏(2011)通过分位数模型证实了人情、信息等社会网络资源对不同分位点的入职收入有正向影响⑤。社会关系网络的相关性质、作用方式在我国转型经济中对于异质性劳动力市场的作用不尽相同,尤其是城市次级劳动力市场中的农民工社会关系网络的作用方式还缺乏相关研究和探讨。⑥

(二)制度因素

1. 制度归因论

移民社会融入的制度归因理论以"制度主义分析范式"为导向,强调制度

① 边燕杰:《社会资本研究》,《学习与探索》2006年第2期。
② Mark,Granovetter,"Coase Revisited:Business Groups in the Modern Economy",*Icc*,1995.
③ 边燕杰、张文宏:《经济体制、社会网络与职业流动》,《中国社会科学》2001年第2期。
④ 边燕杰等:《求职过程的社会网络模型:检验关系效应假设》,《社会》2012年第3期。
⑤ 张顺、郭小弦:《社会网络资源及其收入效应研究 基于分位回归模型分析》,《社会》2011年第1期。
⑥ 张顺、郭小弦:《社会网络资源及其收入效应研究 基于分位回归模型分析》,《社会》2011年第1期。

和政策对于移民融入的制约作用。移民社会融入与移入国的就业、住房、教育、社会福利和保障、宗教信仰、社会歧视和政治权利等政策密切相关,制度归因理论认为,相比于人力资本和社会资本,移入国特定的移民融入政策才是影响移民能否实现有效融入的关键性因素。潘尼斯(Penninx,2004)指出流入地一般性的公共政策和专门针对移民群体的具体制度安排都会对移民的社会融入都会产生重要作用。马歇尔(1960)认为,赋予新移民统一的公民身份和平等享有城市资源的权利是缓和阶级冲突的重要制度安排。① 特纳、瑞杰克(2009)认为公民身份主要包含三个要素:公民权、政治权和社会权,社会权是社会权利系统赋予个体在社会中的成员资格,拥有这种资格的公民被赋予平等的权利和义务。② 中国的公民身份和户籍制度密切相连,代表城市公民身份的标志就是城市户籍,随着各地经济发展水平的差异,不同城市户口所能提供的服务和福利也存在很大差别,户口的价值不再取决于城乡类别而是户口登记地,户口的价值基本与城市行政等级相一致,直辖市的户口价值最高,依次下来是省会城市、地级市、县级市、镇、农村,地方政府改革户籍制度以吸引精英人才和提升城市竞争力为出发点,并非是出于促进社会融合和平等正义的价值取向。因此,制度改革的焦点在于如何赋予农民工平等的公民身份和市民权利,这需要政府革除现有的自上而下的等级身份制度,落实国民权利平等这一基本社会准则,给予外来人口平等的公民身份和市民权利。

2.关于农民工制度规定和社会融入研究

陈映芳(2004)从身份认同的建构理论出发,认为"农民工"作为一个特殊的社会身份存在经历了从一般到特殊的过程。20世纪80年代之前"流动人口"——"农转非""商品粮"的概念并不会排斥其市民身份或职业身份的特殊

---

① J.H.Marshall,"The Production of Anaerobic Conditions with Chromous Salts",*Journal of General Microbiology*,Vol.22,No.3(1960),pp.645-648.
② [英]布莱恩·S.特纳、克里斯·瑞杰克:《社会与文化:稀缺和团结的原则》,吴凯译,北京大学出版社2009年版,第42页。

身份类别,只是界定了迁移者的社会或文化属性;20 世纪 80 年代以后,中国地方政府将城乡二元结构复原于城市内部,外来迁移人口无法获得城市的社会成员资格,也就不能享有与城市户籍人员同等的社会福利和公共资源,"农民工"作为与"农民"与"城市居民"并存的第三种身份被广泛接受和认同。外来迁移者离开农村来到城市拓展生活和生存空间,改变了农民职业身份,但却无法获得城市户籍身份和职业身份,这种社会的、制度的、文化的偏见导致农民工对"非市民"身份的自我认同,进而造成外来迁移者对城市生活的适应困难,影响了他们作为城市居住者的权利意识和利益表达①,"农民工"成为对流动人口的群体性称呼,实质上否定了这部分群体作为城市居住者的现实身份,片面夸大了其流动性而否定其定居性,使得歧视性的身份制度在城市得到强化和延伸。"农民工"的身份定位使得外来迁移者的利益表达行动仅仅限于"农民工权益"或者"流动人口权益",而不是作为城市定居者的"市民权"问题。刘林平、张春泥(2007)通过对调查问卷进行回归分析,构建了一个农民工工资水平的决定模型,研究表明,企业性质、农民工来源地以及务工地区对农民工工资水平均没有显著影响,也说明了由于处于低端的、市场化的、分割的二元劳动力市场,农民工的"刚性低工资"不受劳动力市场供求的影响,也不存在地区差异性。农民工工资水平表面上看主要取决于人力资本和企业规模,但实质上这种低工资是企业之间、劳动力市场及社会达成共识的结果,所以,解决农民工的低工资问题必须要改变现有的制度安排。② 陆康强(2010)基于抽样调查数据分析了农民工的城市融入倾向,认为随着农民工外出务工年限的增长,城市融入的障碍不再是最初的就业、收入等生存障碍,而是转变为子女教育和医疗保障方面的障碍,为此,必须改革和创新农民工子女教育和医疗保障体制,才能确保农民工真正意义

---

① 陈映芳:《群体利益的表达如何可能》,《天涯》2004 年第 6 期。

② 刘林平、张春泥:《农民工工资:人力资本、社会资本、企业制度还是社会环境? ——珠江三角洲农民工工资的决定模型》,《社会学研究》2007 年第 6 期。

上的融入城市。① 顾海英等（2011）认为消除农民工不能与城镇居民享有同等待遇和机会的排斥性制度是缓解"新二元结构"问题、促进外来务工人员顺利融入城市的关键所在。② 杨菊华、张娇娇（2016）实证研究了人力资本对社会融入不同维度（经济立足、社会适应、心理认同和文化接纳）的影响，发现人力资本与不同融入维度之间的关系并不是整齐划一，人力资本对经济层面影响最大，对文化层面影响最小。正规教育对流动人口的经济收入和社会适应具有显著的正向影响，而对文化接纳和心理认同基本没有影响；职业培训与流动人口的社会适应、心理认同和文化接纳显著正向相关，但对收入水平却并无显著影响；劳动技能和工作经验等人力资本的作用并不亚于正规的学校教育，均有助于流动人口的收入增长和社区参与水平的提升。③ 教育对大多数人而言仍然是改变命运的最重要途径，对个体的发展具有决定性的作用。除此之外，研究发现"80 后""90 后"的新生代流动人口的社会融入程度低于 20 世纪80 年代前流动人口，主要原因在于城乡教育资源的不平等、"读书无用论"的蔓延导致新生代流动人口受教育程度普遍不高，劳动技能和工作经验积累不足，在劳动力市场上缺乏人力资本优势，竞争能力比较弱，不能满足新形势下劳动力市场的需求，并陷入恶性循环：因为缺乏人力资本，所以择业能力差、就业渠道窄、工资收入低，从而限制了流动人口融入城市的意愿和能力。流动人口的社会融入是一个综合性的概念，它以经济融入为核心，包括社会、文化和心理等方面的全方位融入，职业地位的提升和经济收入的增长固然重要，但经济融入并不意味着全面融入一定会实现，需要从舆论导向、社会互动、法律制度、管理体制等全面营造促进农民工融入城市的宏观环境，不仅要提升流动人

---

① 陆康强：《特大城市外来农民工的生存状态与融入倾向——基于上海抽样调查的观察和分析》，《财经研究》2010 年第 5 期。

② 顾海英等：《现阶段"新二元结构"问题缓解的制度与政策——基于上海外来农民工的调研》，《管理世界》2011 年第 11 期。

③ 杨菊华、张娇娇：《人力资本与流动人口的社会融入》，《人口研究》2016 年第 4 期。

口流入之前的人力资本,还需要强化流动人口流动之后的工作技能和经验积累,提高流动人口的市场竞争力形成不断向上流动的社会机制,有利于促进流动人口的全面融入。

3. 其他社会政策与农民工融入城市能力研究

部分研究者从社会政策缺位角度研究农民工融入城市能力问题,王春光(2001)认为农民工"半城市化"状况在城市社会中面临的张力对中国的社会政策体系发出挑战,需要改革户籍制度,构建以社会公平公正为机制的公民权体系,使农民工都能充分享受同等的公民权,享有平等、自由的城市化机会是解决农民工社会融合问题的现实选择。① 悦中山等(2011)认为由于正式制度的缺位,社会网络构建对农民工的社会融合具有非常重要的作用,但是农民工——市民网络对经济融合、文化融合和心理融合的影响效果并不均衡,构建社会网络可以有效促进农民工的文化融合和心理融合,但对经济融合的影响并不显著②。薛艳(2016)建立分层线性模型分析流动人口社会融合的影响因素,研究结果表明,流动人口的社会融合不仅与个体层面的经济因素、社会因素、制度因素以及心理因素有关,区域经济发展水平的差异与基本公共服务的差异化也会影响流动人口的社会融合。一般来说,省级层面的医疗卫生、基础教育、公共就业和社会保障水平越高,流动人口的社会融合程度就越强,省级层面的影响因素对流动人口的社会融合有间接关联作用。③

(三)阶层分化因素

1. 关于中国社会结构分层与农民工群体研究

中国在改革开放初期曾带来一个短期的"平等化效应",随着20世纪80

---

① 王春光:《新生代农村流动人口的社会认同与城乡融合的关系》,《社会学研究》2001年第3期。

② 靳小怡等:《从"先赋"到"后致":农民工的社会网络与社会融合》,《社会》2011年第6期。

③ 薛艳:《基于分层线性模型的流动人口社会融合影响因素研究》,《人口与经济》2016年第3期。

年代的资源扩散到 20 世纪 90 年代资源重新集聚,中国社会阶层结构伴随市场转型在经济、社会等方面的不平等发生较大变化。樊平(1996)[1]、吴忠民(2001)[2]认为 20 世纪 90 年代以来,伴随贫富差距的日益扩大,中国社会出现了两极分化,出现了一个底层社会。孙立平(2004)在"资源重新集聚下底层社会形成"中提出"断裂化"理论,该理论基于社会中的资源配置格局提出 20世纪 90 年代以来,资源的重新集聚直接导致中国社会中开始出现一个具有相当规模的底层社会,该底层社会主要由贫困农民、进入城市的农民工,以及城市中以下岗失业为主的贫困阶层构成,"断裂"成为底层社会的结构性特征。[3]开放性是阶级阶层的重要特征,阶级阶层的社会地位并不是固定的社会身份,不断有人下滑也不断有人上升。但中国目前的社会结构是断裂的,其自身是相对封闭的。社会断裂的一种表现形式是在"城市之中,即城市社会底层群体被甩出社会结构之外"。法国著名社会学家图海纳(Touraine)在分析法国社会近年来社会结构变化的时候,将其概括为:从一种金字塔式的等级结构转变为一场马拉松,这种社会阶层的变化也正在我国发生。[4] 社会断裂的另外一种表现形式是在城乡之间即户籍壁垒,农民、农民工作为不同的社会身份,在户籍壁垒存在的情况下想要改变身份异常困难。绝大多数农民工劳动力是被排斥在城市主流劳动力市场之外的,并且由于缺乏合法性制度认可和主流文化接纳,农民工群体被边缘化,容易遭受歧视和不公平的待遇,影响公共安全和社会稳定。

2.关于农民工群体异质性分化研究

关于农民工群体的异质性,国内学者主要从差异性和分层角度进行界定和分析。自 20 世纪 80 年代改革开放推进大量农业转移人口集聚城镇,

---

[1]　樊平:《中国城镇的低收入群体——对城镇在业贫困者的社会学考察》,《中国社会科学》1996 年第 4 期。

[2]　吴忠民:《论机会平等》,《江海学刊》2001 年第 1 期。

[3]　孙立平:《权利失衡、两极社会与合作主义宪政体制》,《战略与管理》2004 年第 1 期。

[4]　张伦:《阿兰·图海纳:〈怎样走出自由主义〉》,《中国学术》2000 年第 2 期。

农民工队伍伴随我国工业化发展、市场化进程和城市化快速发展而日益壮大,21世纪"新型城镇化"相继提出,表明农民工已成为中国产业工人中举足轻重的力量。2018年农民工群体达到2.88亿人,随着社会经济的发展转型,中国社会阶层结构应特别关注城乡区隔与"四元结构"下农民工这一"新工人"阶层或群体。现有大部分研究将农民工视为一个整体来对待,实际上,伴随着中国社会结构分化和城镇化发展,农民工不再是一个高度同质化的群体,农民工个体特征、迁移意愿、务工行为及心理特征,决定了农民工群体其内部的差异性、分层分化(即异质性)不断增加,加之户籍制度等一系列制度安排,农民工涌入城镇历经多年的沉淀、繁衍和发展,农民工内部在经济收入、资本占有、社会网络资本、价值取向上表现出结构性差异,农民工阶层流动趋势显现出明显的异质性,农民工阶层流动从"自发"过渡到"自为",代际和代内之间的阶层多元分化逐渐向政治层面和社会层面扩展。牛喜霞、谢建社(2007)认为,农村流动人口的内部已经出现"二次分化","与金字塔中等级层次靠下的农村流动人口相比,金字塔中等级层次靠上的农村流动人口在经济层面上已经融入城市,在社会层面和心理层面上更愿意融入城市"①。朱力(2002)认为农民工阶层内部的分化,分别对应着农民工在心理层面对城市适应的不同类型。② 龚文海(2014)分析了农民工异质性分层分化对农民工融入城市程度的差异影响,强调应针对农民工群体异质性的现实建构调整农民工融入城市政策。③

农民工社会分层分化的异质性主要是指农民工群体内部出现了社会等级和社会阶层的阶梯差别,他们不再是初始状态下作为一个整体的同质性群体。谢建社(2006)提出农民工社会分化是指农民工个体或群体之间产生的被社

---

① 牛喜霞、谢建社:《农村流动人口的阶层化与城市融入问题探讨》,《浙江学刊》2007年第6期。

② 朱力:《论农民工阶层的城市适应》,《江海学刊》2002年第6期。

③ 龚文海:《农民工群体的异质性及其城市融入状况测度》,《城市问题》2014年第8期。

会所认可的区别,而在农民工群体分化的过程中,带来的结果是依据一定的标准将此群体在纵向上划分为不同的等级和层次,即内部的社会分层。[①] 农民工群体异质性可以从性别差异、代际差异、职业分化、收入分化等差异视角考察。

三、农民工融入城市能力指标体系的研究

国内关于农民工融入城市能力测量与评价体系的研究成果寥寥可数。李练军(2015)采用德尔菲专家咨询法构建了一个由土地退出补偿能力、城市就业能力和城市融入能力为一级指标的农民工市民化能力评价指标体系,每个一级指标下又包含若干个二级指标,其中一级指标土地退出补偿能力包含土地流转、土地征用、宅基地流转3个二级指标;城市就业能力包含工作搜寻、工作保持以及工作转换3个二级指标;融入城市能力则包括经济融入、社会融入、政治融入3个二级指标。[②] 陈俊峰、杨轩(2012)认为农民工融入城市的能力涉及经济、生活和观念认知三个维度,将农民工融入城镇的能力划分为四级指标,其中,一级指标由经济应对能力、生活适应能力和认知转变能力构成,经济应对能力包括工作获取能力、家庭经济实力、城市住房情况和人口负担状况4个二级指标;生活适应能力由社交能力、社会抗压能力以及行为转变能力3个二级指标构成;认知转变能力包括角色认知转变能力和人文理念转变能力2个二级指标。[③] 胡晓江等(2014)认为农民工社会能力包括职业发展能力、城市适应能力和常识理解能力。[④] 其中,职业发展能力包括行业知识、与工

[①] 谢建社:《农民工分层:中国城市化思考》,《广州大学学报(社会科学版)》2006年第10期。

[②] 李练军:《新生代农民工融入中小城镇的市民化能力研究——基于人力资本、社会资本与制度因素的考察》,《农业经济问题》2015年第9期。

[③] 陈俊峰、杨轩:《农民工融入城镇能力测评指标体系研究》,《城市问题》2012年第8期。

[④] 胡晓江等:《新生代农民工的社会能力与社会融合》,《同济大学学报(社会科学版)》2014年第2期。

作相关的专业技能和人脉;城市适应能力包括城市生活能力、为人处世能力、学习新知识的能力、表达与沟通的能力以及良好的心理素质;常识理解能力包括普通话、基础文化知识和法律知识。侣传振(2010)从农民工的市场能力、制度适应能力和新生社会资本能力三个层次衡量农民工融入城市能力,其中,市场能力包括文化素质、就业程度、职业技能、经济收入等客观因素以及农民工对城市生活状况、社会地位变迁的主观评价;制度适应能力主要指农民工在城市遭遇不公平待遇的主观感受和自我调节能力;新生社会资本能力指的是农民工通过交往对象、交往频率衡量构建新型社会资本的能力。①

农民工融入城市能力指标体系的构建是一个复杂的系统工程,涉及经济、社会、政治、文化、心理等诸多方面,以往的指标体系构建给我们提供了多维度、多视角的参考,为构建科学合理的农民工融入城市能力指标体系奠定了基础,本书将在后文对农民工融入城市能力指标体系进行构建、测评和实证。

---

① 侣传振:《农民工市民化行为的文化逻辑———一项来自城市农民工安全经济学的分析尝试》,《桂海论丛》2010 年第 1 期。

第 三 章

农民工城市资本积累内涵与关系

　　农民工城市资本积累是决定农民工融入城市能力的关键因素。农民工受教育程度、专业技术资本、工作经验资本、健康资本、变迁和职业选择资本构成的人力资本是农民工定居城市的决定性因素,人力资本是构建社会资本的基础;社会资本是依赖网络或更大的社会结构中相互调配资源的能力,是农民工定居城市的关键性因素,异质性新型社会资本的重构、规模、质量、层次对农民工就业、向上流动、经济资本的积累、人力资本投资收益率起着重要作用,社会资本推动人力资本价值实现。社会资本和人力资本在不同的场域可以相互转化、互补与整合。

第一节　资本相关概念界定

一、马克思关于"资本"的要义

　　资本作为最基本、最重要的生产要素之一,西方学者进行了大量的研究,形成了丰硕的学术成果。对资本的本质和资本的运动揭示最科学、最深刻是马克思。马克思在其经济学经典巨著《资本论》中,对资本及其运动规律进行了全面系统的阐述。马克思(Marx,1867)认为资本是能够带来剩余价值的价值,资本的总生产过程也是剩余价值的生产和实现过程,在生产过程和交换过程相对分离的情况下,通过生产、交换、分配和消费过程,反映资本主义生产关系的矛盾运动。剩余价值作为资本价值增值的产物,不能在流通领域中产生,同时又离不开流通。"商品价值"大于生产过程中的"生产价值"的那部分价值增值使剩余价值得以实现。资本不是简单的商品或价值,它被资本家占有和控制,与商品生产过程密切相关,通过雇佣工人的劳动在生产过程中产生。从本质上来说,资本是雇佣劳动者无偿劳动的产物,是资本家对雇佣工人剩余劳动的无偿占有,是社会生产关系的表现,反映的是人与人之间的社会关系。社会主义市场经济条件下,资本具有了社会主义所有制的性质,发挥着促进经济发展、积累社会财富,造福人民的作用。

二、经济资本

资本原本是一个经济学概念,反映的是不同生产资料占有者和劳动者之间的社会生产关系。随着经济社会的发展和跨学科、跨领域研究的深入,资本一词也被赋予了不同的学科特征,其内涵与外延都得到了拓展、丰富和发展。有观点认为,资本是一个集合概念,具体包括经济资本、人力资本、社会资本、技术资本、文化资本、生态资本、政治资本、权利资本等。经济社会学作为社会学的一个研究分支,它研究的是经济资源占有、配置与禀赋以及经济运行与经济行为如何影响社会活动。经济社会学提出了"资本要素禀赋"概念,这里的"资本"不仅包含经济学中的人力资本和财力资本,还涵盖了社会学中的社会资本和权力资本,这四类资本统称为"资本禀赋"。资本要素禀赋不仅影响一个地区经济的发展,还会直接影响到流动人口在流入地的社会融合①(刘传江,2014)。因此,本书认为,经济资本是由有形的物质财富和无形的价值财

---

① 刘传江:《资本缺失与乡城流动人口的城市融合》,《人口与发展》2014 年第 3 期。

富构成的总称,是资本的重要组成部分之一。有形的物质财富包括土地、房产、生产资料、耐久消费品以及其他实体形资产,无形的价值财富包括工资、利息、金融资产和物权收益等。经济资本亦称物质条件,是社会行为与社会关系的经济基础和物质保障。

三、人力资本

(一)传统人力资本

1. 传统人力资本概念界定

美国经济学家舒尔茨(Schultz,1987)最早提出"人力资本"的概念,他认为"人力资本"区别于"物质资本",是体现在劳动者身上的知识技能、文化水平、资历和才干[①]。贝克尔(Becker,1986)把劳动者看作是人力资本的投资者,在劳动者身上进行的人力资本投资能使劳动者获得更多的未来收益,这种投资主要包括教育支出、健康支出、迁移支出和劳动力流动的成本。他将人力资本的内涵扩展到健康状况和工作经验,高水平的人力资本不仅包括劳动者的知识和技能,还要求健康的体魄和劳动能力。[②] 贝克尔强调人力资本投资的回报率,对教育支出、在职培训和其他投资支出形成的人力资本与收入之间的相关性进行分析,弥补了舒尔茨只从宏观层面考虑教育对于经济增长作用的局限。继舒尔茨和贝克尔之后,明赛尔、丹尼森、罗默、卢卡斯和皮奥罗等人不断丰富和完善了人力资本理论,理论的发展使得人们越来越重视人力资本积累和增加对经济增长与社会进步的推动作用,科学技术是第一生产力的观念深入人心,科教兴国战略成为社会主义现代化建设的重要战略。人力资本

① Theodore W. Schultz, "Migration: An Economist's View", *Human Migration: Patter and Polices*, W.H.Mcneil, R.S.Adam, Bloomington, London: Indiana University Press, 1987, pp.375-368.

② G.S.Becker, N.Tome, "Human Capital and the Riseand Fall of Families", *Journal of Labor Economics* Vol.4, No.3(1986), pp.31-39.

是决定劳动者职业获得、工资水平和社会地位的内在因素,但人力资本作用的发挥不仅取决于个人人力资本本身,还取决于个人在社会结构中所处位置给他们带来资源的社会资本。人力资本和社会资本二者互相补充、相辅相成,如果离开了社会资本的支持,人力资本的潜能不能得到充分发挥,也就失去了其存在的社会意义,同样,如果没有人力资本做依托,社会资本也将失去其存在的载体,成为"无本之木、无源之水"。

2. 传统人力资本的再审视

新人力资本理论基于四个方面的考虑重新审视了传统人力资本理论,一是由于能力难以测量,传统的人力资本理论把人的能力看作先天给定,教育被简单作为能力的代理变量。然而,丰富的实证研究表明,认知能力会在很大程度上影响个人在社会和经济生活方面取得的成果(教育水平、收入和犯罪行为)。二是在传统的人力资本理论研究中,能力仅仅被理解为认知能力,非认知能力对个人经济和社会行为的影响研究则较少。赫克曼、鲁宾斯坦(Heckman,Rubinstein,2001)选取美国 GED 参与者作为样本展开研究,发现非认知能力比认知能力更能影响到个体经济社会的表现,低技能劳动力个体的非认知能力显著影响个体工资、职业稳定及其社会行为。[1] 三是传统的人力资本理论认为,能力是在单一的某个阶段形成,并且个人技能发展的投入之间能够互相替代。最新研究则表明,能力形成的过程由多个阶段构成,"关键期"是指某些技能只在特定的阶段才能有效形成的时期,"敏感期"指的是某些技能在某个阶段比其他阶段更容易获得的时期,形成能力的不同阶段之间不可互相代替,非认知技能的形成更具有可塑性。四是传统人力资本理论严格区分先天禀赋和后天学到的技能,然而最新研究表明,即使是能力禀赋也不完全是基因遗传的结果,需要后天的培养,并且也会受到外部环境的影响,个体能力的形成综合了先天遗传因素、后天环境特征以及家庭投资策略的影响。

---

① J.Heckman,Y.Rubinstein,"The Importance of Non-Cognitive Skills:Lessons from the GED Testing",*The American Economic Review*,Vol.91,No.2(2001).

（二）新人力资本

1. 新人力资本概念界定

李晓曼、曾湘泉（2012）认为，传统人力资本理论中的人力资本观点忽视能力的作用，没有能够很好解释人力资本的形成过程，存在一定局限性。由此，有必要弥补潜在能力无法测量的技术缺陷，构建一个基于多维能力的新人力资本理论框架。新人力资本的内容不仅包括传统人力资本理论中强调的教育、健康等内容，更是把能力（认知能力和非认知能力）作为新人力资本构成的核心要素。认知能力一般是指人的观察力、想象力、记忆力和注意力；非认知能力是指个人情感、兴趣、动机、偏好、性格、意志、自尊感、自控能力等。新人力资本认为，教育、健康作为个人基于外部环境和自身能力选择的结果，是影响后期能力形成的主要因素。① 新人力资本理论框架如图 3-1 所示。

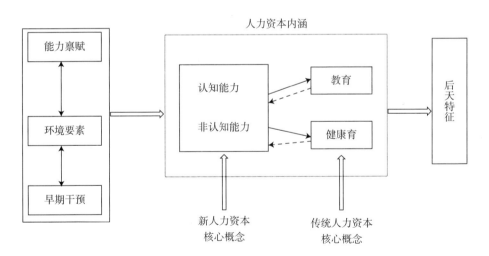

图 3-1 新人力资本理论框架

---

① 李晓曼、曾湘泉：《新人力资本理论——基于能力的人力资本理论研究动态》，《经济学动态》2012 年第 11 期。

2.迈向新人力资本

新人力资本理论基于"能力形成单一阶段到多阶段""从单维能力到多维能力""能力禀赋从先天遗传到后天培养"的角度构建理论框架,重点研究了人力资本的形成与开发机制、人力资本投资策略,以及人力资本对个人的经济社会行为的影响。下面将从四个方面分别展开论述。

首先,人力资本的形成途径主要有两种:一是能力的自我形成,由于技能具有自我增强和互相促进的特征,因此,前期技能的形成促进了后期能力的获取和提高,并且由于认知能力和非认知能力的互补性,前期非认知技能的形成有利于后期认知技能的提升。二是能力的动态补充效应,即生命周期中某一时期形成的技能可以提高之后的投资生产率,投资具有乘数效应,早期注重对孩子进行能力投资,使其具备更多的能力存量,必将获得更高的后期教育投资的收益率。因此,为了更好地发挥投资的效果,必须不断追加投资,这就为家庭和公共的人力资本投资决策奠定了理论基础。

其次,基于能力的人力资本投资策略与开发机制。一是孩子早期能力的形成取决于父母能力和家庭背景的差异,子女早期接受教育资源的多寡与家庭人力资本投资预算密切相关,家庭早期的预算约束不仅会影响到孩子早期能力的形成,还会持续影响到成年后的能力和学业。可见,信贷约束直接影响家庭的人力资本投资,需要适当给予弱势家庭早期(学前教育和义务教育)经济方面的支持。二是公共的人力资本投资。由于个体的认知能力主要形成于生命周期的初期阶段,干预弱势群体人力资本投资的时间越晚,政策投资的效果越差,成本越高。因此,应该把国家人力资本投资政策的重点放在对弱势群体的早期政策扶持以弥补私人投资的不足。能力的多阶段性决定了人力资本投资干预也呈现多阶段性的特点,如果不对弱势群体的早期投资进行后期追加的话,投资效果势必受到影响,所以,只有持续进行公共人力资本投资才能够使之前投资的效益达到最大化。由于个体认知能力在早期基本稳定,后期投资的重点在于非认知能力,非认知能力的提升对个体成年后社会经济表现的影响非常显著。

再次,基于能力的人力资本对经济行为的影响。一是能力对工资效应的影响,不同类型劳动力市场上认知能力和非认知能力工资效应的表现存在差异,且相对独立,在低技能劳动力市场上非认知能力的工资效应更为显著,而在高技能劳动力市场上认知能力是决定个体的工资水平的重要因素。二是基于能力的人力资本对教育的影响效应。认知能力比非认知能力更能影响个体的受教育程度,但这种影响会随着个人学历水平和能力水平的变化呈现非单调变化,在能力水平较低的群体中,提升认知能力或者非认知能力都有助于个体受教育的程度的提高。

最后,基于能力的人力资本对社会行为的影响效应。早期研究大多认为,认知能力是影响社会行为的主要因素,最新实证研究表明,非认知能力比认知能力更能影响个体的后天社会行为,比如,在解释单亲妈妈这一社会现象时,非认知能力比认知能力的效应更大,同样地,非认知能力也会显著影响个体的教育选择、职业选择、犯罪行为等社会行为。

四、社会资本

社会资本概念在当今社会学科中饱受争议,它是一个封闭空间还是一个开放的无边界术语。如果假定它是有边界的,这就相当于把社会资本看作是微观层面的个体社会资本,主要采用"社会网络"指标来衡量;但如果认为它是无边界的开放空间,就要从中宏观或公共层面来考虑集体的社会资本,此时社会资本的测量指标更偏向于"信任、社会规范和公共参与"等角度。由于存在着社会资本概念界定、分析层次和衡量指标的不一致,使得社会资本理论对现实的解释力度存在质疑。

(一)不同视角的社会资本概念

皮埃尔·布迪厄(Bourdieu,1986)最早系统地探究了社会资本的概念,他认为:"社会资本是确定群体成员在集体中拥有、共享的现实或潜在的资源集合体,个人从集体可涉取的资源与其成员身份有关,与投资于群体社会关系形成制度化的共识构建的资源数量和质量有关","社会资本是封闭网络规模的聚集,是群体成员拥有的资本的集聚"①。布迪厄提出社会资本以关系网络形式存在的结论,是基于群体的封闭性和群体内部的密度作为前提,投资社会网络的目的在于从集体资本角度为会员提供支持,将个人相关的私人利益转化为集体共有的、超功利的更大利益。科尔曼(Coleman,1988)从功能角度定义社会资本,认为它是"个人拥有的潜在的社会结构资源",包含义务与信任、处罚与规范、权威与制裁等不同的形式。社会资本最大的作用在于为人们实现个体特定目标提供便利,因此,人们应该创造更多的社会资本。科尔曼过于强调"被动员和使用的资源借用产生效果的资源才是社会资本",混淆了社会资本的来源和收益,陷入因果倒置的循环论证。② 波特斯(Portes,1995)区分了理性嵌入和结构性嵌入,认为"社会资本是个人通过自我在内的社会网络中,以网络成员身份或在更广泛的社会网络中调配稀缺资源(或就业机会)的能力,个人社会资本差异是由于自我与社会结构在一个过程中因果互惠的能动结果"。③ 普特南(Putnam,1993)指出:"社会资本具有社会组织的特征,是一种公共物品,社会资本的存量诸如信任、规范、社会参与、公民精神能够通过推动协调和行动来提高社会效率。"普特南给出"信任、规范、参与"的社会资本定义也是从结果展开的,与科尔曼一样陷入同义反复和逻辑上的循环论证。科尔曼与普特南都强调社会资本的内生凝聚力是一种封闭或紧闭网络④。伯

① Pierre Bourdieu,"The Forms of Capital",*Handbook of Theory and Research for Sociology of Education*,1986,pp.241–258.

② James S.Coleman,"Social capital in the creation of human capital",*American Journal of Sociology*,No.94(1988),pp.S95–S121.

③ Alejandro Portes,"Economic Sociology and the Sociology of Immigration:A Conceptual Overview",in *The Economic Sociology of Immigration:Essays on Networks,Ethnicity,and Entrepreneurship*,Alejandro Ports(ed.),New York:Russell Sage Foundation,1995,pp.1–41.

④ Robert D.Putnam,"The Prosperous Community:Social Capital and Public Life",*The American Prospect*,No.13(Spring 1993),pp.35–42.

特(Burt,1992)把社会资本定义为"结构洞的社会资本","结构洞"是关系丛之间的联系渠道,他否定了布迪厄和科尔曼之前强调密切联系的网络是社会资本产生的条件这一论断,认为封闭网络只能提供重复的资源,联系的相对缺乏(他称之为"结构洞")反而推动了个人的流动、非重复信息的获得并增加了资源的涉取。① 博特的"结构洞"理论认为,影响社会资本的重要因素不是关系的强弱,而是已经建立的关系网络结构,而社会资本的网络结构又受到网络等级、网络密度以及网络规模等因素的影响。博特提出的"结构洞"理论创造性地把开放网络和封闭网络视为互相补充的社会资本范式,而非对立或竞争的社会资本范式。开放网络范式能够增加群体及成员的资源,而封闭网络同样有利于实现嵌入在社会网络结构洞中的资源价值。林南(Lin,1982)定义社会资本是一种"嵌入"在社会网络结构中的"潜能",通过个人有目的地从嵌入于社会网络的资源中获得,强调了个人社会行为的目的性和和能动性。② 林南认为,通过工具性行动和情感性行动在社会关系中进行投资是期望得到回报,社会资本的功能包括信息、信任、影响和强化四个方面。社会资本的投资、社会资本的动员和汲取,以及社会资本的回报构成了社会资本理论模型的框架。社会资本投资被解释为投资社会关系,通过工具性行动和情感性行动在社会结构当中获得资源,对为了获得行动者所不拥有的资源而进行的工具性行动来说,有可能会产生经济回报、政治回报和社会回报。经济回报体现为财富的增加,它是一种平等和互惠的交易,政治回报可以看作是等级地位的提升,社会回报是一种不对称的交换,也是一个伴随着物质资本和等级地位的声望(名声)得以满足的过程。情感性行动被看作是为维持已被行动者拥有资源的行为,目的是巩固资源,防止资源的流失,情感性行为带来的回报主要是

① Ronald S.Burt,*Structural Holes：The Social Structure of Competition Cambridge*,MA：Harvard University Press,1992.

② Nan Lin,"Social Resources and Instrumental Action",*Social Structure and Network Analysis*, 1982,pp.131-145.

心理健康、身体健康和生活满意程度,对情感性行动和工具性行动的回报是互相影响、彼此增强的。由于社会资本理论本身的"功能主义"倾向,导致在社会资本的研究中存在逻辑上同义反复和观测上难以统一的困境,为摆脱功能主义观念的干扰,朱旭峰(2006)将社会资本的结构、使用和功能三个概念独立开来,彻底放弃功能主义,基于结构主义视角将社会资本定义为"嵌入于个人所拥有的社会网络的结构",为社会资本的测量和实证提供了统一的标准。① 边燕杰(2004)认为,社会资本源于关系网络中的人际社会关系,这种关系是稳定的、非正式的、随情感投入而变化的关系,本质上是这种关系网络包含的可以在行动者之间转移的资源。这种资源只能通过关系网络的发展、使用和积累获取,行动者无法单方面拥有。② 赵延东、罗家德(2005)从宏微观角度将社会资本的层次分为"个体社会资本"和"集体社会资本",个体社会资本指的是私人物品,包括微观个人关系以及嵌入在这些关系中的资源;"集体社会资本"除了组织内部的互相信任和社会联结以外,还包括能否创造分享性资源的组织结构方式,属于公共物品范畴。③ 刘林平(2006)区分了社会资源、社会网络和社会资本三个概念,认为社会资源是潜在的资本,社会网络是一种资源而不直接等同于社会资本,只有那些已经动用了的并且用来投资的社会网络或社会资源才被称为社会资本。④

(二)社会资本概念及其澄清

关于社会资本的争论主要集中在分析层次选择个体还是集体? 首先,关

---

① 朱旭峰:《中国政策精英群体的社会资本:基于结构主义视角的分析》,《社会学研究》2006 年第 4 期。

② 边燕杰:《城市居民社会资本的来源及作用:网络观点与调查发现》,《中国社会科学》2004 年第 3 期。

③ 赵延东、罗家德:《如何测量社会资本:一个经验研究综述》,《国外社会科学》2005 年第 2 期。

④ 刘林平:《企业的社会资本:概念反思和测量途径——兼评边燕杰、丘海雄的〈企业的社会资本及其功效〉》,《社会学研究》2006 年第 2 期。

注集体层次社会资本的讨论集中于：一是发展、维持和创造社会资本，将其转化为集体资本的手段和过程；二是群体成员的生活机会如何通过集体层次社会资本得到提高？布迪厄（Bourdieu，1980）、普特南（Putnam，1993）从集体资产的角度讨论了这些观点①，布迪厄（Bourdieu，1983、1986）把社会资本看作是现实的或潜在的资源的集合，是为了维护群体的统治地位以便得到相互认可时的一种身份投资，社会资本投资的效果取决于个体所拥有的网络规模和嵌入到网络中资源的数量和质量。在群体的封闭性和内部密度得到保证的情况下，群体成员的身份有清晰的界限为基础，个体通过参与群体成员之间的社交活动创造和积累社会资源，进而把个人利益转化为集体的、公共的、超功利的利益②。科尔曼（Coleman，1988）认为，社会资本是"个人拥有的社会结构资源"，既强调了微观个体通过利用和动员社会关系增加收益，又探讨了社会资产作为集体资产或公共动产的属性，认为社会资本得以创造和维持的基本要素包含信任、义务、规范、制裁和权威关系③。这种用社会资本的功能来定义社会资本，混淆了逻辑上的原因和后果，意味着只有当社会资本的效力发挥出来以后才能被识别，社会资本的潜在因果解释只有通过效果才能得出，使社会资本与社会资本形式成为可相互替代的定义。普特南（Putnam，1993）认为，社会资本是一种"公共物品"，把它等同于社区中人们参与社团组织活动的"公民精神"，这种精神通过协调和行动增强了社会组织的规范、信任和惯例，提高了集体的福利和社会的效率。④ 林南（Lin，1982）认为，社会资本根植于社会关系和社会网络中，从嵌入社会结构中的资源中获取。这些社会资源也

---

① Pierre Bourdieu，"Le Capital Social：Notes Provisoires"，*Actes de la Recherche en Sciences Sociales*，No.3（1980），pp.2-3.

② Pierre Bourdieu，"The Forms of Capital"，*Handbook of Theory and Research for Sociology of Education*，1986，pp.241-258.

③ James S.Coleman，"Social Capital in the Creation of Human Capital"，*American Journal of Sociology*，No.94（1988），pp.S95-S121.

④ Robert D.Putnam，"The Prosperous Community：Social Capital and Public Life"，*The American Prospect*，No.13（Spring 1993），pp.35-42.

是行动者在目的性行为中能够获得和调用的资源,多样性和延伸性的社会联系使得社会资源无论是在数量上还是质量上都远远超过个人资源。伯特(Burt,1992)基于个人视角关注与某个群体之外的人的联系,"结构洞"连接的结点位置控制资源流动,带来信息上和资源上的优势,个人在网络的位置比关系的强弱更重要,占据这些"结构洞"位置的个人和靠近"结构洞"位置的个人更容易获取信息、涉取资源,形成有价值的资本。

虽然微观(个体)与宏观(集体)层面两个视角的社会资本在功效和测量的层次上存在差异,但上述学者均认为,社会资本由嵌入在社会结构和社会关系中的资源构成,通过社会网络中成员的社交活动可以维持和积累社会资本,社会资本的公共产品属性对群体所有成员都是有效的。学者们的共识把社会资本分析纳入新资本理论的范畴,社会资本的概念被广泛运用到微观层次(求职和晋升)、宏观层次(社区组织和志愿组织)以及大范围行动(社会运动参与和跨社区迁移)的研究中。

(三)社会资本概念走向"合一":"资源"理论

上述关于社会资本概念的表述倾向于一种观念的集合,林南认为资源是社会资本的核心,"社会资本是嵌入于社会网络和社会关系中,在有目的性的行动中可涉取或被动员的资源"。社会关系和社会网络既是获取社会资源的途径,也是社会资源的载体,社会资源存量由"社会网络"的密度和规模决定,个体拥有和能够动员的社会资源数量和质量取决于他在社会网络和社会阶层中所处的位置。可见,林南对社会资本的研究视角从网络和关系转移到网络和关系背后的资源,资源被视为社会资本的核心要素。社会资本从浅层次到深层次的嵌入资源过程揭示了"强弱关系"的本质;社会网络位置和阶层位置是嵌入性资源的必要条件,决定了社会资本的质量和数量。林南将"涉取"和"动员"两个过程结合,"涉取"是针对网络资源而言,采用"定位法"和"定名法"可以测量行为人动员社会资源数量和质量的能力,"定位法"关注网络规模、网络位差和网络高度,"定名法"主要涉及网络密度收敛性和网络异质性之间的强关系;"动员"则更强调关系资源,表现为是否利用关系、关系强度大小、关系人的阶层和网络位置等特征。因此,纳入结构和行动框架下的社会资本理论展示了资源分配的规则,社会关系偏重"互惠—行动",社会网络偏重"位置—结构",而将行动与结构联接起来的是动员两个过程的联合。据此,社会资本概念走向了"合一",社会资源理论被学术界更为接受和广泛应用。

第二节　"农民工城市资本积累"的概念界定

罗遐(2012)将"经济资本积累"定义为"农民工在定居前的流动过程中所积累的、可动员的经济资源,理论上讲,经济资本包含农民工在城市中资金积累或购置的动产和不动产,考虑到'家庭收入情况'虽然是上一年的物质经济状况,但却是定居农民工在流动期间的经济积累的突出表征"[①]。张学英(2013)提出个人资本是"个体在行动中可以获得回报的资源,如果将个人资本打包,在广义层面上的个人资本框架体系是一个由物质资本和非物质资本两个层面组成的集合,物质资本包括劳动力、土地、资本和设备等经济资本,非物质资本包括人力资本和社会资本"[②]。张学英等(2014)进一步将个人资本视为物质资本、人力资本、社会资本与心理资本的集合。[③] 本书引入农民工"城市资本积累"的概念,包括经济资本、人力资本、社会资本。农民工"城市资本积累"概念提出的学理基础,在于季文、应瑞瑶(2006)提出的在农民工转

---

① 罗遐:《农民工定居城市影响因素的实证分析——以合肥市为例》,《人口与发展》2012年第1期。

② 张学英:《关于新生代农民工个人资本问题的研究》,《贵州社会科学》2013年第1期。

③ 张学英等:《个人资本视域下助推新生代农民工融入城市的研究——基于无结构式个案访谈的分析》,《职业技术教育》2014年第4期。

移并融入城市的过程中存在两个"两级遴选"的机制①,无论是农民工是向城市转移还是实现城市融合,都离不开社会资本和人力资本的支持,但社会资本和人力资本在两个阶段中发挥的作用有所差别,在农村劳动力城市转移阶段,社会资本遴选为"第一级遴选",人力资本遴选是"第二级遴选";农村劳动力融入城市阶段则有所不同,人力资本遴选成为"第一级遴选",社会资本成为"第二级遴选"。第一步,在农民工向城市转移阶段,以"血缘、亲缘、地缘"为主的"三缘"关系型社会资本的程度起决定性的主导作用,农民工之所以进入城市,与前期外出务工同乡或亲友的带动和引导密不可分,不具备这种"三缘"关系的农民工很难实现向城市转移,这种"自我选择"的劳动力转移是存在概率的,经过个人拥有"人力资本"的遴选。可见,农村劳动力向城市转移是社会资本与人力资本共同作用的结果。第二步,农民工向城市融合的过程中逐渐出现了内部分化,具有较高人力资本的农民工逐步融入城市,而人力资本低下的农民工慢慢被"边缘化",农民工和城市融合呈现断裂,可见,人力资本在农民工融入城市阶段起决定性作用,而原有的社会资本的作用则大大降低。人力资本的高低决定了农民工的职位获得、工资水平和社会地位,也影响了农民工城市社会关系网络的构建,这种新型的社会关系网络逐渐向以"业缘关系、组织关系、契约关系"为特征的开放型网络转化,人力资本成为影响农民工融入城市的决定性因素。因此,本书将"农民工城市资本积累"概念的内涵概括为"农民工在城市通过个人经济资本提升、人力资本弥补与社会资本重构,系统进行资本构建、积累与转换,从而维持并扩大自身资本总量、优化资本结构的行动策略。作为一种行动策略,资本转换是农民工利用自己某类数量较多、质量较好的资本存量优势弥补其他资本存量劣势,并以最低成本和支出实现资本扩大再生产,从而确保资本总量增加和资本结构优化"。简言之,"农民工城市资本积累"是指进城务工人员依靠自身努力和客观助力,在

---

① 季文、应瑞瑶:《农民工流动、社会资本与人力资本》,《江汉论坛》2006 年第 4 期。

经济、人力、社会资源方面的增加和拓展。

第三节　农民工城市资本积累的内在关系研究

农民工城市资本积累与融入城市能力之间的关系,体现了经济资本、人力资本和社会资本之间的转化、互补和整合效应,城市资本积累是决定农民工是否具备融入城市能力的最重要因素。经济资本主要包括工资收入、经营收入、房产及收益、物权收益、金融收益等,人力资本主要包括健康资本、受教育程度、工作经验资本、专业技术资本、变迁和职业选择资本,社会资本是一种依赖网络或者社会结构中相互调配资源的能力,社会资本的重构、质量、规模影响着农民工的经济资本积累和人力资本投资收益率,助推人力资本价值的实现。在影响农民工能否定居城市的诸多因素中,经济资本是基础性因素,人力资本是决定性因素,社会资本是关键性因素,二者在不同场所可以相互转化、互补和整合。

一、经济资本、人力资本与社会资本的转化效应

(一)经济资本与人力资本的相互转化效应

1.经济资本向人力资本的转化

经济资本为人力资本形成提供了先期投入基础。工业时代的主要生产要素是经济资本(物质资本),所有劳动者的劳动仅作为一种无差异化的体力与脑力的支出,知识和技能内化其中,所有劳动者的人力资本同化而无差异。经典资本理论认为,资产阶级拥有全部的生产资料,资本是雇佣劳动者在生产剩余价值的过程中对资本投入产出的价值增值,劳动者获得的报酬仅是劳动力价值的简单交换,劳动力价格仅为其维持基本生活、受教育和维持家庭支出的数额。随着工业时代向信息时代的迈进,人力资本理论将技能和知识视为一种资源,

而人力资本的形成源于教育投入,经济资本所决定的教育支出、保健支出、劳动力用于移民的支出成为人力资本供给的主要因素,劳动者知识和技能的提高又依赖于其中的教育投资,可见,教育投资就是人力资本提升的重要经济基础。

2. 人力资本向经济资本的转化

人力资本为经济资本积累提供了劳动或价值源泉。人力资本是一种才能,指的是劳动者所具有的知识和技能,拥有人力资本的多少直接影响工作效率。一般来说,具备较高人力资本的劳动者其工作效率远远高于拥有较低人力资本的劳动者,雇主对劳动者支付的工资远远超过其维持基本生活的数额,劳资之间不再是简单的劳动力价值交换。因此,一般来说,拥有不同人力资本的劳动者应获得差异化的收入报酬,即人力资本含量较高的劳动者获得比人力资本含量较低同伴更多的报酬,经济资本表现为个人通过早期教育投资而在后期得到的补偿和回报,从某种意义上讲,社会收入不平等是由于"经济资本不平等—教育投入不平等—人力资本不平等—社会收入不平等"的反复循环而形成的收入差距与不平等。因此,经济资本决定了教育投资促进劳动者获得技能和知识等人力资本发展,人力资本发展得到投资回报作用于经济资本分化和差异。因此,通过教育、培训或工作经验积累、保持身体健康,以及劳动力自由流动迁移而提高劳动力资源配置效率,这些都能提升人力资本含量从而增加个人或家庭经济资本积累。

(二)社会资本与人力资本相互转化效应

社会资本与人力资本之间存在互动转化机制:社会资本有助于人力资本的形成,人力资本在构建社会资本过程中起重要作用。早在 1980 年,社会资本概念奠基人布迪厄(Bourdieu,1980)就认为,社会资本是影响人力资本的重要因素[①]。科尔曼(Coleman,1990)阐述了社会资本如何影响人力资本形成,

---

[①] 刘林平:《企业的社会资本:概念反思和测量途径——兼评边燕杰、丘海雄的〈企业的社会资本及其功效〉》,《社会学研究》2006 年第 2 期。

他系统论述了父母、学校和社区之间的社会资本对子女教育投资决策的影响机制[1]，得出的结论被以莫桑比克（Mozumder，2006）[2]为代表的学者采用实证研究加以证实。探求社会资本与人力资本投资的关系，除了农民工对子女教育投资会产生影响之外，社会资本也可能对农民工自身人力资本职业技能投资产生影响，这种影响被称为"社会资本的变化对职业技能投资决策均衡解的影响"。

1.社会资本向人力资本的转化

社会资本是人力资本提升的有效途径。拥有丰富社会资本和广泛社会关系的父母可以为子女提供良好的教育环境，创造优越的培训机会，并借助与他人可能提供的帮助，提升和优化子女的知识和技能。家庭作为社会资本提供的天然场所，家庭环境直接影响到子女社会交往的能力和观念，可见，家庭对子女的教育和文化熏陶转化成子女的人力资本。

社会资本增加了人力资本的预期收益。个人通过人力资本投资掌握了知识和技能，提高了未来收益，但人力资本投资的预期收益存在不确定性，社会资本通过社会信任、长期互惠和共同的价值观念表现出来。科尔曼、波特斯、林南认为，社会资本对人力资本的产生至关重要，二者呈现正相关关系，也就是说社会资本的增加会提高人力资本的协调能力，提高人力资本投资的回报率以及社会效益。

社会资本通过身份效应提高劳动者生产率。叶静怡等（2012）采用身份定位模型分析社会网络层次对农民工工资水平的作用机制。高质量和高层次社会网络不仅仅通过提供信息来提升就业率，更是通过影响劳动者工作以后的行为模式和生产率，进而提高农民工的工资水平。因此，基于城市生活的新

---

[1]　James S.Coleman, *Foundations of Social Theory*, Cambridge, MA: Harvard University Press, 1990.

[2]　A.Mozumder, "The Quasi-ballistic Model of Electron Mobility in Liquid Hydrocarbons: Effect of an External Electric Field", *Chemical Physics Letters*, Vol.420, No.4(2006), pp.277-280.

型社会资本的构建,不仅有利于提高农民工个体的劳动生产率和工资水平,而且对整个国家的人力资本投资的回报率和劳动生产率的提高都会产生积极的促进作用。①

社会资本投资向人力资本转化通过影响其职业培训意愿和职业技能投资决策。(1)农民工社会资本对其职业技能投资决策具有显著影响。农民工职业技能投资所面临的资金约束可以通过"收入效应"和"信息效应"机制得以有效缓解,"收入效应"主要体现在社会资本可以提供包括工具型在内的社会支持[戴维斯、哈普曼(Davis,Harpman),2008]②。正如伯特(Burt,1992)认为,可以通过朋友、同事以及更一般的熟人获得使用资金和人力资本的机会③;"信息效应"主要体现为信息共享(Grootaert,1999),信息共享有利于降低农民工相关信息的搜寻成本,提升辨别真假信息的能力,更为全面地了解并获取职业技能投资方式,降低投资的风险的同时也提升了人力资本投资收益④。(2)农民工社会资本对其职业技能投资方式具有显著影响。关晶(2013)总结了我国农民工职业技能投资的五种方式:政府主导型、企业组织型、民办商业型、技术教育型和师徒传带型,其中,师徒传带型是我国现阶段解决农民工培训现实窘境最为有效的方式,弱势农民工通过寻找经验丰富的熟练技工为师傅,边干边学来提高职业技能,但这种方式也存在诸多缺陷,如师徒难以有效匹配、缺乏正规的教学制度和监管机制使教学质量难以保障、缺乏培训成果的正规认证方式,给人力资本投资收益带来一定风险等。⑤ 这些问

---

① 叶静怡等:《社会网络层次与农民工工资水平——基于身份定位模型的分析》,《经济评论》2012 年第 4 期。

② N.Davis,L.Harpman,"What is a Museum? Find Inspiration in the Rothro Chapel",*Retrieved March*,2008.

③ Ronald S.Burt,*Structural Holes:The Social Structure of Competition*,Cambridge,MA:Harvard Univ-ersity Press,1992.

④ C.Grootaert,"Social Capital Household Welfare and Poverty in Indonesia",*Washington,DC:World Bank,Local Level Institutions Working Paper*,No.6(1999).

⑤ 关晶:《职业主义与能力本位:两种职业教育范式的比较》,《外国教育研究》2013 年第 10 期。

题可以利用农民工社会资本得到一定程度的缓解,社会资本的"社会网络"层面可以加强信息传递,消除信息不对称,克服了师徒匹配难题;社会资本的"信任"和"规范"层面有利于建立健全激励机制、监督机制以及教学质量保障机制,有效提高教学质量,帮助农民工在培训中更好地积累和提升职业技能。在中国经济社会转型的大背景下,促进农民工职业技能投资发挥积极作用,离不开社会资本这种非正式制度的支持,就业单位越来越重视新生代农民工的职业技能培训,二元社会资本难以满足新生代农民工未来发展的要求,必须加快农民工社会资本的重构和升级,在促进农民工职业类型和市民身份转变的过程中,积极发挥社会资本的促进作用。

2. 人力资本向社会资本的转化

胡荣(2003)认为个人物质资源最主要的指标收入显著影响网络资源总量,人力资本与社会网络资源的积累正相关,通过直接作用机制和间接作用机制表现出来。[1] (1)直接作用机制。人力资本较高者受教育时间也越长,拥有更多的机会与同学或他人建立联系,同时参加社会团体活动的机会也更多,积累了更为高效的社会网络资源。(2)间接作用机制。收入由人力资本决定,并间接作用于社会资本,个人拥有资源的多少决定了其在社会交换的回报能力,高收入者所能支配的社会网络资源也越丰富,收入在影响个人拥有和涉取社会资源的因素中起决定性作用。

(三)经济资本与社会资本相互转化效应

1. 经济资本向社会资本的转化

经济资本是社会资本投资与形成的经济基础。社会资本产生于相互性社会作用,具有时间密集型的特征。经济资本向社会资本转化是基于经济资本实力、投资意愿与投资能力发挥作用,尤其经济资本是构建高质量异质

---

① 胡荣:《社会经济地位与网络资源》,《社会学研究》2003 年第 5 期。

性社会资本的经济基础。根据林南、俞弘强(2003)社会互动基于情感性目的或工具性目的的研究,"行动者会选择同质性互动或异质性互动的不同行动,行动者涉取社会网络中的异质性资源,使社会资源货币化为个人资源,需要维持并投资网络的运作,即社会网络的交易费用;行动者维持社会网络中的同质性关系,更多是时间和情感上的维持成本,因此异质性网络关系成本支出高于同质性网络,且异质性网络的存货周期短于同质性网络,使异质性网络难以保留,最终留下大量的同质性网络",这就回答了"为什么异质性的网络建构偏好会导致同质性观察"问题。① 农民工的时间机会成本与城市居民相比较低,但自身拥有的经济资本、人力资本更为缺乏,使得农民工更依赖于社会资本,但由于受到经济资本、人力资本缺乏的制约,农民工社会资本积累具有多方面不足。(1)社会资本的构建离不开经济资本的支持。维系社会关系和社会网络需要请客送礼、礼金支出等经济支出,显然,农民工由于较低的工资收入水平缺乏相应的投资能力。(2)社会资本形成的相互性社会作用中,具有知识外部性的模仿是缓解农民工经济资本贫困以及增加心理认同的有效手段,但农民工在模仿相应的城市居民时存在不可逾越的障碍。因此,经济资本向社会资本转化是通过经济投资能力高低来发挥作用。

2. 社会资本向经济资本的转化

社会资本在个体获取经济资本起着支撑作用。格罗特(Grootaert,1999)②以及伍尔科克、纳拉扬(Woolcock、Narayan,2000)③认为,社会资本在增加穷人收入方面起着积极作用,因而特别成为"穷人的资本",这一说法从内涵上强调了社会资本对经济资本支持的特殊作用。农民工在城市与同乡、

---

① 林南、俞弘强:《社会网络与地位获得》,《马克思主义与现实》2003 年第 2 期。

② C.Grootaert, "Social Capital Household Welfare and Poverty in Indonesia", Washington, DC: World Bank, Local Level Institutions Working Paper, No.6(1999).

③ Michael Woolcock, Deepa Narayan, "Capital Social: Implicaciones Para la teoría, la investigación y las políticas sobre desarrollo", *World Bank Research Observer*, 2000.

亲戚和本地市民（非亲属）交往程度不同,拥有社会关系网络高低差异,对个体获取经济性资源起着重要作用,意味着个人经济资本积累机会难易度和支持程度的差别,进而不同社会资本在改变社会身份和实现职业流动中起着重要作用,并且进一步决定了经济资本分化。农民工进城如果重建了低成本、高效率的社会关系网络,那么其获得信贷、规避风险、缓解贫困、保障家庭消费能力及防治边缘化的融入城市能力就相对越高。

社会资本不平等转化为经济资本不平等效应。社会资本不平等如何导致社会群体的社会不平等,是社会资本研究的重要问题。从资本理论视角得出"不同类型社会资本不平等导致群体收入差距、社会经济地位和生活质量的社会不平等"命题。资本的不平等主要由"资本欠缺"和"回报欠缺"两阶段决定,其中前者是由于投资和机会不同所引起的资本在质量和数量上的不同,后者是一定质量和数量的资本对不同的社会群体或成员产生不同的收益率和回报。产生回报欠缺的具体机制是:(1)由于认识能力欠缺或不愿意动员/使用最好的社会资本;(2)所动员的社会关系作为中间代理人的努力程度不同;(3)由于劳动力市场结构本身有差别的回报,表现为组织和制度对于已动员资本的不同回应。

农民工作为城市社会圈层的弱势群体,匮乏的社会资本和欠缺的人力资本进一步导致贫瘠的经济资本,无伦在劳动力市场上的高职位还是高收入都处于绝对弱势,因此,农民工社会资本不平等进一步恶化了经济资本不平等,这种不平等相互作用、相互转化。

二、经济资本、人力资本与社会资本的互补效应

(一)经济资本与人力资本的互补效应

经济资本与社会资本的互补效应尤为显著的表现在社会分层与流动的作用机制中。在古典资本理论中,与经济资本相关联的财产、收入等因素在社会

分层中是核心指标,但在市场经济条件下的当今社会,经济资本不再成为划分社会阶层的唯一标准,也不是实现社会流动的唯一手段,社会资本和人力资本同样在社会分层中起重要作用,而社会资本在市场转型过程的社会分层中功能可能有所减弱。人力资本理论将劳动者视为投资者,人力资本成为劳动者自身获得资本的方式,意味着劳动者依靠自身人力资本的差异获得劳动剩余,并在此基础上通过投资增加自身的人力资本,提升自己的阶层。同时意味着劳动者依靠知识和技能为代表的人力资本成为流向社会较高阶层的渠道,而不是依靠股票、股权占有的经济资本,这就极大的扩展了社会分层和流动的灵活性,模糊了资产者和无产者之间的界限,改变了社会阶层的架构。现实表现为劳动者通过人力资本投资提高受教育程度,人力资本含量的提高而获得从事白领的工作机会和较高收入,这是他们为实现向上流动所做出的理性选择,充分激活了社会各阶层向上流动的积极性。加快社会流动的频率,提高社会资源的配置效率而增加了社会活力。

(二)人力资本与社会资本的互补效应

个人拥有人力资本的高低决定了能够接触到的关系人网络位置的高低和社会资源的多少,个人拥有他的人力资本越高,提升自身社会资本的可能性就越大。根据人力资本相关理论,个人投资于人力资本,将会提高人力资本投资收益率,体现为就业质量和职业技能的提升,会给个人带来更好的就业岗位和更高的收入水平。个人自身社会经济地位的提高是提升社会资本数量和质量的基础,人力资本的提升以及伴随而来的收益必然会带来社会资本的提升,二者相辅相成。人力资本较低的农民工受制于工作环境和居住环境,难以接触到优质的社会资本,如果能够提高职业技能和自身人力资本,必然会拓宽就业渠道获得拥有更好的职业发展前景,提升个人的社会地位实现自身发展,形成良好的社会资本结构,实现良性循环。谢勇(2009)研究了人力资本与社会资本在农民工就业过程中的作用,认为人力资本状况是影响农民工就业途径选择和就业质量的重要因素。[1] 人力资本水平较高的农民工一般会采取市场化的方式获得工作,且工资水平相对更高,而人力资本较低的农民工更多地依赖于社会资本实现就业,并且由于较低人力资本水平的限制,他们的工资水平也较低。可见,社会资本在帮助农民工就业方面起到一定的积极促进作用,但能否获得高质量的工作还是取决于农民工自身的人力资本水平。孙三百(2013)认为,在劳动者合意就业的获取过程中,人力资本和社会资本都发挥了重要作用,但社会资本的作用远远大于人力资本,同时社会资本会对人力资本投资会产生一定的负面"挤出效应",不利于就业机会的公平性以及劳动力市场资源配置作用的发挥。[2]

(三)经济资本与社会资本的互补效应

林南在"社会交换的理性基础"章节中分析了社会资本与经济资本之间的互补性,沿着经济理性与社会理性的两种社会交换关系,分析经济交换和社会交换对于经济资本与社会资本之间的互补效应。经济地位和社会地位是社会网络结构中存在的两类最终(原始)报酬,都是有意义的生存标准,二者构成了理性选择的基础、反映出个体相对于他人在支配相关"资源"上的优势。经济地位是建立在财富的积累和分配基础上的,财富是以货币为价值的表现形式的商品价值的函数计算;而社会地位则是建立在名声的积累和分布上的,名声则是通过社会网络中的公共意识价值的函数来进行测算的。

经济地位和社会地位存在互补关系,经济地位需要社会对他的符号价值(货币)进行合法化确定以及强制推行,社会地位的名声维持需要建立在群体的经济福利或社会网络中的嵌入性资源基础之上,没有经济资本的社会地位

---

[1]　谢勇:《基于人力资本和社会资本视角的农民工就业境况研究——以南京市为例》,《中国农村观察》2009 年第 5 期。

[2]　孙三百:《社会资本的作用有多大?——基于合意就业获取视角的实证检验》,《世界经济文汇》2013 年第 5 期。

是没有意义的,没有社会地位的经济地位会坍塌。因此,在社会交换中,通过交易理性和关系理性的经济交换与社会交换获取经济资本和社会资本,经济资本和社会资本之间具有互补性。在典型的经济交换分析中涉及的交易理性其目的是获得经济资本(通过交易获得资源),在参与社会交换所涉及的关系理性,其目的是通过网络和群体认可来获得社会资本(名声)。

经济交换和社会交换在理想条件下是共存的、互补的和相互作用的,决定了经济资本和社会资本之间是互为补充、互为增强的。这种理想条件表现为交换理性和关系理性的两个行动既有利于实现交易目的,又有利于实现关系目的,两个行动者都会获得收益。具体表现为社会资本与经济资本之间具有很强的一致性和可换算性,其中,一致性表现为具有较多一种类型资本(经济/社会资本)的个体或群体,相应占有更多另一种类型资本(社会/经济资本)的欲望和可能性会增加;当个体拥有丰富的经济资本和社会资本时,获得一种资本会提高另一种资本类型的可能性。可换算性表现具有较高社会地位和社会资本的行动者会借用自己社会资本优势来增加自身经济资本;具有较多经济资本的行动者为了获得社会信用和社会认可等社会资本,可以通过自己行动用经济资本支出(例如募捐等)获得社会资本。

综上所述,经济资本与社会资本是相互补充、相互转化、相互增强的。经济资本和社会资本都是建立在一定社会理性的基础之上,如果没有社会系统、政治系统及其成员的合法化与支持,那么经济资本也就无从谈起。经济交换理性与社会交换理性特征如表3-1所示。

表3-1　经济交换理性与社会交换理性

要素	经济交换	社会交换
交换的关注点	交易	关系
效用(最优化)	交易中相对于成本的收益 (付出成本的交易)	关系中相对于成本的收益 (付出成本的关系)

要素	经济交换	社会交换
理性选择	可供选择的关系交易成本与降低交易成本	可供选择的交易关系成本与降低关系成本
短暂性的报偿	货币(经济信用、经济债务)	认可(社会信用、社会债务)
一般化的报偿	财富(经济地位)	名声(社会地位)
解释逻辑	自然法则 行动者的生存 收益最优化	人类法则 群体的生存 损失最小化

三、经济资本、人力资本与社会资本的整合效应

马克思在《资本论》第 2 卷中指出:资本是经济社会发展的第一推动力和持续推动力。经济资本对人力资本和社会资本的整合效应,表现在作为以实物资产形式和价值资产形式存在的物质条件基础,经济资本能够把人力资本与社会资本整合起来。正如,物质资料的生产是人类生存发展的条件一样,只有经济条件、经济利益和经济关系才能把资本的所有要素、资源的所有禀赋,乃至经济资本与人力资本和社会资本整合起来,共同发挥作用。经济资本对人力资本的整合表现为:通过营养、健康、教育、培训等实现对劳动力的智力开发和技能提高,使适龄人口转变为人力资本;经济资本对社会资本的整合效应表现为,通过经济活动、消费支出等扩大社会交往范围,建立社会网络关系,占有和应用更多信息资源,提高劳动力自身生存与发展的能力,同时,也提升了社会资本的数量和质量。

人力资本与社会资本的整合效应,也体现了社会资本对个人人力资本的协同效应。从微观层面来看,这种整合效应体现在社会资本为人力资本提供情感支持和社会支持,有利于人际关系的沟通与培养,提高了个体人力资本收益,同时,社会资本通过长期互惠和诚信合作,降低了信息不对称,有利于获得准确的有效信息,提高劳动力空缺职位的匹配,此外,在"公共资源"的支持下,社会资

本能够帮助个人寻求发展机遇、并充分利用信贷资金规避风险。社会资本强化了人力资本作用的发挥,增加个人人力资本的协同能力。从宏观层面来看,社会资本的整合效应体现在约束和激励作用、凝聚和导向作用以及辐射和纽带作用,社会资本对人力资本的整合效应在于总体人力资本的产生,总体人力资本是个人人力资本因素的整合,在将不同知识结构和能力类型构成的人力资本以更为合理和优化的比例配置时,能够发挥不同人力资本的知识能力之间的互补效应和互动效应,通过社会资本的协同作用整合成为总体人力资本,实现通过经济资本、人力资本和社会资本的有效整合,发挥"1+1+1>3"的功能。

第 四 章

农民工城市资本积累的测量方法与结果

本书梳理了与农民工城市资本积累、城市融入能力相关的概念、理论以及研究文献,构建了测量和评价农民工融入城市能力的指标体系,设计了农民工融入城市能力情况的调查问卷,并在收集整理数据资料的基础上,对相关指标体系进行设计,再就评价指标体系修正和完善问题咨询相关学者和专家,构建包含经济资本、人力资本、社会资本三个子体系的农民工城市资本积累测度体系,选择对应的测量方法进行具体测度,并对最终测量结果进行分析。

第一节 问卷调查的样本数据形成

一、问卷设计

农民工城市资本积累的测量和评价分析包括农民工融入城市能力指标体系的构建、调查问卷设计、测量方法选择与具体测度。具体程度包括:(1)基于多角度了解农民工城市融入能力有关的问题及其回答的规范表达。主要来源于已有研究文献、著作和有关资料的收集和整理,涉及已实施过的有关农民工城市融入问题的调研资料、流动人口普查统计数据、CHNS

问卷 CHNS 问卷①和 CGSS 问卷②收集和分类。(2)在收集整理农民工城市融入问题研究体系与框架的基础上,对农民工城市融入能力指标体系进行初步设计,再就评价指标体系修正和完善问题咨询相关学者和专家,问卷设计、调研方案设计、调研数据处理、测算能力指数选择都以评价指标体系作为重要参考。(3)2015 年 7 月至 11 月,完成"农民工融入城市能力问题调查问卷"(A、B 卷)设计。两套问卷仅在个别问题上存在差异,90%的内容是一致的。A、B 卷设计的目的:一是避免因一份问卷漏问或少问,而导致研究角度不全面的情况;二是避免因一份问卷问题过多而影响答卷质量的情况。(4)2015 年 12 月至 2016 年 1 月,采用分阶段随机抽样方法,在全国 31 个省(自治区、直辖市)对农民工展开的实地问卷调查,合计发放调查问卷 3000 份。(5)2016 年 2 月至 2016 年 4 月,经过对问卷的回收和筛选,对 2118 份有效问卷的统计数据进行统一录入和分析处理。

二、数据来源与基本情况

(一)数据来源

本研究于 2015 年 12 月—2016 年 3 月开展对农民工的实地问卷调查,遍及全国 31 个省(自治区、直辖市),收集的调研数据具有广泛的代表性。实地调查的农民工均为 16 岁以上、非城市户口的农民工。本次调研主要针对农民工农村家庭的情况、城市融入的意愿、社会关系、人力资本、经济资本、社会资本、社会保障等;调研方案覆盖了农民工个体的基本信息、入城后就业信息(包括从事的行业工种、接受技术培训情况、工作时间、工作变换情况、收入待

---

① CHNS"中国健康与营养调查"数据库,由美国北卡罗来纳大学和中国预防科学医学院联合调查和创建,它涵盖了辽宁、黑龙江、江苏、山东、河南、湖北、湖南、广西和贵州 9 个省(自治区、直辖市)。该数据库主要用于对我国城乡居民的医疗、健康、劳动等方面的研究。

② CGSS"中国综合社会调查"数据库是旨在通过定期、持续进行的全国性综合社会调查为中国社会科学和社会政策的创新发展提供科学、开放的实证数据。

遇等)、入城后生活情况(入城方式、子女接受教育情况、入城居住情况等)、社会网络关系、就业企业情况(就业企业的所有制性质、就业企业的规模)、城市生活制约等;本次调研的农民工务工领域涉及建筑、制造、餐饮以及批发零售等行业;询问内容对农民工父辈也做了调研,涉及年龄、薪资和工作情况,去除父辈亡故或信息不全的 242 份样本,保留了父辈和子辈两代匹配样本 1795 份。

(二)被调查者的基本情况

农民工城市融入能力的评价指标,包括显性测量的客观指标和隐性测量的主观指标。描述性统计是为了获取农民工群体的样本特征,问卷主要针对农民工个人情况诸如年龄、婚姻、家庭等,农民工人力资本情况包括学历层次、社会阶层、技能掌握等,以及薪资水平等。同时我们对农民工的换工情况包括工作变换次数和换工岗位变换等,也做了描述性统计分析,农民工群体的高流动性决定了其入城后就业岗位、行业、区域的不稳定性。

表 4-1 被调查者的基本情况

	被调查者的情况描述
性别	男性 1243(占 62.06%),女性 760(占 37.49%)
年龄	16—24 岁:433(占 21.62%),25—30 岁:614(占 30.65%),31—35 岁:289(占 14.43%),36—40 岁:248(占 12.38%),41 岁以上:419(占 20.92%)
婚姻	未婚 628(占 31.35%),已婚 1336(占 66.70%),再婚或其他 39(占 1.95%)
受教育程度	小学或者以下 221(占 11.03%),初中 900(占 44.93%),高中 413(占 20.62%),中专及技校 305(占 15.23%),大专及以上 164(占 8.19%)
职业技能	无技能 965(占 48.18%),初级技工 965(占 48.18%),中级技工 368(占 18.37%),高级技工 45(占 2.25%),高级技师 7(占 0.35%)
职业状况	非技术工人 494(24.66%),服务人员 637(31.80%),自谋 124(6.19%),技术工人 476(23.76%),办事人员 108(5.39%),管理人员 80(3.99%),个体 66(3.3%)

续表

	被调查者的情况描述
换工次数	没有换工 265（占 13.2%），1 次 232（占 11.58%），2 次 618（占 30.85%），3 次 421（占 21.02%），4 次以上 467（占 23.31%）
是否跨行换工	不是，跟以前干同一行 599（占 59.42%）；是，跨行业换工种 409（占 40.58%）

注：N=2118。

从筛选出的有效问卷来看，如表 4-1 所示，个人因素（年龄、婚姻、家庭状况等）分析：农民工样本中，性别比例情况是男女农民工比例为 62∶38；从年龄情况来看，年龄跨度从 18 岁到 60 岁。约 66.7%农民工年龄低于 35 岁，即"80 后"的新生代农民工；33.3%则是年龄高于 35 岁的老一辈农民工。新生代农民工显然已经成为进城务工的主要群体。婚姻情况统计数据显示，已婚占比较高为 66.70%，未婚占比为 31.35%，离异或其他最少占 1.95%。其中，已婚的农民工为 1336 人。子女在接受教育的为 1009 人，这其中，样本数的 56.69%是一个孩子接受教育；样本数的 41.33%是两个孩子接受教育；样本数的 0.99%是三个及以上孩子接受教育。从迁移方式来看，样本数的 42.89% 是独自一人进城打工；样本数的 26.76%是夫妻两人同时进城；样本数的 22.47%是夫妻携子女进城；举家进城的占样本数的 7.89%，意味着农村留守儿童的人数比较多。

从农民工接受教育水平来看，以初中文化水平的农民工占绝大多数，样本数 900 人，占 44.93%的是小学文化水平，为 221 人，占 11.03%，20.62%的是高中文化水平；占 15.23%的是中专及技校文化水平；占 8.19%的是大专及以上文化水平。农民工的文化水平介于农村居民和城市居民之间。农民工职业技能水平普遍较低。样本数 965 人无技能，占 48.18%，掌握初级、中级、高级技能样本数分别为 618 人、368 人、45 人，分别占 30.85%、18.37%、2.25%，占样本数 0.35%的是高级技师。依据 760 份女性样本分析农民工进城后的职业分布，占样本数 53.16%的是服务人员；占样本数 15.53%的是非技术工人样本数;自雇人员样本数 46 人,占 6.05%;熟练技工样本数 74 人,占 9.74%;办事人员样本数 66 人,占 8.68%;管理人员样本数 20 人,占 2.63%;个体经营样本数 24 人,占 3.16%。再看 1243 个男性样本的职业分布情况,占样本数 30.25%的是非技术工人;占样本数 18.74%的是服务人员;占样本数 6.28%的是自雇人员;占样本数 32.34%的是熟练技工;占样本数 3.38%的是办事人员;样本数的 4.83%是管理人员;个体经营样本数 42 人,占 3.38%。由此可见,女性倾向于在住宿餐饮、批发零售以及其他服务行业就业,男性则偏好在建筑业、制造业等非技术或熟练技工岗位就业。

从农民工薪资收入水平来看,农民工工资收入有了一定程度的提升,得益于最低工资保障制度的实施以及城市用工需求的增长。农民工工资收入水平集中在 2000 元至 3500 元之间,因其身份情况特殊,农民工工资收入不包括福利、社会保障、绩效津贴等收入等项。农民工工资收入低的原因,一是市场资源配置机制局限。因为农民工学历层次和劳动技能掌握程度不高,全要素生产率较低。二是社会因素影响。农民工入城后就业的行业类别、初次收入分配情况等导致了其低收入水平。农民工这种低收入状况一定程度上显示了"同工不同酬"等诸多"按劳分配"原则的背离现象。同时,也凸显出新型城镇化过程中,通过消费提升拉动内需,推动经济发展的模式遭遇困境。

从农民工换工情况来看,其劳动岗位、就业企业和工作地点的频繁变换是农民工这一流动群体的"流动性"的必然。农民工换工主要与工作报酬、强度以及工作关系有关,一般而言,农民工群体的这种"高流动性"特点使其换工选择偏好工作薪资较高、工作强度较低,以及就业福利较好的工作岗位。当然,企业能够提供的现实待遇与农民工预期值会存在一定的差距。调研数据显示,从没有换过工作的农民工样本只有 13.2%,换工一次的占样本数的 11.58%,换工两次的占样本数的 30.85%,换工三次的占样本数的 21.02%,换工四次的占样本数的 23.31%。通常在农民工流入城市初期,工作变换的频率最高,农民工职业变换的过程是一个试错的过程,以期找到接近于期待值的工作。农民工的期望值随着进城务工年限的增长会逐渐降低,其对工作的稳定性、生活的稳定性也逐渐降低,职业流动的频率随之降低。就有变换工作的农民工群体来看,跨行变换工作的占样本数的40.85%,59.42%的农民工选择从事同一行业或同一工种的工作。从人力资本积累的角度来说,同一工种内的职业流动更有意义。

第二节　经济资本的测量方法与结果

一、影响经济资本积累的社会基本因素

影响经济资本形成与积累的社会因素很多,主要探究以下因素。

(一)家庭背景

人的出生与成长始于家庭这个社会存在的基本单位,家庭财产的不同构成决定了家庭经济状况、家庭支付状况以及家庭未来预期收益的差异。附着于房产、土地(农村)等家庭不动产上的福利、软环境的不同,加之基于"有恒产者有恒心"这样传统文化对家庭财产的看重,使经济资本积累影响着家庭消费、家庭对人力资本和社会资本的投资选择。进而对家庭父子两代对经济资本、人力资本的形成及资本高低水平产生影响。

(二)社会阶层

在市场经济条件下,经济发展不平衡导致不同人群的经济地位发生变化。而经济地位发生变化导致政治地位、社会地位、知识地位随之发生变化。社会分层中不同阶层人群所享有的政治权利、经济权利、知识资源各不相同,不同权利和资源的配置直接导致经济资本的分化和收入差距的产生。居于社会上层的人群(主体是城市居民)不仅容易获取积累经济资本的各种资源,而且也

更容易把这些资源传递给家庭和后代;居于社会下层的群体由于机会不均等难以获取优质资源,也更难将积累资源传递给家庭和子代。

(三)社会歧视

社会歧视与收入不平等、收入差距相关联。社会歧视也是经济资本形成、积累与分化的社会影响要素之一。舒尔茨(1987)提出"无论是在富裕国家还是贫穷国家,平等—效率问题都还远未解决,由于性别、语言、宗教、种族以及是否有公民权等方面的不同,歧视是很普遍的"[①]。户籍制度作为割裂城乡的制度安排,虽然"农"与"非农"的区别正在逐渐打破,但是隐性户籍制度墙下的"人力资本形成的前市场歧视""高端职业阶层区隔"以及"高质量社会交往的封闭",导致城乡巨大教育资源分配不均,农民工进城获取教育资源有限、公共服务享受数量质量歧视及体制内职业户籍歧视,社会资源获取的封闭性和社会流动渠道的闭塞性,会影响农民工经济资本的形成。

(四)社会体制

社会分层与社会制度息息相关,在改革开放初期,市场经济体制的建立唤醒了被计划经济体制束缚已久的活力,经济资本"平等化效应"显现,数亿劳动力通过地域间的自由流动进入世界分工体系,在全球化、工业化、城市化的进程中,克服了农村出身、低收入家庭的背景劣势,获得了提高收入、积累经济资本的大量机会;但是近年来,由于要素市场、福利领域和户籍制度改革滞后,市场化初期带来的社会开放和社会流动性正在走向转折点,收入分配不公,收入差距不断拉大,家庭背景等先天因素对于个人经济社会地位的影响开始增强。

---

① Theodore W.Schultz,"Migration:An Economist's Vies", in *Human Migration:Patter and Polices*, W.H.Mc Neil, R.S.Adam, Bloomington, London:Indiana University Press, 1987, pp.375-368.

二、经济资本的构成要素与测量指标

经济资本由家庭财产和资金(收入)水平来反映,其中家庭财产包括房产、土地资产(农村土地面积)和金融资产,此外还有耐久消费品、债务、生产性资产和其他资产,其中,房屋、土地和金融资产是中国居民家庭财产最重要的构成部分,也是受经济体制改革影响最大的部分。

(一)房产与土地资产

以家庭财产为代表的经济资本对个人经济社会地位有非常重要的影响,房产和土地资产(农村土地)作为家庭财产的重要组成部分,但城市居民住房与农村居民住房的财产意义有很大的区别。对城镇居民来说,从 20 世纪 90 年代开始住房体系改革与商品房市场迅速发展,到 2002 年住房商品化基本覆盖了所有城市居民。房产价值的高企和私有化使房产逐渐成为城镇居民家庭财产的重要组成部分。"居者有其屋"传统文化对房产的看重,将住房推向城镇居民家庭经济生活的核心位置。房产拥有情况是家庭经济资本积累是否增强、家庭支付能力是否提高、风险抗御能力是否强化的表现。受其影响,政府公共物品供给也出现"资本化倾向",主要表现在城市较高质量的教育资源附近的高价"学区房"现象以及城市居民出售第二套房产以支持子女海外留学步入高潮(陈琳、袁志刚,2012)①,房产增值对城镇居民经济成就产生"资本化收益"。而农村土地非流动性约束、土地流转和变现的制度改革滞后,使中国农村土地在家庭财产中的作用处于缺位状态,虽然长期的土地使用权使其具有准家庭财产的性质,但与城市房产不同,农村土地和住宅没有享受中国经济增长要素资本化带来的升值,不能作为财产进行金融抵押,财产权功能的弱化使得土地和房产对于农民工经济资本积累构成的意义大大削弱。值得期待的

---

① 陈琳、袁志刚:《中国代际收入流动性的趋势与内在传递机制》,《世界经济》2012 年第 6 期。

是,2019 年 8 月,十三届全国人大常委会第十二次会议表决通过了关于修改《中华人民共和国土地管理法》的决定。新《土地管理法》的一个重大制度创新,是取消了多年来集体建设用地不能直接进入市场流转的二元体制,为城乡一体化发展扫除了制度性的障碍;在宅基地方面,新《土地管理法》在原来一户一宅的基础上,增加了户有所居的规定,对一部分农村村民已经进城落户的农民工,对他们原来在农村的宅基地允许保留,也允许自愿有偿退出宅基地,如果农民不愿意退出宅基地,地方政府不能强迫其退出宅基地,必须是在自愿有偿的基础上。上述农村土地政策和法律的变化,对农民工城市资本积累都是利好性制度安排。

测量指标:本书通过"您农村老家是否拥有房产(宅基地)? 如果有,房产(宅基地)价值是多少?"以及"您在农村老家有没有承包地? 如果有,您外出期间,这些地主要由谁打理?"的问答,把"宅基地价值"和"承包地流转收益"作为经济资本家庭财产的测量指标。

(二)金融资产

农民工金融资产重要包括两个部分:储蓄和理财投资。一是储蓄,农民外出务工收入储蓄构成农民工金融财产的主要来源。相比于传统农业的低收入,农民工进入城市后经济地位相比以前有所提高,农民工务工收入除了支付日常开销之外,大部分都被储蓄起来以便应付以后的购房支出、子女教育、医疗保健、养老及红白喜事等不时之需,尤其老一代农民工具有"高储蓄"倾向特征,实质上,这对于不同生命历程阶段的农民工都具有趋同的人生轨迹和社会理性选择。二是理财与投资,出于对未来的规划,相比于第一代农民工,新生代农民工倾向于采取主动行动确保资产保值与升值,理财方式逐步同化于城市居民,包括银行定期存款、买彩票、炒股、做生意等。

测量指标:农民工金融资产可以用"银行储蓄或现金"测量,但是考虑到银行储蓄额和拥有现金数据获得的难度,未能把"银行储蓄或现金"作为测量指标。

（三）收入水平

农民工外出务工个人收入或家庭收入表示其最基本的物质经济状况、生存和发展能力,体现在收入的多寡对于农民工经济社会地位和永久性迁移决策能力的影响上。农民工初次外出务工的根本动因是经济理性、生存理性的追求,而在城市务工期间经济资本的积累为农民工留城定居打下了物质基础,如果缺乏经济资本的积累,农民工定居城市仅停留在意愿与渴望的主观水平,而不具备现实的客观能力。

测量指标:农民工资金(收入)水平用"外出务工的月收入"测量,考虑到住房作为城市物质资本积累的重要指标,考察"农民工居住条件"及"是否在城市拥有自购房"是衡量经济资本积累的重要表征。

三、农民工经济资本的测量结果

（一）承包地状况

1.农民工家乡承包地状况

农民工在家乡有承包土地的占52.9%,其中承包地的面积在0—1亩、1—2亩、2—3亩、3—5亩、5—10亩及10亩以上的比例分别为10.59%、16.47%、16.94%、18.35%、15.29%、1.41%。

2.农民工承包地处置状况

农民工家乡承包土地流转状况。男性外出务工期间,承包地由留守老人或配偶在家耕种,家庭有农业收入来源而且粮食自给自足,减轻了外出农民工经济负担;在夫妻双方都外出打工的背景下,他们原有耕种的土地流转的范围一般是血缘、人情和关系,他们的流转费用主要包括货币、实物和劳务三部分,基于血缘、人情的土地流转费用具有明显的非货币化特征,甚至不排除兄弟、亲戚之间的土地流转是以免费的形式流转。如果不能顺利地流转给他人就只能抛荒,这对于个人经济资本是一笔损失。农民工外出务工期间土地的处置状况如表4-2所示。

表4-2　农民工外出务工期间土地的处置状况

土地处置	兼业自己耕种	父母耕种	亲友耕种	让他人无偿耕种	转租他人有偿耕种	抛荒
农民工(人)	121	580	160	81	190	42
占比(%)	10.2	48.7	13.5	6.8	15.9	3.8

（二）宅基地状况

1. 农民工在家乡宅基地或房屋状况

农民工在家乡有宅基地的占 87.2%,其中宅基地的面积在 0—0.3 亩、0.3—0.5 亩、0.5—1 亩、1 亩及以上的比例分别为 21.85%、23.25%、15.41%、5.88%、33.61%。

2. 宅基地房屋价值的衡量

由于农民工宅基地只有占有权和使用权,所有权归集体所有,只有宅基地附着物即房屋是农民私人的财产性不动产,具有抵押、担保和转让的财产权。让农民工对农村老家的自有房产价值进行判断:宅基地房屋价值在 1 万元以下占比 8.64%,1 万—5 万元占比 24.86%,5 万—10 万元占比 26.81%,10 万元以上占比 26.76%,如图 4-1 所示。

（三）收入水平

1. 工资收入水平

从农民工月工资收入增长情况看,农民工收入在持续增长,且增长速度较快,如表4-3所示。虽然近年增长速度有所下降,但也维持在 6.4% 以上。到

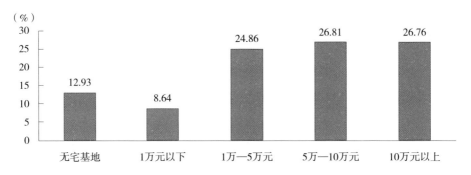

图 4-1　农民工家乡宅基地价值衡量

2017 年,农民工月均收入已经达到 3485 元。另外,结合表 4-3 数据,农民工收入与同期城镇人口可支配收入相比,表现出了趋同势头。但是,进一步深入分析,考虑到农民工月均工资与城镇人口可支配月均收入的统计口径的差异,农民工工资收入仅是不包括工作福利、社会保障和绩效津贴的"裸体工资"。农民工实际收入还是略低于城镇人口收入。

表 4-3　农民工月均工资增长情况及与城镇人口收入对比

	2013 年	2014 年	2015 年	2016 年	2017 年
农民工月均工资(元)	2609	2864	3072	3275	3485
增长额(%)	319	255	208	203	210
增长率(%)	13.9	9.8	7.2	6.6	6.4
城镇人口可支配月均收入(元)	2206	2404	2600	2861	3033

　　由表 4-4 可知,农民工收入在各个行业中都呈增长的趋势。另外,农民工收入,还表现为行业之间的差距较大。农民工收入较高的行业有制造、建筑、批发零售、物流仓储以及邮政等。在住宿和餐饮业、居民服务、修理和其他服务业,农民工收入略低。但到 2017 年,农民工月均工资总体都上 3000 元,尤其在交通运输、仓储和邮政业,农民工月均工资突破 4000 元。

表 4-4 农民工月均工资行业区别及增长 （单位:元）

	2013 年	2014 年	2015 年	2016 年	2017 年
制造业	2537	2832	2970	3233	3444
建筑业	2965	3292	3508	3687	3918
批发和零售业	2432	2554	2716	2839	3048
交通运输、仓储和邮政业	3133	3301	3553	3775	4048
住宿和餐饮业	2366	2566	2723	2872	3019
居民服务、修理和其他服务业	2297	2532	2686	2851	3022

从农民工工资收入分布情况看,如图 4-2 所示农民工工资收入有了一定程度的提升,得益于最低工资保障制度的实施以及"民工荒"推动的城市用工需求增长。农民工工资收入水平集中在 2000 元至 3500 元之间。农民工工资收入低的原因,一是市场资源配置机制局限。因为农民工学历层次和劳动技能掌握程度不高,全要素生产率较低。二是社会因素影响。农民工入城后就业的行业类别、初次收入分配情况等导致了其低收入水平。农民工这种低收入状况一定程度上显示了"同工不同酬"等诸多"按劳分配"原则的背离现象。同时,也凸显出新型城镇化过程中,通过消费提升拉动内需,推动经济发展的模式遭遇到了困境。

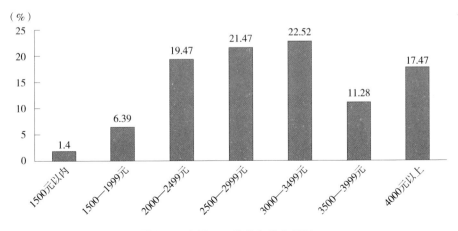

图 4-2 农民工工资收入分布情况

2. 农民工居住条件及自购房比例

居住方式分布状况：主要是由亲友或单位提供宿舍的占 24.4%，与人合租房的占 12.7%，自己租房的占 45.3%，自雇职业或个体工商户居住在自己店内占 5.0%，居住公共租赁房占 3.5%，购买经济适用房占 6.6%，其他占 2.5%，总体样本中，在城市自购房拥有稳定住所及房产的农民工仅占 10.1%，自己租房是农民工居住的主要形式。由于农民工被排斥在现有住房保障制度之外，大多数农民工在城市处于"寄居"状态，与"安居"阶段尚有较大距离，但是西部地区相比于东部地区农民工住房条件较好，农民工安居问题成为其实现定居城市的最大障碍。

居住区位决定了农民工入城后生活的境况和交往的层次，农民工与城市居民两个不同群体之间的社会距离的扩大和经济距离的扩大都与居住分割状态有关。分散居住于城市社区为农民工获取信息、就业机会和积累社会资本创造了条件。从事建筑业的农民工居住在建筑工地的占 24.4%，居住在经营场所的占 11.5%，居住在城乡接合部的占 46.6%，居住在城中村的占 23.7%，居住在棚户区的占 5.3%，居住在居民小区（多为租住）的占 34.8%，其他占比 1.7%，具体分布如表 4-5 所示。

表 4-5　农民工居住条件与居住区位分布　　（单位:%）

居住条件	样本数	占比	居住区位	样本数	占比
亲友或单位宿舍		24.4	建筑工地		7.6
与人合租房		12.7	经营场所		11.5
自己租房		45.3	城乡结合部		15.4
居住公共租赁房		3.5	棚户区		5.3
购买经济适用房		6.6	居民小区		34.8
其他		2.5	其他		1.7
合计	2003	100	合计	2003	100

第三节 人力资本的测量方法与结果

一、人力资本的测量指标及方法

"人力资本"概念最先由舒尔茨、贝克尔提出,此后众多学者在界定人力资本概念、测量方式和指标等方面做了大量实证研究,形成了公认的标准。通常来说,对人力资本的测量及指标选取可从两个视角展开:一是将人力资本界定为知识、技能、体力等多项内容的价值总和,这是基于个体对知识技能掌握的角度的考量;二是从个人获得的经济及社会地位的视角界定人力资本,包括先天禀赋(主要指性别差异、年龄差别、健康状况以及父辈的政治地位、职业分布等情况)、自我积累因素(包括个体学历程度、工作经验、语言技能等掌握水平、政治面貌等情况)。

农民工的人力资本,是多种能力的综合,由其接受教育情况、参与培训情况、健康投入情况、人口迁移方式等凝结而成,体现为农民工的学历水平、职业技能水平、社会保险投入状况、劳动经验等。农民工人力资本是其对就业信息进行处理、决策以及从事非农领域就业适应能力的重要保障。此外,农民工市民化的过程历经了职业转换、户口地域转移乃至城市融入等环节,在这个过程中农民工要支付在城市生活的最低生存成本、迁移成本以及各种生活预期补偿成本。尤其是农民工的城市生活及融入的能力,依然受到城乡二元户籍制度的影响和公共福利水平的制约。显然,农民工人力资本是其市民化能力的重要基础,起着决定性作用。增强农民工市民化能力,进而推进市民化进程,需要探索农民工人力资本积累的高效途径。本书通过问卷调查法,获取农民工接受教育情况、职业技能水平以及职业状况等指标,形成农民工个人人力资本量度。

二、农民工人力资本的测量结果

(一)农民工受教育情况

从问卷调查数据看,如表4-6所示,农民工受教育水平,占比最多的是初中,占被调查人数的44.93%,其次是高中、中专及技校大专以上,分别占比为20.62%和15.23%。小学或以下与大专及以上占比较少。与国家统计数据显示结果基本一致。另外,查阅相关统计资料,农民工未上学、小学、初中比例逐年小幅下降,高中比例逐年小幅上升,上升幅度最大。农民工受教育水平整体呈上升趋势。

表4-6 农民工受教育情况

受教育程度	小学或以下	初中	高中	中专及技校	大专及以上
调查人数(人)	221	900	413	305	164
占比(%)	11.03	44.93	20.62	15.23	8.19

(二)农民工职业技能情况

从问卷调查数据来看,如表4-7所示,农民工没有接受过技能培训和初级技能的人数占被调查人数的比重偏大,接近50%;达到中级技能的比重接近20%;高级技工和高级技师占比较小,分别为2.25%和0.35%。说明农民工职业技能水平总体偏低。

表4-7 农民工职业技能情况

职业技能	没有技能	初级技工	中级技工	高级技工	高级技师
调查人数(人)	965	965	368	45	7
占比(%)	48.18	48.18	18.37	2.25	0.35

（三）农民工职业状况

在本次问卷调查中,非技术工人和服务员占各自比重分别 24.66% 和 31.80%,占比较大;技术工人占比 23.76%,占比较为乐观;但是办事员和管理人员占比分别是 5.39% 和 3.99%,占比较小;自谋和个体占比分别是 6.19% 和 3.30%,占比较小,如表 4-8 所示。说明农民工从事职业多数为低端行业,同时也说明农民工人力资本积累处于较低水平。

表 4-8　农民工职业状况

农民工职业状况	非技术工人	服务人员	自谋	技术工人	办事人员	管理人员	个体
调查人数(人)	494	637	124	476	108	80	66
占比(%)	24.66	31.80	6.19	23.76	5.39	3.99	3.30

第四节　社会资本的测量方法与结果

社会资本作为能够度量的指标,必须要进行概念界定,才能具有可操作性。通常分为两个程序:第一,做到概念化(conceptualization)。具体精确地定义社会资本,对社会现象进行理论升华。第二,做到可操作化(operationalization)。对社会资本概念及各个部分构成界定之后,对社会资本的测量过程要能够运用具体指标和明确的测量程序进行具象化。社会网络关系是社会资本的载体,是一种嵌入性、社区性的资源,网络位置是外生变量,也是这种嵌入性资源的必要条件。网络特征以及社会关系强弱如果不能识别,这种嵌入性资源自然也不可能识别以及获取。同时,社会资本的内涵又超越这种社会网络及社会关系本身。因此,要将网络位置结构和社会网络资源进行融合,作为社会关系的测量指标。界定社会资本的概念,有多种分析视角,可从个体、群体维度切入,也可从微观、中观、宏观维度切入。本书对农民工社会资本的测量,主要是基于个体维度社会资本的测量。

一、社会资本测量指标

个人拥有的社会资本如何进行测量,采用不同的视角界定社会资本概念适用的指标是不一样的。可操作化视角的测量指标主要有:(1)网络位置。这一指标的代表是伯特的"结构洞"研究。将个人在社会网络中所处的位置、对有价值非重复信息量获取的能力、与"桥梁"结构位置的距离等因素作为测量社会资本的关键,对"桥梁"进行终局性测量,以此作为衡量的网络位置标准。(2)关系强度。格兰诺威特利用互动频次、情感强度、情感密度、互利服务等指标测量关系强弱;边燕杰测量关系强弱采用的指标是熟悉程度和关系类别,用亲朋、熟人等角色关系作为测量的替代指标;林南认为社会资本测量指标以网络测量作为借鉴对象,不够谨慎,提出社会资本测量的补充指标:社会网络的规模大小、内聚性强弱、趋同性如何、异质性差距、密度大小等。(3)网络资源。指可使用的社会资本,是具有价值的资源。可依据社会网络中个人获取的资源、与之接触的他人规模和种类等进行社会资本测量。[1] 韦伯则认为,社会关系有财富(经济财产)、社会(政治财产)、声望(社会财产),而社会关系是社会资本的重要组成部分。这三种资本兼具达高性、异质性和广泛性。"网络资源"又可分为"直接的资源"与"资源和网络"。"直接的资源"包括资源网络的达高性和等级位置跨度、亲友的平均教育程度、亲友稳定就业的比重情况、居住社区的情况、与单位距离远近等;"资源和网络"包括外在关系数多少、网络规模大小、网络密度如何、移民网络资源丰富性、就业企业内部的社会网络通达程度等。(4)关系资源。是指使用过的社会资本,使用社会资

---

[1] Nan Lin, "Social Resources and Instrumental Action", in *Social Structure and Network Analysis*, P. V. Marsden, N. Lin(eds.), Beverly Hills, CA: Sage, 1982, pp.131–145.

源的情况与劳动市场呈正相关状态,高质量高数量的社会资本往往带来成功的行动结果。[1]"关系资源"的直接衡量指标则是关系人的社会地位、权利以及财富,体现在职业威望、权利配置、工作部门、收入高低等指标中。

二、社会资本测量方法

定名法和定位法是测量个人拥有的社会资本的常用方法。定名法是使用广泛的传统方法,又谓"提名生成法"。这种方法是在讨论网、交换网或互动网、支持网中提问多个有关个人交往者的问题,涉及邻里、工作、家庭、信任度、亲密度等多维封闭边界形成的社会网络。提问内容包括交往对象的姓名、个体特点,以及样本主体与交往对象、交往对象之间的互动情况,一般选取3—5人适宜。这种社会资本测量的结果体现的是社会资源网络中涉及人员的个体基本情况(诸如性别、民族、年龄等)、交往对象社会资源的广泛度和异质性(诸如职业类别、文化水平、岗位特征等)。对研究样本的个体私密信息、社会资源网络的具体构成、规模大小、密度如何等情况的掌握是定位法测量的重点内容。但是,这种测量方法存在不易确定网络边界的缺陷,其数据也会受地理因素的约束。

表4-9 用定位法测量获取的社会资本

这是一张职业量卡(出示卡片),您是否认识(熟悉)每一种职业的人吗?						
职业	1. 您认识的人中有从事这个职业的吗?	2. 您认识这个人多长时间了?	3. 您与这个人有什么关系?	4. 您与这个人的亲密程度?	5. 他/她的性别?	6. 他/她的工作?
职业 A						
职业 B						
职业 C						

---

[1] 林南:《社会资本——关于社会结构与行动的理论》,上海人民出版社2005年版。

定位法,主要测量与网络成员结构性位置接触生成的社会资本,所以角色中立,又谓"位置生成法"。测量过程是先假设社会网络结构位置是测量指标,以金字塔形网络结构,根据地位高低,将不同社会资源分布情况清晰呈现,一目了然。实际调研的顺序,首先确定职业类型量表,该量表根据不同类型职业声望从高到低进行排序,涉及的网络顶点、网格距离、广泛性等各种指标根据所列出的职业类型加总进行计算。社会资本的定位法测量如图4-3所示。

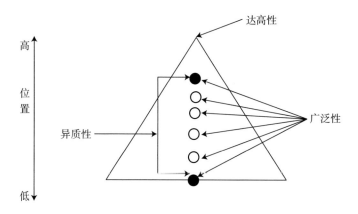

图4-3 社会资本的定位法测量

(1)达高性。所谓达高性是第一个标准,指等级制结构中,个体能够接触的社会资源的最高点。能达到多高的位置,以及该位置社会资源的价值与等级制结构体系中的地位和阶层有关。

(2)异质性。所谓异质性是第二个标准,指等级制结构中,个体能够接触的社会资源的最高点与最低点之间的落差部分。这个落差的大小意味着个体在等级体系中跨越等级位置的社会关系网络,与个体拥有的社会资本质量状况有关。

(3)广泛性。所谓广泛性是第三个标准,指等级制结构中,个体所能接触到的位置的总和。与个体在等级制结构中拥有的社会资本的丰富性有关。异质性的解释力与社会资本综合指数具有同等效用(边燕杰,2004)。用异质性简化对社会资本的解释,不会带来明显的结构偏差①。

三、农民工社会资本测量结果

本次问卷调查中,"平时与您打交道的朋友、能帮忙的熟人及亲戚中,他们都从事哪些职业?"这一问题需要被调研农民工回答,我们对职业类型的选择主要参考边燕杰(2004)在有关四城市调研中使用过的分类,通过调研数据,赋予各职业类别的职业相应的分值,如表4-10所示。

表4-10　农民工社会资本占有结构

职业类别	职业地位得分	选择人数(人)	农民工选择的比例(%)
党政机关领导	80	6	0.6
企事业单位领导	71	123	12.4
行政办事人员	53	180	18.2
民警	52	124	12.3
营销人员	15	138	13.8
保姆、家政	5	238	24.0
餐馆服务人员	11	524	52.7
个体、私营老板	64	622	62.3
司机	25	459	46.3
建筑工人	6	454	45.8
中小学教师	77	128	13.0
法律专业人员	86	14	1.4
科学研究人员	95	5	0.5
医生	86	77	7.8
大学教师	91	6	0.6
产业工人	20	514	51.4
护士	48	326	32.9
厨师	24	228	23.0

① 边燕杰:《城市居民社会资本的来源及作用:网络观点与调查发现》,《中国社会科学》2004年第3期。

职业类别	职业地位得分	选择人数(人)	农民工选择的比例(%)
工程技术人员	86	228	23.0
会计	58	129	12.8

表4-10中列出的有关职业的19个类别所代表的职业阶层的高低以职业地位的得分为依据。可以看到每一种职业类别下农民工社会资本的比重,比重大小即是职业类别社会关系的体现。职业类别分值高的,意味着比重较大,占有社会资本较多,即是较为理想的社会资本结构;反之,职业类别得分不高,意味着比重较小,则社会资本结构较差,占有社会资本较少。综观调研分析的结果,呈现出明显的两极分化的区隔现象。如从事政府机构领导岗位、科研工作岗位、高校教学岗位、政法相关岗位等职业类别的,得分普遍较高,往往所占比重较小;从事餐饮行业服务岗位、驾驶服务岗位、建筑工人、家政服务岗位等职业类别的,得分较低,往往所占比重较大。这一结果表明农民工社会资本结构处于低端层次,具有较低的职业地位和社会地位。

本书使用定位法,对农民工社会资本的测量采用职业和权利这两种社会资源,如表4-11所示。

表4-11 农民工社会资本因子分析结果

变量	因子载荷			因子得分			最大值	最小值
	广泛性	异质性	达高性	广泛性	异质性	达高性		
声望社会资本	0.793	0.915	0.946	0.336	0.401	0.387	2.574	-1.783

注:声望社会资本和权利社会资本是标准化变量,均值为0,方差为1。

具体过程是:首先,在问卷调查中参考边燕杰有关"春节拜年网"的职业类型划分,选择19种职业。向被调研者询问"您的亲戚(含配偶、父母、子女)、朋友和(能帮忙的)熟人中,他们分别从事哪些职业?(多选)";其次,参考职业声望分数表、职业权利分数表(边燕杰、尉建文、赵延东等基于中国国情编制),分别赋予所列的 19 种职业对应的分值[1]。该方法的测量指标是包括职业、工作单位、阶级等在内的社会特征明显的结构位置,被调研者需要回答每一个位置上是否存在熟悉的交往者。这种方法测量的是结构性位置的接触,而非具体的内容和角色。农民工社会资本的测量采用三个指标:一是用社会网络中职业总数表达广泛性指标;二是用社会网络中最高和最低职业分值的差距表达异质性指标;三是用社会网络中可触及的职业的最高分值表达可达性指标。这三个维度的指标之间具有较高的正向相关,能描述社会资本结构性特点,对这三个指标采用因子分析法,能够形成具有结构性内涵的综合社会资本变量,得出社会资本的测量结果。

---

[1]　尉建文、赵延东:《"权力还是声望?——社会资本测量的争论与验证"》,《社会学研究》2011 年第 3 期。

第 五 章
农民工融入城市维度划分、
测量与评价研究

农民工融入城市具有多维性、复杂性,维度的辨识应遵循全面性、简洁性和方向性原则。在农民工融入城市指标体系构建的研究思路中,需要注意三点:一是与国际移民融合相比,农民工与市民融合处在一个没有种族信仰障碍、语言障碍和文化障碍较小的更加同质的社会,农民工融入城市的任务是适应城市生活方式,完成从农村到城市的地域转换、从务农到务工的职业转换以及从农民到市民的身份转换。二是农民工融入城市或社会融合是一个长期的过程,不是在某一个时点的观察,而是一个社会融合变化的长期过程。三是清晰地界定农民工融入城市分析单位,本书针对农民工个体层次构建测量指标体系。

第一节　关于国际移民融入维度的划分

关注移民社会融入的维度划分、探讨移民社会融入程度的测量指标是研究移民国际移民社会融入的关键。现有研究普遍从经济收益、文化教育、价值理念、政治权益等方面进行探讨。从文化、经济、社会、政治等维度进行融入研究。汉克、雷德菲尔德(Hamke, Redfield, 1936)解释了文化融合,认为文化融合是移民社会中,来自不同教育背景的一个或多个群体,在相互交往中,原改变了原有文化特征的现象。① 狭义的移民文化融合意味着移民对迁入地的语言使用、生活饮食风俗、情感交流方式、着装风格、价值观念、社会规范等方面的接受与同化。经济融入意味着移民在迁入地的就业层次、经济收益、购买能力、生活环境和条件等方面的融入。比起流入地经济和社会背景相当的群体,移民的经济融入表现为在迁入地获得的社会地位、经济能力高于当地平均水平。阿尔瓦、尼(Alba,Nee,1977)认为移民社会融合重要衡量依据是职业变换和经济维度的融合②,赫克曼(Heckman,1998)和卡尔森、鲁恩(Carlsson,Rooth,2007)认为比起迁入地居民,移民的经济收入水平高或低可作为经济融入程度的参照。因此,可以用移民与流入地居民的收入差距作为衡量经济融合程度的指标。此外,还有职业阶层和社会保障方面的指标需要考虑③④。社会融入则延伸和拓展了经济融入,包括移民在迁入地的生活、人际网络、制度规范、社会组织参与、习俗等方面。具体为评价指标,则可以人际网络的范围和交往对象的多少、社会组织与活动的参与情况等表示。政治融入意味着移民在迁入地获得合法的政治权利,公平参与迁入地工会、政治选举等政治活动。

　　梁波、王海英(2010)用二维融入、三维融入、思维融入来总结西方社会融合理论:一是"二维融入"理论,主要代表是戈登(Gordon,1964)⑤,所谓二维,是指结构性融入、文化性融入。所谓结构性融入,移民在迁移后,会参加各种

　　① Lewis Hanke,Robert Redfield,"The First Social Experiments in America:A Study in the Development of Spanish Indian Policy in the Sixteenth Century",*American Journal of Sociology*,Vol.16,No.3(1936),pp.2101-2106.

　　② Richard Alba,Victor Nee,"Rethinking Assimilation Theory for a New Era of Immigration",*Interna-tional Migration Review*,Vol.4,No.4(1997),pp.826-874.

　　③ James J.Heckman,"Detecting Discrimination",*The Journal of Economic Perpectives*,Vol.31,No.4(1997),pp.826-874.

　　④ Magnus Carlsson,Rooth Dan-Olof,"Evidence of Ethnic Discrimination in the Swedish Labor Market Using Experimental Data",*Labour Economics*,Vol.4,No.4(2007),pp.716-729.

　　⑤ Milton M.Gordon,*Assimilation in American Life*,New York:Oxford University Press,1964.

正式、非正式的社会活动或社会组织机构的社会活动,诸如迁入地的劳动力市场、就业分布、社区活动等;文化性融入意味着移民在文化习俗、观念认同、价值理念等方面获得移民的认同,进而引致移民对迁入地的认同。实现文化性融入是真正社会融入的标志。相比较而言,文化融入体现语言、生活、习俗、规范等主观性特点,结构性融入则偏向于就业、教育、收入等客观指标。戈登指出移民融入的初级阶段是文化的融入,文化维度的适应并不一定引致结构性融入,文化融入是结构性融入的必要非充分条件。二是"三维融入"理论,主要代表是荣格·陶什(J.Junger-Tas,2001)。所谓"三维融入"是指结构性融入、社会—文化性融入、政治—合法性融入。① 结构性融入意味着移民在接受文化水平提升、就业市场竞争、薪资待遇、居住环境条件等融入。移民结构性融入暗含了经济融入的意思,缺乏机会是结构性融入程度不高的重要原因。社会—文化性融入要求多种社会组织参与,促进移民与本地居民广泛接触交流,逐渐被迁入地居民的行为习惯和思维模式影响、趋同。可采用社会距离、语言表达、人际交往、互通婚姻等指标进行测量。政治—合法性融入是指赋予移民公民权,包括移民在政治维度享有选举权、被选举权等,与迁入地本地居民相当的政治待遇。对比"二维融入"和"三维融入",可以发现荣格·陶什提出了结构性融入、社会—文化融入。戈登则提出结构融入、文化性融入,两者意义具有对应性。三是以恩泽格尔(H.Entzinger,2003)为代表的"四维融入",包括经济、社会、政治、文化四个维度的融入,该理论以社会经济融入替换了此前的结构性融入。社会经济融入意味着移民在迁入地的职业层次、薪资福利、换工情况、社会网络、活动参与等方面的融入;文化融入程度则可通过移民对迁入地语言是否掌握、风俗是否适应、是否与本地居民通婚、是否遵从迁入地社会规范等来评判;政治融入主要包括移民的合法公民权、移民的政治参与情况和移民的社会参与情况等。四维融入模型是移民对流入地主动适应

---

① Junger-Tas Josine,"Ethnic Minorities, Social Integration and Crime", *European Journal on Criminal Policy and Research*, Vol.9, No.1(2001), pp.5-29.

和同化的过程,也是流入地对移民接纳或排斥的调适过程。该理论并未将移民对迁入地主体文化的完全融入看作必然的绝对的选择①,认为移民可以在保留原有文化认同的基础上接纳迁入地主体文化的重要元素。②

　　综观关于国际移民社会融合维度划分的研究,划分标准明确。经济融合的方向是单向的,而社会和心理融合的方向是双向互动的。这也是争论的焦点。戈登的观点倾向"融合论",认为文化融合、认同性融合(身份融合)具有单向性特征,移民在融入新社会文化的过程中,随着时间推移,会逐渐放弃原有身份认同,同化为流入地文化。"多元文化论""区隔融合论"等理论认可文化习俗、身份认同等方面的融合是双向互动的。贝里(Berry,1997)认为移民文化融合在原有文化保留和迁入地文化认同上具有双向性,移民的文化融合策略因选择方向不同而构成融合、同化、分离、边缘化等多种组合策略。③ 菲尼(Phinney,1990)指出移民对迁出地原有种族的身份认同,对迁入地新社会的身份认同,这两者倾向性和偏好是不一样的,根据不同选择,形成融合型、融入型、分离型、边缘型这四种不同的融合策略。④

第二节　农民工融入城市维度的划分

　　农民工城市融入和社会融合问题比较复杂,涉及多个维度,因而对农民工融入城市的维度研究务必要全面、简洁、方向明确。全面性意味着对农民工城市融入各维度的全覆盖;简洁性则是在全面的基础上突出对最本质最关键维度的辨识;方向性的要求更为综合,农民工城市融入是其社会融合的前提条件

---

① Han Entzinger, Renske Biezeveld, "Benchmarking in Immigrant Integration", *Erasmus University Rotterdam*, 2003.

② 梁波、王海英:《国外移民社会融入研究综述》,《甘肃行政学院学报》2010 年第 2 期。

③ John W.Berry, "Immigration, Acculturation, and Adaptation", *Applied Psychology*, 1997.

④ J.S.Phinney, "Ethnic Identity in Adolescents and Adults:Review of Research", *Psychological Bulletin*, Vol.108, No.3(1990), pp.499-514.

以及基本要求,城市融入是其主动的单向融入城市社会的过程,包括其从农民身份向市民身份的变化、务农向务工的变化以及农村向城市的移入等。不同维度的客观属性以及迁移主体的主观因素对融入方向和程度产生影响。就客观属性来说,对社会经济的融合无方向制约;从主观因素来说,在文化和身份认同维度上,国际移民和我国农民工群体都面临着两个问题:一个是对原有迁出地身份的认同,另一个是对后来流入地主流社会身份的认同。农民工与国际移民的不同之处是农民工与城市居民的融合不存在种族、信仰和语言的差异,以及同质社会中没有显著差异的文化属性。因而,农民工城市融入的关键是经济社会融入和身份融入这两个维度,城市融入的主要任务是身份变化、职业转变以及地域迁移。

王毅杰、倪云鸽(2005)从分类意识、身份意识以及未来归属意识来研究农民工城市社会认同,分类意识是后两者的基础和依据,城乡分类是农民工对自身身份认同和城市社会接纳的关键。老一代农民工对农村的心理认同感较强,认定农民身份,有深刻的城乡分类意识;新生代农民工相对而言留城意愿更为强烈,对农村的归属意识不明确。[①] 对收入水平的研究发现,高收入的个体对自身迁出地的身份认同感较强,表现出对原有身份认同的偏好。可以看出,网络资源结构、社会结构共同影响了农民工的社会认同变化。

王桂新等(2008)深入探讨了农民工市民化的独特性、阶段性、规律性,以上海为例从五个方面研究了农民工的城市融入情况,具体包括农民工的居住情况(居住条件和环境)、经济生活情况(工资、职业、消费)、社会关系情况(城市亲友、求助对象、子女交往对策)、政治参与情况(参与工会组织、党团组织等)、心理认同情况(情感依赖、身份认同)等。[②] 研究表明农民工社会融合程度最高的是居住情况,最低的是政治参与融合程度,介于两者之间的是非物质

---

① 王毅杰、倪云鸽:《流动农民社会认同现状探析》,《苏州大学学报》2005 年第 2 期。
② 王桂新等:《中国城市农民工市民化研究——以上海为例》,《人口与发展》2008 年第 1 期。

维度的社会关系和心理认同的程度。居住情况与经济生活情况是物质维度的融合象征。研究认为上海农民工群体基本达到"半市民化"以上水平,是"准"城市人口,提高农民工市民化程度的重点在于改善城市的政治生态环境。

张文宏、雷开春(2008)基于上海移民城市的特征,从其对亚文化的巨大承载力视角出发,将研究对象瞄准白领移民,重点关注中上阶层的新移民在城市社会中的融合状况及融合结构。[①] 研究指出新移民在文化融合之外,还面临经济等其他维度的融合。从文化融合、心理融合、经济融合、身份融合这个四维度出发,采用 11 个指标进行结构性因子分析。文化融合的 3 个分析指标为本地语言掌握能力、风俗习惯适应、文化价值观念接受程度;心理融合 3 个分析指标侧重心理上对流入地的感知,对社会、职业、住房的满意度进行分析、经济融合的测量指标选用亲属随迁情况、房产购买能力;身份融合的测量指标选用职业稳定情况、身份认同、是否拥有城市户口等指标来测量。研究表明新移民的城市社会融合度总体来说偏低,具体来看,文化融合和经济维度的融合程度不高,但心理融合和身份认同程度较高,四个维度的融合状态按心理融合—身份融合—文化融合—经济融合的顺序呈梯次降低的态势。新移民城市融合程度受其本地社会关系网络局限,大多遭遇过偏见或歧视,这与新移民进入城市的时间长短、二元户籍制度等相关,福利待遇也存在较大差别。新移民心理上、身份上融合的程度较高的原因在于上海本身的开放程度、发达城市的吸引力以及对新移民身份多样性的接纳度;文化融合程度较低则与上海城市文化"海纳百川"的包容性有关,上海对新移民原有文化传统、观念的保留具有较大的包容性。经济融合程度则受高额房价制约,上海的生活成本增加是阻碍经济融合程度提升的主要制约因素。

李树茁等(2008)将社会融合分为行为融合和情感融合。用农民工入城后社会交往情况、交往的强度、交往的频次、人际关系网络大小作为行为融合

---

① 张文宏、雷开春:《城市新移民社会融合的结构、现状与影响因素分析》,《社会学研究》2008 年第 5 期。

程度的参照;情感融合则包括农民工入城后的社会组织接纳、身份认同、价值理念认同等,是其城市社会融入意愿的表现,也是城市社会融入的方向。[①] 行为融合用社会网络规模和强度作为衡量依据,社会支持指实际、情感以及交往等方面的支持。社会行为融合的深度与广度表现为农民工与城市居民的日常互动与交流的深度及广度。情感融合以生活是否满意、交友意愿是否强烈、有无受歧视、未来如何打算等指标作为衡量尺度。这些指标中,体现农民工现实状态的是生活满意程度和有无受歧视情况;交友意愿、未来计划则能反映农民工社会融合心理状态。

杨菊华(2009)认为社会融入多重维度之间有明显的递进关系。探讨各维度之间的互动,经济融入能够推动行为适应和文化融合,后者的融合情况也制约着经济融入的水平。[②] 社会融入过程的界定是一个综合性系统性的概念,具有多维度多种意义。社会融入的四个维度之间呈递进关系,相互之间依托、交叉且互为因果。经济融合是其他融合的基础,也是唯一的单向融合维度,文化融合和行为融合建立在经济融合基础之上,最终目标是完成身份认同。经济融合的主要参照目标是城市居民,经济维度的融入是其他维度融入的前提和依据,也是迁入者在城市立足的根本。涉及农民工城市工作情况(就业机会、晋升可能)、职业类别(职业阶层、稳定性)、薪资情况(福利水平等)、职业技能掌握(再教育、培训)、居住情况(住房条件、住房环境区位)等方面;文化融合强调城市迁入者对文化和语言的了解,教育、婚育、健康等理念认同情况;行为适应包括婚姻生育行为选择、社会交往范围、社会参与行为、教育投资行为、失范行为等。农民工作为典型的流动群体,其人际交往网络和群体阶层为其行为适应的宽度和高度给出了限制。行为适应对农民工的经济融

[①] 李树茁等:《中国农民工的社会融合及其影响因素研究——基于社会支持网络的分析》,《人口与经济》2008年第2期。

[②] 杨菊华:《从隔离、选择融入到融合:流动人口社会融入问题的理论思考》,《人口研究》2009年第1期。

入、文化融入和身份认同起了促进作用,反过来也受到其他维度融入水平的约束;身份认同是社会融入的最高目标,对其他维度的融入程度产生影响,然而需要注意的是,其他维度融入的高水平并非必然引致身份认同的完成。王春光(2001)指出在现有制度和结构性社会因素作用下,新生代农民工对流入城市的认同远高于其对农村家乡的认同。然而,有形或无形的制度约束使其处于城市主流社会之外,成为城市的二等公民,在身份认知上具有模糊不确定性,身份认同矛盾而未来归属彷徨①,杨菊华(2009)认为农民工城市社会融入的具体模式和程度因这一流动群体异质化的经历和背景而存在差异②,认为融合维度存在依次提高的排序,从低到高为:隔离型融入、全面型融入、选择性融入、多元性融入、融合型融入。老一代农民工多数一直停留在隔离型融入阶段。除去自身局限,制约老一代农民工完成从经济到文化,再到行为适应,最终实现身份认同维度融入的原因,还有宏观制度、迁入地结构性限制、城市居民接纳能力等;被城市边缘化,选择性融入和多元性融入看起来类似,却存在本质的不同,前者是农民工在保有自身特色的同时积极选择对城市主流社会的融合方式,后者是经济融合之外的其他维度的原有特征完全保留。因此,选择性融入的难易程度介于多元性融入和全面型融入之间。多元型融入是更为理想的状态,其他维度的融入程度如果不能与经济融入适应,会制约经济融入的水平;融入型融入是各维度的全面性融入,存在不均衡的主从关系。就目前农民工城市融入的情况来看,全面融入是其城市融入的目标,然而这一目标的实现需要代际之间的累积才能达成目标。"行为适应"维度由杨菊华(2009,2010)提出③,悦中山等(2012)认为"行为适应"与身份、经济、文化维度并重,

————————

　　①　王春光:《新生代农村流动人口的社会认同与城乡融合的关系》,《社会学研究》2001年第3期。

　　②　杨菊华:《从隔离、选择融入到融合:流动人口社会融入问题的理论思考》,《人口研究》2009年第1期。

　　③　杨菊华:《流动人口在流入地社会融入的指标体系——基于社会融入理论的进一步研究》,《人口与经济》2010年第2期。

作为单一维度的"行为适应"在社会主流文化和价值观念引导下能够转变为社会行为,可以分别归属于"文化融合"或"经济融合"[1];周皓(2012)强调社会融合本身与社会融合结果之间的区别,并以此区别作为社会融合指标选择的一重要依据。[2] 融合本身是原因标量,融合结果是具体表现。"行为适应"则是一种集社会融合内在与结果一体的维度。如果"行为"不是当作社会融合本身,而是作为社会融合的结果来看,会带来不精确的测量结果。例如婚育推迟的行为,既有文化融合维度关于婚育观念的转变影响,也可能是进城务工导致夫妻分居的必然结果。因此,将婚育观念本身作为社会融合的测量指标,婚育行为结果的准确性或有影响。

黄匡时、嘎日达(2010)从政策视角构建了农民工城市融合政策指数,内含劳动力市场、教育政策、户籍制度、社区融合、歧视政策等。[3] 农民工城市融合政策指数可分为:农民工城市融合总体指数和个体指数。前者包含的客观和主观指标有:经济融合、制度融合、社会融合、社会保护等。后者包含的客观和主观指标有:经济融合、制度融合、社区融合、社会关系融合、社会保护等。心理文化融合是纯主观指标。

陆康强(2010)研究了外地来上海的农民工,从其就业待遇、生活态度习惯出发,指出农民工是一个特殊群体,尽管嵌入了城市结构,但始终有利于城市主流社会。[4] 和谐社会的构建需要农民工与市民共享城市待遇,从游离于城市的状态,逐渐融入城市社会。测量农民工城市融入倾向度主要选取农民工城市融入条件(就业条件满意度、收入条件满意度、居住条件满意度)、融入意愿(来沪动因、未来去向)、融入表现(来沪年数、方言掌握、交往对象、在沪

① 悦中山等:《农民工社会融合的概念建构与实证分析》,《当代经济科学》2012年第1期。

② 周皓:《流动人口社会融合的测量及理论思考》,《人口研究》2012年第3期。

③ 黄匡时、嘎日达:《"农民工城市融合度"评价指标体系研究——对欧盟社会融合指标和移民整合指数的借鉴》,《西部论坛》2010年第5期。

④ 陆康强:《特大城市外来农民工的生存状态与融入倾向——基于上海抽样调查的观察和分析》,《财经研究》2010年第5期。

家人、心理归属)三个维度的指标。对条件、意愿和向度指数进行构建,融入倾向度的综合指数通过加权平均法得出。分析结果显示,农民工城市融入倾向较低,农民工城市融入的障碍随着其进城就业时间增长有了较大变化,即进城最初的生存困境转变为现在的发展困境。具体来说,农民工对就业、收入、劳动保障的需要,已经变为当前对教育培训、医疗保障的需求。城市融入的可持续方向应该是持续创新教育和医疗保障改革。

悦中山等(2012)提出广义文化融合、经济融合、心理融合的维度划分。基于广义的文化概念,指出农民工城市社会的文化适应过程是传统到现代的转化过程;社会经济融合包含薪资收入、非体力劳动岗位的就业情况、拥有多少房产;心理融合内涵丰富,包含了身份认同、城市归属感、城市社会距离等指标。①

周皓(2012)提出经济融合、文化适应、社会适应、结构融合、身份认同的维度划分。认为经济融合的评判依据有:是否有固定住所、经济收入是否稳定、职业层次如何、社会保障力度如何等;文化适应的评判依据有:家里使用的语言和居住时间长短等,或可考量将饮食习俗等指标加入进来;社会适应的评判依据有:农民工在迁入地的观念变化、心理状况,以及其工作、居住、社会等各种满意程度等,是典型的心理评价指标。社会适应的主要标志应该是原有同乡向城市居民转变;结构融合的评价依据则倾向于关注农民工交往的层次差别、农民工与市民居住空间的融合、农民工政治诉求、与原有迁出地的联系等。在社会融合过程中,城市迁入者的社会交往渐渐从原有农村同乡的同质群体向城市异质群体扩展,农民工这一流动群体也渐渐从社会底层的边缘化位置上升至中产阶层或更高阶层;身份认同是流动人口对自我身份认可,也包括在与城市居民的互动中被接纳的认可,迁入者与本地居民之间相互认可和接纳,是共同归属感形成的前提。② 在重构社会融合测量指标体系的基础上,

---

① 悦中山等:《农民工社会融合的概念建构与实证分析》,《当代经济科学》2012 年第 1 期。
② 周皓:《流动人口社会融合的测量及理论思考》,《人口研究》2012 年第 3 期。

周皓指出社会融合的趋势是社会结构分层和区隔,以及原迁出地的文化一定范围的保留。长期来看,流动人口的流动方向、流动渠道、流动参照目标、社会融入的因果关系应成为继续关注的重点。融合的最终方向不能是向下流动。应加强流动人口各种社会福利和权利的保障,推动流动人口的个体发展,减缓社会隔离和分层。

任远、乔楠(2010)将城市外来移民的社会融合划分为外来移民的自我身份认同、外来移民对城市的认知和感受、外来移民与当地居民互动、社会规范和约束的感知等。其认为流动人口的社会融合是其逐步被流入城市居民同化以及歧视排挤逐步减弱的过程。综合性社会融合指数通过变量加权形成。可看出,样本数的20.2%为完全未融入,13.3%为初步融入,23.5%为较深融入,8%为完全融入,一般性融入最多,占34.9%。① 微观层面因素(个人、家庭)、中观层面因素(社区、社会资本),以及制度层面等综合因素对流动人口全面多维度的城市融入有重要影响。因此,要推动自然性融合与干预性融合。流动人口的社会融合是一个自然渐进的过程,涉及就业、居住、交往和发展等多个方面。同时需要政府进行干预,推动流动人口的城市融合。干预性融合包括政府制度供给、公共服务质量提升、教育培训供给、城市居住条件、组织参与情况等。此外,还要鼓励主动融合与双向融合、推动渐进性融合与多维度融合。流动人口能力强弱(人力资本和社会资本积累)对其融入城市有重要影响,也对城市态度和自我认知的主观意愿有重要作用。

杨菊华、张娇娇(2016)对社会融入四个维度的划分则是经济立足、社会参与、观念接纳、身份认同。每个维度的测量均采用单一指标。"经济立足"的测量指标是个人月收入水平;"社会参与"指标则在社区文体活动、社区公益活动、社区选举或听证会等形式选一;测量"观念接纳"测量指标为对本地生活方式的态度;"身份认同"的测量指标则以是否打算长期居住的居留意愿

---

① 任远、乔楠:《城市流动人口社会融合的过程、测量及影响因素》,《人口研究》2010年第2期。

作为指标。① 余运江等(2012)基于文化心理融合、社会接纳、经济适应划分社会融合维度,主要采用因子分析法作为分析工具。文化心理融合的评判依据包括:是否存在偏见和歧视、身份认同程度、本地文化认同程度、价值观接受程度等;社会接纳采用代表制度安排和社会接纳相关的指标:居留意愿、公共服务满意度;经济适应评判的依据是收入是否满意、工作是否满意、居住情况是否满意,这三个指标均与经济水平有关。② 卢海阳等(2016)以"融入城市本身"取代"融入结果",在此基础上从经济、社会、文化、心理、身份五个方面划分了城市融入维度,并形成具体测量指标。经济融入程度的评判基于收入、就业、福利三个层面明确了指标因子 10 个;社会融入程度的评判基于社会交往、社会参与两个层面明确了指标均值 6 个;文化融入程度的评判依据文化活动和文化接纳两个层面细化出指标因子 7 个;心理融入程度的评判则明确了 8 个指标因子,覆盖心理距离、歧视感知、城市适应三个层面;身份融入程度的评判依据是农民工"城市人"的自我身份认同。最后,经由加权加总所有融入指标因子,形成"总体融入城市度"。③ 社会融合维度划分和测量指标的国内文献梳理,如表 5-1 所示。

表 5-1　社会融合维度划分和测量指标的国内文献梳理

作者及文献时间	维度划分	测量指标
田凯(1995)	经济适应 社会层面 文化层面	稳定的职业、收入和居住状况 生活习惯、闲暇利用、消费方式、人际交往 观念的转变、文化的认同、心理的归属
朱力(2002)	经济层面 社会层面 心理或文化层面	稳定职业、收入及住房 人际交往、社会参与、生活方式和行为规范 观念、意愿和认同

---

① 杨菊华、张娇娇:《人力资本与流动人口的社会融入》,《人口研究》2016 年第 4 期。

② 余运江等:《新生代乡——城流动人口社会融合研究——基于上海的调查分析》,《人口与经济》2012 年第 1 期。

③ 卢海阳等:《农民工融入城市行为分析——基于 1632 个农民工的调查数据》,《农业技术经济》2016 年第 1 期。

作者及文献时间	维度划分	测量指标
马西恒、童星（2004）	二元社区 郭睦他者 同质认同	同质化水平
刘传江、董延芳（2007）	生存职业市民化 社会身份市民化 自身素质市民化 身份意识市民化	由次属劳动力市场转向首属劳动力市场 由农民转向市民 自身素质进一步提高和市民化 意识形态、生活方式和行为方式的市民化
张文宏、雷开春（2008）	文化融合 心理融合 身份融合 经济融合	本地语言掌握、熟悉本地风俗、接受本地文化价值 社会满意度、职业满意度、住房满意度 职业稳定、身份认同、拥有户籍 亲属随迁、购置房产意愿
王桂新、沈建法（2008）	居住条件 经济生活 社会关系 政治参与 心理认同	居住状况和居住环境 相对收入、工作和消费 有无沪籍的亲戚、朋友，求助对象、子女交往对象 参与工会组织和党团组织 情感归属和身份认同
杨菊华（2009）	经济整合 文化接纳 行为适应 身份认同	就业机会、职业、收入水平、教育培训、居住环境 文化了解、语言掌握、价值观念的认可 婚育行为、社交网络、社会参与、教育、行为 失范"城市人"或"农村人"
李树苗等（2008）	行为融合 情感融合	实际支持、情感支持和交往支持 生活满意度、交友意愿、歧视、未来打算
黄匡时、嘎日达（2010）	个体融合 城市融合 总体融合	经济、社区、社会关系、社会保护及文化 劳动力市场、子女教育、户籍、社区参与、歧视 经济、制度、社区参与、社会保护和接纳
王毅杰（2005）	社会认同与社会交往	
任远、乔楠（2010）	自我身份认同 对城市的态度和感情 与本地人的互动 感知的社会态度	是否认为自己是本地人 是否希望获得城市户籍 平时与本地居民相互交往的频率 城市居民对自身的歧视和接纳
余运江等（2012）	文化与心理融合 社会接纳 经济适应	偏见和歧视、身份与本地文化认同、价值观接受 居留意愿和公共服务满意度 收入满意度、住房满意度、工作满意度

续表

作者及文献时间	维度划分	测量指标
周皓(2012)	经济融合 文化适应 社会适应 结构融合 身份认同	固定住所、经济收入、职业阶层、社会保障 语言、外表、居住时间、观念、风俗习惯 是否喜欢迁入地？心理健康、满意度、参照 体系 朋友圈、居住社区、政治参与、与老家的联系 我是哪里人？居留意愿、接纳程度
悦中山、李树苗(2012)	文化融合 社会经济融合 心理融合	家乡文化保持程度、现代性、语言掌握 农民工收入、房产拥有、职业(非体力劳动者) 身份认同、城市归属感和社会距离
杨菊华、张娇娇(2016)	经济立足 社会参与 文化交融或观念 接纳 居留意愿	个人月收入 社区文体活动、公益活动、社区选举或听证会 对本地生活方式的态度 是否打算长期居住
卢海阳等(2016)	经济融入 社会融入 文化融入 心理融入 身份融入	工资收入水平、就业状况、福利 社会交往、社会参与 文化活动、文化接纳 心理距离、歧视感知、城市适应 "城市人"身份认同

第三节　农民工融入城市维度测量与评价

一、农民工融入城市维度指标构建

关于农民工融入城市维度指标的构建,需要关注三个方面:第一,农民工与市民的融合不同于国际移民的社会融合。前者处于同质社会,不存在种族信仰、语言等方面的障碍,文化方面的障碍也较小。农民工城市融入的主要内容是适应城市生活状态、实现由乡到城的地域转换、实现农业生产到城市就业的职业变化、实现农民到市民的身份转变等。第二,农民工融入城市社会不是某一时间点上短期现象,融合过程是长期的。第三,对农民工城市融入的分析单位要明确界定。悦中山等(2009)认为可以同时从个体和群体角度对社会融合评价的分析单位进行界定。视角不同,形成的评价理论会有明显不同。①
本书有关构建测量指标体系主要基于农民工的个体视角。

　　本书以经济、结构、社会、身份四个维度为依据。农民工城市融入的基石
在于经济融入,是决定整个社会融入能够顺利完成的关键。然而经济融入并
非能一步到位,农民工的经济地位也集中表现了国家宏观制度以及城市政策
的特征,如具有"社会区隔"倾向的居住证制度在地方的实施。结构融入则要
求农民工的"社会人"属性,社会融入过程中,个体必须存在并嵌入一定的社
会关系中,具体为农民工进城务工后的人际交往对象情况、层次高低、社会关
系距离远近、空间关系距离情况、社会组织参与等。社会适应则是基于经济融
入(得到城市生存和发展)和结构融入(实现城市嵌入和拓展)有无障碍,是一
种主观感受。此外,还有在于城市居民交往接触以及城市生活的过程中,生成
的新的价值观或新的行为模式。张文宏、雷开春(2008)认为心理上对流入地
的评价可以用心理融合社会满意度、职业满意度、住房满意度等指标来表示,
农民工社会适应参照体(参保意愿、对子女教育的重视程度)的变化最为关
键。② 身份认同是农民工在城市生活适应过程中,基于心理和情感的视角对
自己身份以及流入地归属感逐渐发生变化的感知,表现为对流入地主流文化
和价值观自觉或不自觉地适应并认同,对未来规划、城市去留抉择等进行深入
思量。

　　农民工城市融入的指标体系构建分维度具体情况如下。

(一)经济融入

　　以城市居民作为比较目标,选择经济收入、居住条件、职业属性、城市社会

　　① 悦中山等:《当代西方社会融合研究的概念、理论及应用》,《公共管理学报》2009 年第
2 期。

　　② 张文宏、雷开春:《城市新移民社会融合的结构、现状与影响因素分析》,《社会学研究》
2008 年第 5 期。

保障构成经济融入指标体系,用以衡量农民工城市融入情况。农民工提高其城市社会适应能力的信心来源于其获得的经济地位,相对稳定的工作和一定水平的稳定收入是保障,因而顺利就业并获得一定程度的工资收入是其经济融入的首要问题,经济地位是农民工与城市交往、被城市居民接纳的底气,也是其他方面社会融入的基础;农民工居住情况是经济融入维度的子指标,可用居住条件的优劣、城市房产拥有情况等进行衡量;农民工在城市劳动力市场中就业遭遇职业歧视和隔阂,因而所处的职业层次不高,低于城市居民,农民工换工也频繁;农民工的城市社会保障作为其生存于城市的基本保证。

(二)结构融入

以城市居民作为参照目标,选择农民工入城后的社会人际交往情况、社会活动参与情况、居住区位条件情况、入城方式等作为结构融入的衡量指标。社会人际交往中,涉及的交往对象层次、交往范围大小、交往频次情况等均可作为结构融合程度的参照;社会活动参与是指对社会工作的参与情况以及参与方式,可为促进和制定流动人口的社会管理制度等提供依据;居住区位条件情况,重点在于衡量农民工与城市居民两个群体的空间隔离情况,是空间物化的象征;迁移模式呈"个体迁移"到"家庭迁移"的转变趋势,这是社会理性驱动的家庭完整性的结构融合。

(三)社会适应

以城市居民作为参照目标,选择融入城市的难度大小、城市就业是否满意、保险参与意愿是否强烈、子女教育关注情况等指标衡量社会适应程度。融入城市难易度显然属于主观心理感知;工作满意度则是对工作稳定性、环境以及待遇等反应,由个人能力决定;参保意愿和子女教育重视程度则属于社会适应性行为,在农民工城市生活和工作过程中长期触及城市居民而生成新的价值观和行为模式,用这种行为选择的变化和观念的变化衡量城市融入情况,是农民工行为和思维参照目标由乡入城的变化。

（四）身份认同

以城市居民作为参照目标,选择自我身份接纳程度、留城意愿强弱、未来发展规划是可持续、对子代城市化期待强弱作为身份认同维度的指标。自我身份接纳考量的是自身定位农民还是市民、"我群"（农民工）与"他群"（城市居民）两个群体的关联和差异以及两者的社会距离范围等。身份认同是农民工在城市生活适应过程中,基于心理和情感的视角对自己身份以及流入地归属感逐渐发生变化的感知,表现为对城市主流文化和价值观的认同,农民工对自己以及家庭的未来发展和居留去向逐渐做出思考和选择。农民工个体对于包括城市经济和社会地位、社会关系范围、城市制度规范等方面的认知和遵从有较大不同,导致不同维度的城市社会融入情况、身份接纳认可存在反复。一旦农民工具有强烈的归属感,则意味着其实现了完全融入,心理上的融入是农民工城市融入的最高阶段。

二、农民工融入城市维度的测量结果：基于因子分析

（一）变量设定

经济融入程度的判断可依据工资收入、职业属性、居住条件、城市社会保障等指标。工资收入由低到高的区间划分,分别是低于 1500 元、1500—1999 元、2000—2499 元、2500—2999 元、3000—3499 元、3500—4000 元、高于 4000 元,这 7 个区间赋值从 1 到 7,是一种定序变量;居住条件分为从低到高六个层次:借住亲友家或宿舍居住—租房居住—合租居住—店内居住—公共租赁房居住—自购经适房居住,划分的依据是住房的租金、面积、居住人数以及房产权拥有情况,赋值范围从 1 到 6;职业属性和城市社会保障程度的判断标准为是否进行体力劳动,是否拥有城市社保。其中,体力劳

动者包括建筑、流水线车间、工矿行业等非技术工人,餐饮保洁等服务人员,摆摊、洗车、废品收购等自谋职业,数控机床、装潢等技术/熟练工人等,非体力劳动者包括办公室文员等办事人员,餐饮领班等管理人员,个体经营者等。具有城市社会保障是指拥有综合保险、城市养老/医疗保险、商业保险、失业保险、工伤保险、生育保险中任一项保险,没有城市社会保障主要没有任何保险保障的群体。

结构融入程度的判断可依据交往规模、交往范围、社会参与、居住区位、迁移模式这五个指标。其中,交往规模按"1—5""6—10""11—15""15 人以上"这四个规模划分,赋值区间为 1—4,用来表示农民工的城市交往规模大小;交往范围主要考量交往对象的差异化、交往对象所处的社会阶层等,分为五个层次:亲戚、老乡、同事工友、城市朋友或熟人、主管上司五个层次,赋值区间为1—5,用来展现农民工平常的交际范围;居住区位的判断需要参照离城市中心是否远、社区环境条件是否良好、小区居民聚居情况是否良好等。我们将居住区位分为:建筑工地、经营场所、城乡结合部、城中村、棚户区、居民小区六类,赋值从 1 到 6;迁移模式则主要考量家庭完整性如何,即配偶、子女、父母随迁情况如何,按照区间赋值 1—4,进行分类:自己一人、夫妻二人、夫妻携子女、全家迁移。

社会适应程度的判断可依据融入城市难易度、工作满意度、参保意愿、子女教育重视程度等指标。其中,融入城市难易度采用 5 级 Likert 量表测量,1表示困难,2 表示比较困难,3 表示一般,4 表示比较容易,5 表示容易;工作满意度和子女教育重视程度的测量采用同样途径,关于工作是否满意的评价,从1—5 分别意味着不满意、不很满意、一般、比较满意、满意;关于是否重视子女教育的评价,1 表示不重视,2 表示不太重视,3 表示一般,4 表示比较重视,5表示重视;参保意愿则通过对参保意愿的迫切性进行提问,通过"有"(赋值1)或"没有"(赋值 0)的回答做出判断。

身份认同情况的判断可依据自我身份认同程度、留城意愿、未来发展规划和下一代期望等指标。自我身份认同情况测量,通过提问目前身份是什么,在农村人(赋值0)、没有城里人待遇的工人,身份还是农民(赋值1)、城市人(赋值2)这三个选项中做出选择;关于留城意愿,针对"如果条件允许,您是否打算长期在城市定居"这一问题,给出三个选项:不是(赋值0)、说不上(赋值1)和是(赋值2);未来发展规划的评判,再攒点积累,回老家务农生活(赋值1);掌握一门技术,回老家创业(赋值2);走一步算一步,没有固定想法(赋值3);无论如何留在城里(赋值4);在城里创业(做生意、开工厂)(赋值5)这五个选项中做出选择;下一代期望情况利用5级Likert量表作出判断,通过对下一代在城市生活的意愿进行提问,从赋值区问1—5分别对应:非常不希望、不太希望、一般、比较希望、非常希望。

(二)融入城市分维度KMO值及Bartllet检验结果

我们尝试用探索性因子分析法提取多个指标的公因子,将各融入维度的测量指标综合为农民工各维度融入指标。对于四个融入维度下的多个指标是否相关、是否一致采用主成分分析法进行检验。根据分析结果,发现经济融入、社会适应、身份认同等判断指标中,主要特征值大于1的指标只有一个,用F1、F3、F4表示的主成分特征值大于1。结构融入的判断指标"交往范围"被剔出的原因是其与其他指标之间一致性较差。剩余指标形成"结构融入"指标,用F2表示。我们分别用F11、F12、F13、F14;F21、F22、F23、F24;F31、F32、F33、F34;F41、F42、F43、F44来各个融入维度的四个指标。从检验结果来看,如表5-2所示,所有评价维度的KMO检验值都在0.6以上:0.6823(经济融入)、0.6038(结构融入)、0.6253(社会适应)、0.6402(身份认同)。经济融入、结构融入、社会适应、身份认同对应的Bartllet球体检验值分别为:719.925、147.487、127.379、1024.231,显著性水平检验值都在0.001以下,这一检验结果表明因子分析适用于各个测量指标。

表 5-2　农民工融入城市维度及 Bartllet 检验结果

		经济融入	结构融入	社会适应	身份认同
KMO 抽样适当参数		0.6823	0.6038	0.6253	0.6402
Bartlett 球形检验	卡方值	719.925	147.487	127.379	1024.231
	自由度	6	6	6	6
	显著性水平	0.000	0.000	0.000	0.000

三、农民工融入城市分维度测算结果与评价

关于农民工经济融入、结构融入、社会适应、身份认同四个维度指标的因子分析结果,如表 5-3 所示。

表 5-3　农民工融入城市分维度因子分析结果

	经济融入(F1)				结构融入(F2)				社会适应(F3)				身份认同(F4)			
	F11	F12	F3	F14	F21	F22	F23	F24	F31	F32	F33	F34	F41	F42	F43	F44
因子载荷	0.619	0.640	0.142	0.631	0.332	0.431	0.434	0.269	0.396	0.476	0.112	0.253	0.331	0.667	0.654	0.374
特征值	0.618	0.589	0.979	0.892	0.889	0.813	0.811	0.927	0.841	0.769	0.927	0.971	0.891	0.554	0.572	0.860
因子得分	0.375	0.405	0.063	0.395	0.217	0.296	0.298	0.173	0.286	0.359	0.068	0.169	0.136	0.391	0.372	0.157
最大值	1.4619	1.8302	1.8084	1.3188												
最小值	-1.4389	-1.3848	-1.6992	-1.9341												
样本量	1868	1991	1991	2000												

经济融入测量的是入城后的社会地位和经济情况,采用月薪资待遇水平、职业类别、住房情况、城市社会保障情况等指标。通过因子分析,构造经济融入的变量,得到明显正相关性的结论。用"经济融入指标"表示该因子得分。可以看到,经济融入指标中,因子载荷值最高的指标有:月薪资待遇水平(0.619)、职业类别(0.640)、城市社会保障(0.631),相对应的因子得分分别为 0.375、0.405、0.395。调查数据显示,被调研农民工拥有自己房产的为

5.1%,进行非体力劳动的占被调研农民工的14.7%。

结构融入测量选择的评判指标有交往规模、参与程度、居住区位、迁移方式等,通过因子分析,构造结构融入的变量,得到明显正相关性的结论。用"结构融入指标"表示该因子得分。可以看到,结构融入指标中,因子载荷值最高的指标有:交往规模大小(0.332)、社会参与程度(0.431)、居住区位情况(0.434),相对应的因子得分分别是:0.217、0.296、0.298。调查数据显示,被调研农民工平均具有2.67的交往规模,10以上的平均交往人数;0.343的平均社区参与值意味着居民社区活动的农民工参与度仅为34.3%。

社会适应测量选择的评判指标有融入城市是否困难、工作是否满意、是否有参保意愿、是否重视子女教育等。构建社会适应的变量,通过因子分析,得出明显正相关性的结论。用"社会适应指标"表示该因子得分。可以看到,社会适应指标中,因子载荷值最高的指标有:融入城市难易度(0.396)、工作满意度(0.467),对应的因子得分分别是:0.286、0.359。调查数据显示,1.674是被调研农民工融入城市困难程度的5级量表的平均数据。表示农民工城市融入水平不高,属于"比较困难";2.250是农民工工作满意程度的5级量表的平均数据,表示"不很满意"。

身份认同程度测量选择的评判指标有自我身份认同、未来发展规划、留城意愿、下一代期望等。构建身份认同的变量,通过因子分析,得出明显正相关性的结论。用"身份认同指标"表示该因子得分。可以看到,身份认同指标中,因子载荷值最高的指标有:留城意愿(0.667)、未来发展规划(0.654)这两个指标,对应的因子得分分别是:0.391、0.372。从统计数据来看,10.04%的调研农民工认同自己是城市人;4.56%的调研农民工认为自己是没有享受城里人待遇的工人,身份还是农民;55.27%的调研农民工认同自己是农民;调研农民工中有长期定居城市意愿的占53.12%,做出不愿留城选择的占17.42%,反映了农民工留城意愿较强;关于未来发展规划,选择"回流务农"的农民工占14.69%,选择"回老家创业"的占11.99%,选择"无论如何留在城里"的占 26.44%,选择"在城里创业"的占 19.44%,没有做出明确选择,去留不定的农民工占 24.29%,这一部分农民工对城市定居有一定程度的向往,但其对未来的规划尚未明确。

第 六 章

农民工融入城市能力界定、
测量与评价研究

城市能力指标构建体系勾画了农民工融入城市能力，本书将从就业能力、经济能力、适应能力、心理能力、可行能力五个方面测度农民工融入城市能力并采用模糊评价法进行具体测度。

第一节　农民工融入城市能力内涵界定

2014年《关于全面深化农村改革　抓住于是农业现代化的若干意见》指出，加快推进农业转移人口市民化，促进有能力在城镇合法稳定就业和生活的常住人口有序实现市民化。目前已经普遍形成共识，农民工在意愿上想融入城市生活，成为城市一员的人数占农民工总人数的比例已经很高，尤其是新生代农民工，更加愿意留在城市，追求城市的工作环境、生活方式以及医疗卫生、子女教育等公共资源。但是，农民工能否顺利的市民化，更重要的考量是有没有市民化的能力。就目前现状而言，农民工整体状况比以前改善，经济条件也比以前提高，基本能够实现在城市生存，但是能否真正市民化，需要具备什么的能力，才能市民化，最终不仅实现能够在城市生存，而是真正的融入城市，很好的在城市生活，还有待鉴定。针对这一问题，以往学者做了许多努力和探索,对"能力"概念进行了界定、并设计了相关能力指标,并构建了能力指标体系。

国内部分学者从市民化的能力角度入手研究农民工市民化。张笑秋(2016)认为农民工融入城市能力等同于农民工市民化能力,并将农民工市民化能力分解为基本生存能力、适应城市社会的能力、能够自身发展的能力以及融入城市生活的能力等,其观点是农民工具备了以上几项能力,就可以市民化。① 陈俊峰、杨轩(2010)认为农民工市民化是个漫长的适应过程。从最初的迁入,到慢慢的融入,一步一步适应,最后和城市融合,逐渐稳定下来,完成市民化,成为新市民。他们认为,目前,农民工市民化已经进入了"融入"时期,如何很好的融入,进一步融合,需要改变农民工"在城市生活又游离在城市生活之外"的状态、让农民工感受到自己是城市的一分子,真正在城市找到归属感。为此,农民工要提升自己的适应能力,城市也要做好接纳农民工的准备。② 胡晓江等(2014)在农民工市民化问题上的观点突出强调了农民工和城市的互动。一方面农民工要主动掌握融入城市的各种技能,尤其是求职就业方面的技能。按照他们的观点,有一技之长是在城市安身立命的基础,这是一种有用性的观点,即农民工要想市民化,就必须在城市中能够创造价值。除此之外,农民工更多地掌握与行业相关的知识,也能帮助农民工更好的融入城市。另一方面,城市的外部环境也倒逼农民工去适应城市的节奏。在城市需求的引导下,农民工不断强化自身能力,最终达到更加适应城市的状态,实现市民化。农民工市民化是内外因共同作用的结果。③ 王竹林、范维(2015)在农民工融入城市的能力问题上,提出了更加具体的指标。他们对能力指标选择的依据包括地域因素、职业因素、身份因素等。按照这些因素,重点突出了

---

① 张笑秋:《农民工能力的类型、测量、影响因素与提升路径——基于文献研究的视角》,《求索》2016 年第 5 期。

② 陈俊峰、杨轩:《农民工融入城镇能力测评指标体系研究》,《城市问题》2012 年第 8 期。

③ 胡晓江等:《新生代农民工的社会能力与社会融合》,《同济大学学报(社会科学版)》2014 年第 2 期。

农民工的生存能力和适应生活的能力、找工作的能力以及融入城市的能力。就生存能力和适应生活的能力,重点强调了如何挣钱养家和承担家庭经济责任;在找工作方面,涉及寻找工作时获取相关信息,并进行判断筛选以及自我调整和适应的能力。另外,政治参与等能力更加体现了融入城市的能力。[1]林竹(2016)在市民化问题也有深入的研究,她的一个重要观点是农民工市民化的过程,是一种身份转化的过程,是由农民向市民逐渐转变的过程,这个过程经历了由表及里的深化,即从表层到中层再到最终完全的市民化。这个过程也是各种条件和能力不断发展和成熟的过程,也即市民化与市民化能力密不可分。林竹对农民工市民化能力也有很深的研究。关于农民工市民化能力,她提出了一个重要的观点,即农民工市民化能力是一个连续变量。而对于这种能力的界定,涉及和包含的内容又非常之多。涉及找工作、工作发展拓展、经济收入、社会交往、社会权利行使,甚至心理健康等方面,建立在这么多样的因素之上,农民工需要不断自我提升,才能很好的融入城市。这是一个融合的过程,类似胡晓江等提出的农民工与城市外部环境互动的观点。所以,林竹也提出了政府要发挥作用,减少制度约束,改善城市环境,以加快农民工市民化能力的提升,推动农民工市民化。[2]徐丽敏(2010)关于农工市民化的切入点是阿玛蒂亚森的“可行能力”。可行能力强调的是一种实质性自由,即强调在获取机会、社会资源、相关政策、公民权利等方面是“自由”的。她的观点是,农民工市民化如果无法顺利实现,是这种可行能力不足造成的。农民工市民化实现应该在培养这种可行能力上下功夫。外界以及农民工自身,应该以加强可行能力为重点,来实现自己及子女的市民化。[3]以上是对农民工市民化能力研究的相关文献的一个简要综述,结合相关研究成果,本书将“农民工

---

[1] 王竹林、范维:《人力资本视角下农民工市民化能力形成机理及提升路径》,《西北农林科技大学学报(社会科学版)》2015年第2期。

[2] 林竹:《农民工市民化能力生成机理分析》,《南京工程学院学报》2016年第1期。

[3] 徐丽敏:《农民工子女在城市教育过程中的社会融入研究》,《学术论坛》2010年第1期。

融入城市能力"界定为"农民工在城市以持续、渐进提升农民工城市资本积累水平为手段和途径,不断获得在城市居留及家庭再生产的机会和资源,逐步具备跨越社会结构性障碍和制度门槛的发展能力,广泛参与城市经济、社会、文化生活,在这一过程中维持并提升自己在城市中的社会地位,最终彻底实现农民工市民化终极目标的能力"。

第二节　农民工融入城市能力指标体系构建

一、农民工融入城市能力指标构建的理论分析

农民工融入城市问题涉及许多方面,要推动农民工融入城市就必须弄清历史背景、现实状况、存在问题及各种因素。农民工融入城市的大背景是我国工业化、城市化战略,随着中华人民共和国成立以来推进工业化、城市化,大量农民被吸引进城,在城市务工。这是农民工产生的时代背景,也是我国的特殊国情。农民工的现实状况是,到目前为止,农民工总人数已经达到几亿之多,成为一个特殊的群体。他们在城市工作,但又不属于城市,形成了典型的"候鸟式"群体,在城际之间,城乡之间往返,具有很高的流动性。更具体地分析这种流动性,农民工群体又被划分为留城定居、城际或城乡流动和回流返乡三种情况。农工融入城市的问题和困难所在,主要是农民工融入城市的能力存在不同程度的不足。这些能力包括生存能力、生活能力、就业能力、适应能力、融入能力等。其背后的原因也非常多。通过上述分析,以期全面认识农民工市民化能力。

从代际视角研究农民工融入城市及农民工融入城市能力,也是非常有必要的。因为农民工融入城市呈现出很大的代际差异。目前,新生代农民工在农民工总人数中已经占有很大的比例,逐渐成为主力军。新生代农民工与第一代农民工相比,在成长环境、社会时代背景、接受文化程度等方面有很大差

异,从而在融入城市的道路上,也有所不同。在分析农民工融入城市能力时,也应区别对待。

(一)两代农民工融入城市的比较:代际差异

1. 市民化意愿的差异

两代农民工的代际划分大致是 1978 年。老一代农民工是"土生土长"的农民工,大多是在传统的农村社会中生活到成年再到城市打工的。所以老一代农民工大部分的自我身份认同是农民。拥有着传统农村人的为人处世之道,传统农村文化扎根于心,对农村有着无限的感情和牵挂。外出务工的过程中,仍然与农村有密切的联系。他们在老年以后,承担的责任逐渐完成之后,更愿意回到农村。农村熟悉的生活环境、固定的房产和土地,也为老一代农民工回乡生活提供了一定的物质保障。所以,老一代农民工在使命完成后,更倾向于落叶归根。新生代农民工主要指 1978 年以后出生的新一代农民工。新生代农民工,成长于改革开放时期,社会发生了翻天覆地的变化。他们虽然在成年以前,大多生活在农村,但经历了传统农村文化淡化,城市文化快速传播的阶段,再加上农村和城市发展差距的逐渐拉大,许多人从小就种下了一个在城市生活的梦。所以,新生代农民工要做出离开农村,在城市生活的选择,并不难,他们从踏入城市的那一步起,追求的就是在城市生活,更想留在城里①。

2. 外出打工动机、目的和模式差异

第一代农民工最初外出打工的目的就是出于改善经济条件。在国家工业化战略下,城市工人工资比农村收入要多许多,而第一代农民工家庭负担重,生活压力大,在内外因素的共同作用下,第一代农民工选择了进城打工。对于第一代农民工来说,家庭、亲情仍在农村,外出务工仅仅是出于经济的考虑。新生代农民工大军产生于新一代农村孩子中,1978 年以后的教育大发展,使

---

① 国家统计局住户调查办公室:《新生代农民工的数量、结构和特点》,2011 年 3 月 11 日,见 http://www.stats.hov.cn/ztjc/ztfx/fxbg/201103/t20110310_16148.html。

一部分孩子通过教育途径实现市民化。另外很大一部分不能升学的农村孩子,不甘心一辈子待在农村,选择进城务工,寻找融入城市的机会,最终实现市民化。

3. 劳动表现的差异

老一代农民工出于纯经济利益的考虑,外出务工,由于文化程度较低、缺乏专业技能,主要从事的是简单的、繁重的体力劳动工作,但是在农村长期的务农生活中,老一代农民工培养出了吃苦耐劳的精神,在工作中任劳任怨,再加上家庭经济压力,只要能挣到更多的钱,一般能接受繁重、劳累的工作。但总体来看,由于所从事工作的临时性,比如建筑工作,老一代农民工仍表现出很大的流动性,并没有融入城市。而新生代农民工在新的时代背景下成长起来,见证了城市的发展,见识了城市的繁荣,以及农村城市逐渐拉大的差异,伴随着传统农村文化的淡化,传统世代生活在一起的家庭概念逐渐淡化,他们更愿意追求城市生活,希望能融入城市。但是,新生代农民工虽然文化程度普遍高于老一代农民工,在职业工种的选择上仍然以简单、重复性体力劳动为主,而成长于经济条件更加良好的生活环境下的新生代农民工,价值观念、生活态度已经与老一代农民工完全不同,对于简单、繁重、不断重复的工作的忍耐力已经没有老一代农民工强。所以,表现出另一种类型的流动,即工种转换频繁,不停地穿梭于不同的地区之间,甚至经常转换工种,最终,也未能顺利融入城市。

4. 社会网络的差异

老一代农民工与新生代农民工的社会网络存在着很大的差异。老一代农民工是第一批进入城市的农民,面对陌生的城市环境,他们往往是在熟人带领下或结伴进入城市。亲戚、同乡构成了他们的社会网络。进城后从事的工作往往也是相同或相近的。这样的模式会增强农民工外出的安全性,抵御风险的能力,增大就业机会;在生活中,他们也能互相帮助,甚至共同生活,降低生活成本;在情感上,也可以互相依靠,互相慰藉。新生代农民工的社会网络发生了很大的变化。在某种程度上,第一代农民工给新生代探清了路,社会信息网络也让新生代农民工更加了解城市,交通、通信发展也便利了城乡之间的来往。虽然新生代农民工仍然呈现出集体进城务工的特征,但也有更多的新生代农民工脱离了原有社会网络,以个体形式进城务工。①

(二)两代农民工融入城市的比较:代际传递

1. 打工"共同生命历程"的趋同

第一代农民工出于改善经济条件,进城打工。由于从事简单、繁重的重复劳动,人力资本得不到很好的提升,工作长年停留在一个低水平状态,致使这种打工的历程持续很长时期,直到年老体弱。而新生代农民工的生成,往往是因为父辈农民工外出务工,造成家庭教育缺失,以及乡村教育资源匮乏,造成学校教育缺失,导致未能通过教育升学之路改变人生,最终走上进城务工的道路。所以,新生代农民工也经历了务工的生命历程。这种局面既有社会历史的因素,也有个体家庭的因素。

2. "半城市化"融入状态趋同

两代农民工融入城市的状态最终呈现出一样的局面,即一种"半城市化"的状态。伴随着社会的变迁、各种条件的约束、制度的缺失、城市社会的排斥,农民工最终难以融入城市,成为城市的一员,这种状态是特定历史下演变出的一种结果。但是,这种"半城市化"对于老一代农民工和新生代农民工却有着不同意义,意味着不同的选择。老一代农民工进城务工的最初目的、动机就是单纯经济性的,他们自我认同的身份是农民身份,他们有着传统农村人的生活

---

① 王春光认为,新生代农村流动人口在对原来的社会认同模糊化的过程中能否重新建构超越城乡之上的社会认同,取决于我国城乡社会结构的变迁。如果在短期内我国不能对目前城乡"分治"的二元社会结构进行根本性和实质性的改革,那么他们的社会认同会趋向"内卷化"的建构,即认同于自己这个特殊的社会群体,不认同于城市社区和农村社区,而这种群体既不能融入城市社会,又难以回归农村社会,只能长期在外流动。参见王春光:《新生代农村流动人口的社会认同与城乡关系融合》,《社会学研究》2001 年第 3 期。

习惯,面对城市的排斥,也没有强烈的留城意愿,在进入老年后,最终选择返乡生活。新生代农民工,进城务工的最初目的就是希望在城市生活,成为新市民。他们长年在城市务工,接受了城市的生活方式,习惯了城市生活节奏,渴望成为城市人。新生代农民工不仅希望自己能融入城市,更希望自己的子女能留在城市,享受城市的教育资源、医疗资源以及其他公共资源,最终通过城市资源培养自己的子女,并成为永久的城里人。另外,他们最初就对农村没有太大的认同感,更不愿意再回到农村生活。但是,面对融入城市的各种困难,以及自身适应能力的不足,使他们成了回不去农村,进不了城市的"半城市人"。老一代农民工和新一代农民工"半城市化"的融入状态,始终还是一种被动的状态,是以无法在城市平等生活、平等享受各种资源和权利为背景的一种状态,只不过老一代农民工愿意接受回乡生活,新生代农民工不愿意接受回乡。

(三)农民工"半城市化"融入状态的成因分析

第一代农民工和新一代农民工虽然有代际差异,但都呈现出了"半城市化"的融入状态,具体分析,主要有两个方面的原因:一是只流动、不迁入的"流而不迁"因素,二是农民工的工作性质导致的高流动性。

1."流而不迁"的流迁模式

"流而不迁"是一种只流动,不迁入的模式,这种模式是中国特有的一种人口迁移模式,它不是永久的迁移,而是一种"候鸟式"迁移,在一定的时期进城务工,一定时期又返乡生活。还有一种钟摆式迁移,频繁的往返于城乡之间。造成这种"流而不迁"的迁移模式有以下原因:首先是户口因素。由于户口限制,农民工无法顺利进入城市落定。更重要的原因在于农民工对经济和风险的考虑。农民工进城务工主要是寻求经济收益,但是彻底脱离农村,举家迁移进城生活的经济成本难以负担。这是一种"生存理性选择"。另外,农民工迁入城市定居,不仅面临经济成本,还有许多社会成本,没有稳定的收入,融入城市社会的各种困难,包括制度、资源、权利等方面,都是难以应对的,这是一种规避风险的"社会理性选择"。基于以上原因,农民工形成了"流而不迁"的模式,进而也造成了农民工的"半城市化"融入状态。

2.农民工的高流动性问题

流动性高是中国农民工群体的一大特征,在中国的劳动力市场上,农民工的流动性是最高的。农民工的高流动性造成了农民工难以融入城市,反之,难以融入城市又造成农民工的高流动性。田明(2013)分析认为,造成农民工高流动性的原因有很多。第一,年龄和农民工流动性成反比。年龄越低,流动性越强;相反地,年龄增长,流动性降低了。从数据上分析,30岁以上的农民工比20岁以下的农民工的流动性小三倍。第二,务工时间长短和农民工流动性成反比。进城务工的年限越长,工作就越来越稳定,流动性也变得不那么高了。在外务工10年以上的,比务工两年以下的农民工的流动性小六倍。第三,夫妻、父子或母子一起进城务工和个人外出务工与农民工流动性成反比。结伴外出务工的流动性是个体进城打工的40%。第四,有没有参保,也是影响流动性的重要原因。有养老保险的农民工,流动性就大大低于没有养老保险的农民工。第五,在务工地的社会网络关系与农民工流动性也有很大关系。在务工地社会网络关系多,农民工流动性就小,在务工地社会网络关系少,农民工流动性就大。总之,农民工的高流动性与年龄、务工时间长短、是否结伴务工、有无保险、社会网络关系多寡等都有关系,这些因素同时也会影响农民工融入城市的状态。[①] 农民工流动性高有其更深层次的因素。首先,国内劳动力市场的用工模式不利于农民工,工资待遇低,工作环境差,工作强度大,劳动力市场主要由企业主导。尤其在私营企业中,农民工往往处于弱势地位,承受着一定程度的偏见,以及制度歧视、地域歧视、性别歧视。其次,没有相应的制度措施来约束,如最低工资制度失灵、保险保障制度缺失。企业用工环境差

---

① 田明:《农业转移人口空间流动与城市融入》,《人口研究》2013年第4期。

和社会制度缺失是造成农民工流动性差的深层次因素。

(四)中国农民工融入城市能力不足的成因分析

探究农民工融入城市能力不足,主要有三个因素。中国农民工融入城市能力不足主要是这三个原因及其相互作用导致的。

1.拆分式家庭再生产是农民工阶级再生产的基础

新生代农民工的产生有其社会历史的原因,也有家庭拆分造成家庭成长环境缺失的原因。老一代农民工进城务工,将子女留在农村,使其没有得到很好的照顾,导致农民工子女长大后只能接受进城务工的命运。[①] 按照布洛维(Burawoy,1982)"移民劳动力再生产模式分析"[②],为城市提供了劳动力供应和补给,而补给地恰恰就在农村。导致这种状态的原因有资本压迫,也有社会制度不平等方面的制度压迫,即经济和社会制度方面的压迫,导致了拆分型的家庭状态,在满足了城市用工需求的同时,造成了农民工无法融入城市,也无法回到农村的现实困境。

2."短工化"技能积累的缺失

农民工打工具有"短工化"特征,造成这种特征的原因有外部的,也有其自身的。从外部来看,用工需求在一定程度上表现为短期性,较差的用工环境,工种特征的简单、繁重又无法长期留住工人。更主要的是,农民工自身职业技能和工作经验的缺失,导致无法获得长期、稳定的工作。而这种"短工化",频繁的流动性,又造成农民工职业技能无法很好地提升,工作经验无法很好地积累,持续了"短工化"的状态,进入一种恶性循环。尤其是新生代农民工,缺乏老一代农民工的韧劲,面对简单、重复、枯燥的工作,更是不能持久,

---

① 黄斌欢:《双重脱嵌与新生代农民工的阶级形成》,《社会学研究》2014 年第 2 期。
② 劳动力再生产包括现在一代劳动者和质量的不断恢复、更新,新一代劳动力的不断教育、培育和补充。见 M.Burawog, "The Hidden Adobe of Underdevelopment: Labor Process and the State in Zambia", *Politics & Society*, Vol.11, No.2(1982) , pp.123-166。

更换工作更加频繁。这样的局面极其不利于农民工融入城市。

3. 城市化空间制度排斥的社会结构性因素制约

农民工融入城市能力差的一个重要因素是城市化空间制度排斥,这个因素也是造成分拆式家庭再生产模式的重要前提。由于城市在制度设计上的限制,导致医疗、教育等公共资源不能被农民工平等享用,使得农民工及子女问题在城市得不到很好的解决,最终只是在城市务工挣钱,为城市建设奉献,却得不到一个市民身份,无法获得市民待遇。城市化空间制度排斥实质上是城市保护主义,是封闭式制度的表现,是导致农民工融入城市能力差的一个重要因素。

二、农民工融入城市能力指标体系的构建

我国农民工呈现出的"半城市化"的融入状态,农民工融入城市能力不足,其根本原因是社会变迁,制度政策阻滞以及自身内在不足。这些原因共同造成了农民工长期无法市民化,也造成了农民工流动频繁、农村留守儿童、空巢老人等问题,甚至造成了新生代农民工的产生。如何增强农民工融入城市能力,是一个外部环境和农民工自身条件共同改善的问题。从以上的理论阐述中进行整理分类,构建农民工融入城市能力指标体系,是本书解决农民工市民化问题的视角和切入点。

关于农民工融入城市能力的内涵,张笑秋归纳为"在城市生产、适应、发展的能力",陈俊峰、杨轩归纳为"适应能力",胡晓江等归纳为"社会技能",王竹林、范维认为是"生存和生活能力、就业能力、融入城市能力",林竹认为是"就业能力、经济能力、社交能力、心理文化能力",阿玛蒂亚·森研究了"可行能力"。根据相关学者对农民工"融入城市能力"的界定,本书将农民工融入城市能力界定为"农民工在城市以持续、渐进提升农民工城市资本积累水平为手段和途径,不断获得在城市居留及家庭再生产的机会和资源,逐步具备跨越社会结构性障碍和制度门槛的发展能力,广泛参与城市经济、社会、文化生

活,在这一过程中维持并提升自己在城市中的社会地位,最终彻底实现农民工市民化终极目标的能力"。

在指标体系的构建方面,李练军、陈俊峰、杨轩、胡晓江、南方、郭元凯、侣传振、崔琳琳等多位专家学者分别提出了土地退出补偿能力指标、城市就业能力指标、经济应对能力指标、生活适应能力指标、认知转变能力指标、常识了解能力指标、职业发展能力指标、新生社会资本能力指标、制度适应能力指标等。

在本书的理论框架下,参考相关文献研究成果,将农民工融入城市能力划分为就业能力、经济能力、适应能力、心理能力和可行能力,并以以上能力综合构建农民工融入城市能力指标体系。

(一)就业能力

农民工融入城市的基本问题是生存问题,而生存问题的关键是就业问题。所以,本书将就业能力设定为农民工融入城市的关键能力。农民工就业能力可以分解为以下几个方面的能力。就业渠道拓展能力,是指农民工在找工作时,获取就业信息方面的能力。这种能力越强,就业的成功率就越大。农民工主要是从劳动力市场或社会网络途径获取就业信息。自身职业技术水平是就业能力的关键组成部分。往往职业技术水平是决定就业的关键。拥有的职业技术水平越高,获取就业机会的能力就越强。职业阶层也是农民工就业能力的一个重要指标。农民工在过去工作中担任过什么职务,处于什么样的地位,是再就业的一个重要参考指标。过去所积累的职业阶层越高,说明个人所拥有的职业技能或管理水平越高,能力越强,获得就业机会的可能性越大。职业稳定性也是农民工就业能力的一个重要指标。农民工工作越稳定,在一个工作岗位上工作的时间越长,说明农民工的职业竞争力越强,越能胜任工作,在再就业的过程中越被看重。相反,一个人的工作履历中有频繁更换工作的情况,则可判断其工作能力不足,或缺乏工作耐力。所以,工作稳定性也是就业能力的一个重要指标。另外,个人社会网络也是农民工就业能力的一个判断指标。由于农民工普遍从事的是劳动密集型工作,社会人际网络是促成就业的一个重要因素,尤其"同乡集聚"对农民工就业有很大帮助。农民工就业既有大众就业的特征,也有其独有的特征,衡量农民工就业能力需要关注的指标也有其特殊。

(二)经济能力

经济能力是指农民工经济实力,不同于就业能力,它是一个关键指标,最终决定能否融入城市的关键因素还是经济能力。农民工的经济能力反映在许多方面,从经济来源分析,重要的部分可以分为农村家庭财产及收入和城市务工收入。农村家庭财产及收入包括农民工在农村的承包土地及其经营收入和转租收入,农村宅基地及其上建筑。城市务工收入主要是工资收入。从经济支出分析,主要是指农民工应对各种经济支出的能力。农民工主要应对经济的支出有父母养老支出、子女教育支出、家庭日常生活支出,城市租房支出等。经济能力的外部衡量,也是衡量农民工经济能力的一个相对指标。务工地城市消费水平的高低,尤其吃饭住房成本的高低,也变相地成为衡量农民工经济能力的因素。农民工经济能力的强弱左右了其融入城市的能力。有较高的经济能力,则容易融入城市,相对于城市生活成本,经济能力较弱,则很难融入城市。本书以农民工打工工资收入、农村经济收入、农村财产为主要指标来农民工经济能力。

(三)适应能力

适应能力是农民工融入城市的一个非经济性能力,是农民工能否适应城市生活方式的一个指标。农民工过去在农村生活,习惯了农村的生活方式,包括作息、饮食、住宿、工作节奏、交往群体等,进城务工,城市生活的所有方式都发生了改变,农民工需要一个适应的过程。不同的农民工表现出不同的适应性。适应能力差的,最终将很难融入城市,形成农民工回流。适应能力好的,融入城市的难度小一些,最终很有可能融入城市,实现城市化。适应能力的差异与个体素质有关。如何评价适应能力,可以从农民工在城市生活中的表现观察和调查做出判断。观察农民工的迁移模式,通过流动的频繁程度可以得出适应能力的强弱。一般情况下,流动大的农民工适应能力会差些,流动小的,适应能力会好一些。也可以观察农民工生活水平,通过观察农民工务工期间生活水平可以判断其适应能力。生活水平高的适应能力一般较高,生活水平低的,适应能力一般较低。还可以通过对农民工的交往群体的规模和对象,以及其对以后生活的规划对农民工适应能力进行判断。

(四)心理能力

心理能力也是农民工融入城市的一个不可忽视的能力指标。农村生活的经历形成了农民工原生的心理状态,城市文化的优越性及对农村文化的歧视,会对农民工造成心理压力。农民工的心理状态又会对其融入城市产生直接的影响。心理能力强,促进融入城市;心理能力弱,阻碍融入城市。如何判断和观测农民工心理能力?可以通过农民工是否愿意留在城市来判断,愿意留在城市,说明心理能力强;不愿意留在城市,说明心里对城市的接受度弱。也可以调查农民工对偏见歧视的认识,在同等情况下,农民工强烈感觉在城市被歧视,说明心理能力较弱;对偏见歧视有可观的认识和分析,说明心理能力强。还可以通过调查农民工对自己的身份认同,来判断其心理能力,希望成为市民说明其心理能力强;认为自己是农民,心理能力弱。也可以通过对农民工未来规划以及下一代子女的市民化意愿做调查来判断其心理能力,未来规划在城市,希望子女留城,说明心理能力强;没有明确的规划,说明心理能力弱。

(五)可行能力

可行能力也是农民工融入城市的一项重要能力。可行能力即是否能真正自由选择和行使权力的能力。在城市制度性排外和文化歧视的环境下,农民工的可行能力受到了很大的限制。要想融入城市,可行能力加强是必然的。农民工个体可行能力的强弱存在差异性。如何评价农民工的可行能力? 本书选取了几项重要的指标。可以通过农民工工资是否按时发放来判断农民工可行能力的强弱,工资按时发放,说明农民工可行能力强;不能按时发放,说明农民工可行能力受限。同样道理,也可以观察农民工加班的频率,相关福利待遇、社会保障等方面的权利是否受限,公共资源使用以及个人发展方面的权利是否受限,来判断农民工的可行能力的强弱。农民工可行能力是其最终是否真正市民化的重要因素。这种能力往往又是由外部的条件决定的,所以需要政策制度的变化来提升。当然,农民工个人也可以通过加强自身技能和价值来改善自己的可行能力。

第三节　农民工融入城市能力的测量

一、变量设定与统计描述

通过上文对农民工融入城市指标的选择,本书已初步形成了一个指标体系。本节将按照已设定相关指标进行具体的测度。

就业能力指标的二级测度指标包括六个变量。第一个变量为职业获得途径,根据市场化情况将获取工作渠道分为"自谋职业""中介组织、政府或单位介绍",对应标示为 0—2;第二个变量为职业技能,分别按照 0 没有技能,1 初级技工,2 中级技工,3 高级技工,4 高级技师来划分;第三个变量为换工次数,分为四个等级,即没有换工,换工 1 次,换工 2 次,换工 3 次,换工 4 次或更多次,用 0—4 标示;第四个变量为职业阶层,分为七个层次,由低到高分别为 1 非技术工人,2 服务人员,3 自谋职业,4 技术/熟练工,5 办事人员,6 管理人员,7 个体经营者;第五个变量为"同乡集聚",设为二分变量,即是或否,用来

判断工作单位的相关人员(雇主/直接管理员)与农民工本人是否是同一省份
或是否是老乡;第六个变量为"同乡工友比例",分为有1/4以下工友是同乡
或来自同省,1/4—1/2的比例,1/2—3/4的比例,3/4以上的比例,四种情况
分别标注为1—4。结果如下表6-1所示。

表6-1　样本农民工就业能力子指标描述性统计

变量类型	变量名称	变量解释	平均值	最小值	最大值
就业能力	职业获得途径	亲朋好友介绍=0,自谋职业=1,中介组织、政府单位介绍=2	1.718	1	3
	职业技能	没有技能=0,初级=1,中级=2,高级技工=3,高级技师=4	0.744	0	3
	换工次数	没有换工=0,1次=1,2次=2,3次=3,4次或更多=4	2.104	0	4
	职业阶层	非技术工人=1,服务人员=2,自谋职业=3,技术/熟练工=4,办事人员=5,管理人员=6,个体经营者=7	2.652	0	7
	同乡集聚同乡工友比例	是=1,否=0定序变量,1—4	0.482	0	1

经济能力的测量指标分为五个变量,第一个变量是工资收入,是一种定
序方式形成的变量。工资收入又由七个区间由低到高构成,第一区间:1500
元以下,第二区间:1500—1999元,第三区间:2000—2499元,第四区间:
2500—2999元,第五区间:3000—3499元,第六区间:3500—4000元,最后
一个区间为4000元以上,用1—7对应标示。第二个变量是居住条件,分为
宿舍居住、和别人合租、自己租住、店内居住、租住廉租房和租住经济适用房
等六种,分别用1—6标示。第三个变量是住房区位,分为六种情况:第一种
情况是居住在工地,第二种情况是居住在经营点,第三种情况是居住在接合
部,第四种情况是居住在城中村,第五种情况是居住在棚户区,第六种情况
是居住在居民小区,分别用1—6标示。第四个指标是农村承包地,用二分
变量标示,分为有承包地和没有承包地。第五个指标是农村宅基地,分为五

个等级:第一等级为没有宅基地,用 0 标示;第二等级为 1 万元以下,用 1 标示;第三等级为 1 万—5 万元,用 2 标示;第四等级为 5 万—10 万元,用 3 标示;第五等级为 10 万元以上,用 5 标示,参照组为没有宅基地。统计结果归纳如表 6-2 所示。

表 6-2　样本农民工经济能力子指标描述性统计

变量类型	变量名称	变量解释	平均值	最小值	最大值
经济能力	工资收入	定序变量,1—7	4.746	1	7
	居住条件	宿舍 = 1,合租 = 2,自己租房 = 3,店内 = 4,廉租房 = 5,经济适用房 = 6	2.244	0	4
	住房区位	工地 = 1,经营点 = 2,接合部 = 3,城中村 = 4,棚户区 = 5,居民小区 = 6	3.924	0	6
	农村承包地	有 = 1,没有 = 0	0.646	0	1
	农村宅基地价值	没有 = 0,1 万元以下 = 1,1 万—5 万 = 2,5 万—10 万元 = 3,10 万元以上 = 4	2.498	0	4

适应能力的观察指标分为五个。第一个指标为迁移模式,以数量为参考考虑了农民工进城打工的形式,分了四种情况:第一种情况是自己单独务工,第二种情况是夫妻一起务工,第三种情况是夫妻带着子女一起进城务工,第四种情况是夫妻、子女、父母举家进城务工,分别用 1—4 来标示。第二个指标是生活水平,分为五个等级,即下、中下、中、中上、上五个层次,分别用 1—5 来标示。第三个指标为交往规模,以规模大小分为四个层次,第一个层次为 1—5人,第二个层次为 6—10 人,第三个层次为 11—15 人,第四个层次为 15 人以上,用 1—4 标示。第四个指标为交往对象,被分为五种类型:第一种类型为亲戚,第二种类型为老乡,第三种类型为同事工友,第四种类型为城市朋友或熟人,第五种类型为主管/上司,分别用 1—5 标示。第五个指标是未来打算。分为五种类型:第一种类型是回老家务农,第二种类型是回老家创业,第三种类

型是走一步算一步,第四种类型是想办法留在城里,第五种类型是留在城里创业,分别用1—5标示。统计结果归纳如表6-3所示。

表6-3　样本农民工适应能力子指标描述性统计

变量类型	变量名称	变量解释	平均值	最小值	最大值
适应能力	迁移模式	自己一人=1,夫妻二人=2,夫妻携子女=3,夫妻携子女父母=4	1.899	1	4
	生活水平	下层=1,中下层=2,中层=3,中上层=4,上层=5	1.826	0	5
	交往规模	1—5人=1,6—10人=2,11—15人=3,15人以上=4	2.589	1	4
	交往对象	亲朋=1,老乡=2,同事工友=3,城市朋友=4,主管/上司=5	3.048	1	5
	未来打算	务农=1,回流创业=2,没想好=3,留城=4,城市创业=5	3.178	1	5

　　心理文化能力指标分为五个。第一个指标是留城意愿,留城意愿的替代性问题是条件允许的情况下,是否愿意在城市长期生活。答案被设定为三种情况:第一种情况为"是",第二种情况为"说不上",第三种情况为"不是",用1—3标示。第二个指标为地域歧视,设定为二分变量,一个变量是有受歧视经历,另一个变量是没有受歧视经历。第三个指标被设定为身份认同指标,农民工身份认同被划分为三种情况,第一种情况认为自己是农村人,第二种情况认为自己仍然是农民,只不过在城里打工,第三种情况是认为自己城市人,分别用1—3标示。第四个指标为市民化意愿,被分为五种情况,第一种情况为非常不愿意,第二种情况为不太希望,第三种情况为一般,第四种情况为比较希望,第五种情况为非常希望,分别用1—5标示。第五个指标是下一代市民化期望,也被分为和第四个指标相同的五种情况,用1—5标示。统计结果归纳如表6-4所示。

表6-4　样本农民工心理能力子指标描述性统计

变量类型	变量名称	变量解释	平均值	最小值	最大值
心理能力	留城意愿	否=0,说不上=1,是=2	1.336	0	2
	无地域歧视	有=0,没有=1	0.903	0	1
	身份认同	农村人=0,模糊=1,城里人=2	0.508	0	2
	市民化意愿	定序变量,1—5	1.761	0	4
	下一代期望	定序变量,1—5	3.916	1	5

可行能力被细分为七个指标。第一个指标为工资按时支付,具体又被分为三种状况,第一种状况是经常性的延迟或拖着不发工资,第二种状况是延迟发放工资,第三种状况是大体上能按时按点发放工资,分别以1—3标示。第二个指标为加班频率,具体又被分为三种情况,第一种情况为经常加班,第二种情况为偶尔加班,第三种情况为从不加班,分别用1—3标示。第三个指标是拥有城市社会保障,具体又被分为有或没有,用0标示没有,用1标示有。参照组为0。有任何一种形式的保险算作有,没有任何保险算作没有。第四个指标为参与社保项数目,按照参保的具体数目确定。第五个指标为福利待遇,按照二分法分为有和没有两种情况,用0标示没有,用1标示没有,参照组为0。第六个指标为子女教育机会,分为三种类型:第一种类型是在专门为农民工子女办的学校上学,第二种类型是去城市里有办学资质的私立学校上学,第三种类型是在城里的公立学校中上学,三种类型分别以1—3标示,以在农村读书为参照组。第七个指标为个人培训机会,又分为有或没有两种情况,没有记为0,有记为1,以0为参照组。统计结果归纳如表6-5所示。

表6-5　样本农民工可行能力子指标描述性统计

变量类型	变量名称	变量解释	平均值	最小值	最大值
可行能力	工资按时支付	经常拖欠＝1，偶尔＝2，按时＝3	1.351	0	3
	加班频率	经常加班＝1，偶尔＝2，从不＝3	2.219	0	3
	拥有城市社会保障	拥有保险＝1，没有＝0	0.345	0	1
	参与社保项目数	保险项目总数	0.436	0	4
	福利待遇	有福利待遇＝1，没有＝0	1.236	0	6
	子女教育机会	留守＝0，农民工子弟学校＝1，城市民办＝2，城市公办＝3	1.225	0	3
	个人培训机会	有＝1，没有＝0	0.615	0	1

二、模糊评价及理论方法

（一）模糊评价方法的思路

评价农民工融入城市能力被分解为多个维度的能力指标，本书具体划分了五个方面的能力，从就业能力到可行能力，分别进行了分析，每个分能力下面又分出了多个指标，进行具体分析。分指标的对应的能力类型有一个隶属度，对各隶属度相加就能够得到总的农民工融入城市能力水平的指数。下面要用隶属函数求隶属度，考虑权重后，得到最后的农民工融入城市能力指数。

（二）隶属函数与隶属度的确定

隶属函数的使用就是为了得出隶属度。正确运用模糊理论的关键是正确使用隶属函数。只有正确使用了隶属函数，能力评价的最终结果才是有效的。考虑到五个指标的下一级指标中含有二分变量指标和定距变量指标，设定如下隶属函数：

$$u(x_{ij}) = \begin{cases} 0, x_{ij} = 0 \\ 1, x_i \end{cases} \tag{6-1}$$

$$u(x_{ij}) = \begin{cases} 0, 0 \leqslant x_{ij} \leqslant a \\ \dfrac{xij - a}{b - a}, a < x_{ij} < b \\ 1, xij \geqslant b \end{cases} \tag{6-2}$$

其中,$u(x_{ij})$是隶属函数,$x_{ij}(i=1,\dots,n,j=1,\dots,k)$代表原始值所处的位置是第$i$个农民工在各融入能力中第$j$个子指标上。式(6-1)给出了"0和1"二分虚拟变量的隶属函数,当x_{ij}为0时,隶属度为0,设定为0.001;当x_{ij}为1时,隶属度为1,设定为0.999。式(6-2)式给出了定序变量的隶属函数,a和b分别表示指标x_{ij}的最小值和最大值。

(三)权重获取及融入城市能力指数的获得

融入能力综合指标的获得是这样一个程序:计算所有的能力指标包括子一级指标的隶属度,然后通过考虑权重综合得出。这个过程用到的加权函数是权重设定法[由凯利(Cheli)和莱米(Lemmi)于1995年提出]。

$$w_j = - In\left[\frac{1}{n}\sum_{i=1}^{n} w_{ij}\right] = In\left[1/\frac{1}{n}\sum_{i=1}^{n} w_{ij}\right] \tag{6-3}$$

在这种方法下,隶属度大小决定权重,隶属度与权重成正比。第j个子指标的权重表示为w_j,将最初隶属度和权重代入式(6-4),经过计算,得到最终的融入能力综合指数:

$$f(x_{ij}) = \sum_{j=1}^{k} u(\bar{x_{ij}}) \times w_{ij}/\sum_{j=1}^{k} w_{ij} \tag{6-4}$$

三、农民工融入城市能力的模糊评价法测量

(一)农民工融入城市能力指标的测量结果

农民工在城市融入能力方面的相关的隶属度和权重估计结果,如表6-6

所示。按照测量结果,其融入能力水平过低,数据显示仅为 0.3678①。

表 6-6　农民工融入城市能力的隶属度及权重

融入能力及指标	隶属度	权重	权重归一化
就业能力	0.350	1.051	0.2242
职业获得途径	0.186	1.683	0.0659
职业技能	0.359	1.024	0.0401
换工次数	0.474	0.746	0.0293
职业阶层	0.379	0.971	0.0381
同乡集聚	0.482	0.729	0.0286
同乡工友比例	0.403	0.909	0.0356
经济能力	0.618	0.481	0.1027
工资收入	0.625	0.471	0.0184
居住条件	0.561	0.577	0.0226
住房区位	0.654	0.424	0.0166
农村承包地	0.470	0.0184	0.624
农村宅基地价值	0.645	0.437	0.0172
适应能力	0.421	0.864	0.1844
迁移模式	0.300	1.203	0.0472
生活水平	0.365	1.006	0.0394
交往规模	0.529	0.635	0.0249
交往对象	0.512	0.669	0.0262
未来打算	0.544	0.607	0.0238
心理能力	0.460	0.777	0.1657
留城意愿	0.667	0.148	0.0158
无地域歧视	0.903	0.037	0.0039
身份认同	0.254	0.502	0.0537
市民化意愿	0.586	0.195	0.0209
下一代市民化期望	0.728	0.116	0.0124

① 参照隶属度小于 0.4 代表融入城市能力处于低水平,在 0.4 与 0.6 之间代表融入城市能力处于中间水平,大于 0.6 代表融入城市能力处于高水平标准。

融入能力及指标	隶属度	权重	权重归一化
可行能力	0.220	0.512	0.3227
工资按时支付	0.829	0.187	0.0073
加班频率	0.389	0.942	0.0369
拥有城市社会保障	0.345	1.063	0.0417
参与社保险项目数	0.109	2.211	0.0867
福利待遇	0.206	1.579	0.0619
子女教育机会	0.413	0.883	0.0346
个人培训机会	0.205	1.581	0.0619
社区参与	0.171	1.746	0.0692
总模糊指数	0.3687		

(二)农民工融入城市能力指标的测量结果分析

1. 农民工就业能力测量结果分析

首先,从表6-6中可以看出,农民工就业能力弱,隶属度是0.350。换工次数和隶属度呈反比,随着换工次数的增加,隶属度逐渐趋向于0。同乡集聚与隶属度也呈反比,随着同乡集聚程度的提高,隶属度也趋近于0。实际的数据为换工次数0.474,同乡集聚为0.482,同乡工友比例为0.403,这些数据都是中等偏低,这表明农民工的流动性越来越小,集聚状况逐渐变弱。从表6-6中还可以看出,职业获得途径开始改变,隶属度仅仅为0.186,说明依赖老乡、亲戚、朋友等方式或途径寻找工作后,又有分散行动的现象。但是依赖地缘、血缘获取工作信息和工作机会的方式仍然是农民工求职,尤其是前期求职的重要途径。农民工职业技能隶属度为0.359,是一个较低水平,从统计数据看,大多农民工,尤其是老一代农民工进入的行业多半是建筑、家政、餐饮等低端行业,从事的是非技术性工作。新生代农民工虽然在职业的产业结构上有所变化,向服务业方向发展,但是工作的技术含量仍然很低,非技术性特征仍然很明显。在职业阶层上,由于农民工文化程度普遍偏低,职业技能偏低,也造成职业阶层较低,而且由于长时间从事重复性劳动,人力资本积累不够,职业阶层的改变非常困难。老一代农民工基本是以一线工人为主,从事计件或计时工作,新生代农民工虽然在文化程度上有一定提高,从事的行业结构也有所改善,但跨越职业阶层也是一件困难的事。所以,两代农民工面临的共同命运就是在职业阶层的低端打拼,这还是一种普遍的状态。总体而言,从农民工就业能力的分类指标可以得出的结论是,农民工就业能力普遍偏低,就业的市场化程度不高,仍然依赖其社会网络关系寻找就业机会。但另一方面农民工就业的能力在不断提高。

2. 农民工经济能力测量结果分析

农民工经济能力的测量结果较为乐观,隶属度总体为0.618,按照经济能力的二级指标来看,首先,工资收入的隶属度显示为0.625,说明虽然大多数农民工从事的是繁重的、重复的体力劳动工作,但是工资待遇还是相对较高的,另据相关资料显示,近年农民工工资还在不断上涨。其次,农民工承包地的隶属度为0.624,说明农民工可以从承包地获取相对不错的收入,这种收入分为自己经营获得收益和转租收益。农民工在农村的宅基地隶属度为0.645,随着农村土地的增值,宅基地也成为农民工的一项升值性财产,增强了农民工的经济能力。另外,随着农民工经济收入的不断提升,工作结构的不断变化,尤其是新生代农民工更多地进入服务业后,其住房区位也在不断改善。与老一代农民工住工地、棚屋不同,新生代农民工往往租住在城中村及小区中,呈散居状态。也有的选择租住廉租房,自购房的比例较少。从经济能力的分类指标看,农民工经济能力比较乐观。尤其是进入21世纪,人口红利时代结束,出现了几次"用工荒",农民工劳动力市场已经发生了改变,农民工工资收入不断地上升。但是,由于出于对农民工工作的流动性和短期性的理性思考,以及对与农村户口捆绑的土地财产的经济性思考,农民工进城购买房屋的比例还是很低。

3. 农民工适应能力测量结果分析

农民工适应能力的总体状况属于中等偏低,其分类指标加权计算的总隶属度为0.421。分类来看,首先看到交往规模的隶属度较高,为0.529,说明农民工的人际交往状况较好,人际关系在不断改善。其原因大致有两点:一是农民工自身在逐渐接受城市文化,在生活习惯、文化观念上开始转变,具备了一定的市民特征,尤其是新生代农民工,反而很难再适应农村生活;二是市民对农民工的观念也在改善,逐渐接纳农民工,认可其对城市的贡献。农民工在交往对象上的隶属度相对较高,为0.521,也反映出农民工的社会地位在不断提高,除了上述农民工自身融入和市民接纳的因素外,农民工经济水平的提升,也是一个重要的因素。拉低农民工总体隶属度的指标是迁移模式,数据显示为0.300。虽然农民工经济能力在提升,但就业的流动性大,经济能力历史积累的时间不长,以及其他能力的不足,使得农民工想要完成家庭形式的搬迁,还是非常困难的,拆分式家庭模式仍然在延续。未来打算指标更多反映的是农民工留城的意愿,其隶属度为0.544。从实际情况考量,老一代农民工未来希望返乡的比例比高一些,他们的留城诉求并不高,而新生代农民工更渴望留在城市。一方面,他们习惯和接受了城市生活的节奏和模式,淡化了对农村的依恋,更有留城的意愿;另一方面,出于对下一代教育和生活的考虑,新生代也希望留在城市。总体而言,农民工适应能力的隶属度处于中等水平。

4. 农民工心理能力测量结果分析

农民工心理能力的测量结果总体是中等偏低的,其隶属度是0.460。农民工心理能力分类指标显示出了较大的差异。首先,农民工留城意愿总体表现的较高,隶属度为0.667。这与现实状况也基本相符。当前,新生代农民工已经成长起来,成为主力军,他们的留城意愿更加强烈,所以农民工留城意愿的隶属度较高。市民化意愿指标的隶属度为0.586,处于中等状态,比心理能力总的隶属度要高,但比留城意愿隶属要低一点。这反映出农民工的一定心理状态,即农民工进城打工的目的,还是以获取经济收入为主,但还没有市民化的心理准备。这可能是由于外部环境的排斥性以及实际的融入能力不足造成的。但是新生代农民工有强烈的愿望希望自己的下一代实现市民化,并且表现出强烈的信心和决心。所以农民工下一代市民化预期的隶属度为0.728。这个状况与实际的状况也是相符的。经过两代人的努力,以及社会变迁,让农民工的第三代市民化应该是一个可以实现的目的。但是,就目前而言,农民工在城市打工形成的实际心理是,自我身份认同仍然是农民,并没有把自己看作城里人,他们有很清晰的自我定位。这也是目前的实际情况造成的。所以,农民工身份认同的隶属度只有0.254,制度约束、文化排斥等都给农民工造成了很大的压迫感。

5. 农民工可行能力测量结果分析

经过测度,农民工可行能力状况非常差,其隶属度仅仅是0.220。这很明确地表明农民工市民化的外部环境非常差,农民工处于非常弱势的地位。按分类指标分析,第一,农民工就业权利和待遇方面的隶属度还是比较高的,达到0.829。这说明近些年,农民工经济收入逐渐在提高。但是,农民工市民化不仅仅看经济收入,还有其他许多的市民化待遇和权利需要匹配。另外,农民工虽然工资待遇上去了,但工作环境差和工作强度大等隐性问题仍然存在。第二,加班现象还比较严重,农民工加班频繁,其隶属度0.389,这说明农民工在工作相关权利方面还没有达到市民化的待遇,农民工挣得还是辛苦钱,加班加点是经常性的状态。第三,农民工在工作福利方面的情况也比较差,隶属度为0.206。这反映出农民工用工制度的缺失,农民工权利得不到相应的保护。农民工与其工作单位之间的关系并不密切,这也导致农民工城市归属感很低。第四,农民工在城市参保的状况也不是很好,其隶属度仅仅是0.345。对于城市公民来讲,参保是一个普遍的基本的意识,城市公民的参保率也非常高。但是对于农民工来讲,一方面自身的参保意识并不强,另一方面用人单位也在规避农民工社保问题,这就造成农民工参保的隶属度很低。这也说明社会法律制度和国家政策在这方面的约束有所缺失,有待改善。第五,机会公平方面涉及两个指标,即子女教育指标和农民工培训指标,其隶属度分别为 0.413 和 0.205。农民工子女教育机会和权利方面情况较为乐观,基本接近中等水平,但改善空间仍然很大,从过去的无法在城市上学的问题,逐渐转向了上学质量的问题。但是农民自身培训的机会却很少。一方面,农民工对于培训的自我意识淡薄,另一方面,企业出于成本考虑,也在规避这一问题,最终导致农民工人力资本无法很好的积累,可行能力无法提升。

第四节 农民工融入城市能力的评价

一、农民工融入城市能力隶属度的分布情况

关于农民工在融入城市方面的各种能力指标的相应的隶属度及其分布情况。如表6-7所示。

表6-7 农民工融入城市能力隶属度分布 （频数:百分比%）

隶属度区间	就业能力	经济能力	适应能力	心理文化能力	可行能力	融入城市能力
0.000—0.100	3.13	0.20	0.81	2.42	22.61	0.00
0.101—0.200	13.12	1.01	6.46	8.68	27.55	3.23
0.201—0.300	21.59	3.73	15.94	12.61	22.40	23.61
0.301—0.400	24.02	5.85	25.83	16.85	15.64	38.75
0.401—0.500	23.41	15.04	20.59	24.82	7.16	22.60
0.501—0.600	9.99	18.87	15.14	8.27	3.53	9.38
0.601—0.700	3.03	20.69	8.68	12.92	0.80	2.42
0.701—0.800	1.51	16.95	4.34	5.75	0.10	0.00
0.801—0.900	0.20	14.53	2.12	1.92	0.00	0.00
0.901—1.00	0.00	3.13	0.10	5.75	0.00	0.00
汇总	100	100	100	100	100	100

续表

隶属度区间	就业能力	经济能力	适应能力	心理文化能力	可行能力	融入城市能力
平均隶属度	0.349	0.618	0.421	0.459	0.221	0.392
最小值—最大值	0.019—0.815	0.067—0.999	0.038—0.901	0.030—0.999	0.001—0.709	0.148—0.688

表6-7中数据显示,农民工融入城市各种能力中,经济能力较好,隶属度排第一位。处于中等水平的是适应能力,隶属度为0.421,以及心理文化能力,隶属度为0.459。隶属度排名较低的有就业能力,隶属度为0.349,排名最后的是可行能力,为0.221。从表6-7中也可以看出,由不同能力指标加权计算得出的农民工融入城市能力的总体水平并不是很高,其隶属度仅仅为0.392。据农民工总的融入能力可知,农民工融入城市的状况并不理想,其中,可行能力最差,需要大力改善,就业能也需要大力提升,适应能力和心理文化能力也需要再改善。只有融入城市的各项能力不断提升,农民工融入城市的总体能力才能进一步提升,才能更好地融入城市。

二、农民工融入城市能力分类别比较评价

考虑到农民工是一个庞大的群体,需要对这个群体进行再细化,然后深入分析,才能更准确、更具体地判断其融入城市能力的状况,从而采取相应的政策。本书考虑了以下几个分类分析的指标,第一个指标是代际因素指标,分为老一代农民工与新生代农民工,用T1标示;第二个指标是人力资本指标,分为五类,即小学、初中、高中、中专、大专及以上,用T2标示;第三个分类指标为社会资本指标,分别为低社会资本和高社会资本,用T3标示。按照以上分类指标进行了差异化的分析,结果如表6-8所示。

表 6-8 农民工融入城市能力分类别模糊评价

分类因素		就业能力	经济能力	适应能力	心理文化能力	可行能力	融入能力
T1	老一代	0.3217	0.6451	0.4441	0.4164	0.2115	0.3578
	新生代	0.3628	0.6052	0.4105	0.4804	0.2264	0.3727
T2	小学	0.3044	0.6390	0.3983	0.3718	0.1594	0.1964
	初中	0.3168	0.5993	0.3984	0.4378	0.2269	0.3214
	高中	0.3422	0.6144	0.4247	0.4603	0.2791	0.3710
	中专技校	0.4340	0.6404	0.4607	0.5266	0.3432	0.4269
	大专及以上	0.4691	0.6544	0.5108	0.6261	0.4821	0.4407
T3	低社会资本	0.3416	0.6149	0.4074	0.4337	0.2149	0.3579
	高社会资本	0.3594	0.6206	0.4386	0.4918	0.2272	0.3809

（一）农民工融入城市能力代际差异比较评价

依据表6-8中数据,从融入城市能力的总指标上看,新生代农民工与老一代农民工相比,融入城市的能力只是有很小的增强,并不是很明显,数据显示提升0.0149。而在就业能力上新生代农民工比老一代农民工要强,心理文化能力也要强一些。但是出乎意料,经济能力却比老一代农民工低,适应能力也不及老一代农民工。按照侣传振、崔琳琳(2010)的观点,农民工之所以难以融入城市是因为"新二元结构",相比之下,新生代农民工更加有能力融入到城市中来,但是这种能力依然很低,远远低于其想融入的意愿。[①] 李培林、田丰(2011)用农民工利益曲线很好的解释了农民工心理文化能力强于老一代农民工。[②] 而新生代农民工经济能力比老一代更低的原因主要是新生代农民工的经验、技能积累不如老一代农民工。就业能力只是略高于老一代农民

[①] 侣传振、崔琳琳:《农民工城市融入意愿与能力的代际差异研究——基于杭州市农民工调查的实证分析》,《现代城市》2010年第1期。

[②] 李培林、田丰:《中国新生代农民工:社会态度和行为选择》,《社会》2011年第3期。

工,这与我国目前所处的经济新常态下的就业环境有关。李培林、田丰(2011)的研究得出一个结论,新生代农民工要求在城市有更高的地位。他们开始关注城市房价问题,对不公平待遇表现的更加激烈,他们已经有了市民化待遇的意识,开始向城里人看齐。也正是因为对市民权利的诉求,使得新生代农民工对不公平的忍耐力更差,表现出适应能力不如老一代农民工。

(二)农民工融入城市能力人力资本差异比较评价

人力资本差异对农民工融入城市的能力影响是正向的。总体来看,学历越高,融入城市的能力越强。从分类能力指标看,教育水平对各分类指标的影响也是正向的,教育年限越长,各类能力指标越高。首先,受教育程度对心理文化能力的影响很高,增加值也更大。其次,受教育程度对可行能力的影响也很大。受教育年限越长,可行能力越强。与小学文化程度相比较,大专及以上文化程度对可行能力的正影响为 0.3227。另外,受教育程度对心理文化能力的正影响为 0.2543,对就业能力的正影响为 0.1647,对经济能力的正影响为 0.1154,对可行能力的正影响为 0.1125。总的来看,人力资本积累有助于农民工融入城市能力的提升。城市更容易接受学历较高的人,企业用人也会以学历为评价标准,尤其是工作环境好,职业待遇高的企业,更可能设置学历门槛,这是一种"收割效应"。

(三)农民工融入城市能力社会资本差异比较评价

社会资本对于农民工融入城市的影响是巨大的。中国社会是一个人情化社会,尤其是在农村文化中,人情关系更被视为重要的资源。农民工进城也往往会借助亲情、乡情来实现。所以,农民工在城市的社会资本对农民工融入城市影响很大。从分类能力指标来看,社会资本对农民工的心理影响最大,拥有一定的社会资源,农民工的心理就会变得强大,能够很好的抵消内心的自卑感,从而也有助于农民工增强自身适应能力。另外,社会资本也会对就业能力、经济能力以及可行能力产生正向的影响。

农民工进城务工,首先遇到的是一个陌生的生活与工作环境,城市生活节奏快,工作压力大,人们之间的交往时间与交往机会越来越少,与乡村生活的慢节奏、重人情形成了巨大的反差,适应城市生活困难是农民工首先遇到的问题,适应能力不足显得尤为明显。而心理文化因素影响农民工城市融入能力,既表现在农民工自身心理调适能力与心理适应能力的不足,又表现在农民工与城里人的心理认知差异和文化接受差异。也可以说,农民工在心理文化方面的融入能力弱势,一方面是由于自身文化知识和心理素质造成的,另一方面是由于城里人的自恋、自傲、排他造成的。所以说,农民工融入城市的最大障碍是传统习惯、心灵相通和文化认同。

同时,也应看到,就业能力、经济能力、可行能力也是影响农民工城市融入的重要因素,它关系到农民工进入城市的生存条件、收入状况和努力勤奋程度。从计量结果看,社会资本方面的差异对农民工各种融入能力有很大影响,就业、经济、可行能力等三个能力得分要明显低于适应能力和心理文化能力,说明农民工对自己进入城市后,依靠勤奋劳动,增加收入和改善条件是充满自信的,在城市立足、养活自己和家人是有能力的,作为转移人口的理性选择,这方面是不必多虑的。现实中更为重要的问题是,如何增强和提升农民工融入城市的适应能力和心理文化能力。

第 七 章

城市资本积累与农民工融入
城市能力的理论及机理分析

农民工市民化能力的不足降低了农民工市民化意愿,而农民市民化意愿的缺失抑制了农民工提升市民化能力的积极性和主动性,这种意愿和能力的双重缺失的根本原因在于资本要素禀赋的缺失。农民工融入城市能力主要受限于经济资本、人力资本、社会资本,本章将对以上内容展开具体分析。

第一节　城市资本积累影响农民工
融入城市能力的理论分析

农民工市民化的意愿受农民工市民化能力的限制,而农民工市民化的低意愿会打消农民工提升市民化能力的意愿与期望。事实上,正是附着于农民工身上的资本要素的缺失严重限制了农民工市民化的期望,这种期望立足于其薄弱的能力基础之上。因此,农民工市民化能力分析必须首先考虑其人力资本及其社会资本的双重缺乏问题。

一、农民工融入城市能力缺失的物质基础:经济资本的贫困

农民工需要有经济能力才能够负担得起城市生活的各种成本,资金对农

民工来讲,是城市生活最需要的。城市生活的成本比农村生活的成本大得多,这些成本可以被划分为两类,即私人成本和公共成本①。私人成本有负担农民工家庭日常开销、子女教育、医疗卫生方面的成本和再生产过程中的各种成本等。城市生活成本高是农民工最终无法顺利进城的关键因素②。2014 年《国务院关于进一步推进户籍制度改革的意见》指出,"合理引导农业人口有序向城镇转移,有序推进农业转移人口市民化"。农民工强烈的市民化意愿与迟缓的市民化进程存在矛盾,农民家庭财产性收入不足也是造成其矛盾的原因之一。

据已收集的统计数据显示,我国日前农民家庭的财产性收入仅占农村居民总收入的 3%,其根本原因在于宅基地财产权仅是一种"沉睡"资本。法律和现行制度禁锢了宅基地资产能带来的潜在收益和财产性收入,更多地着重于宅基地的保障功能和福利功能,而削弱了宅基地财产功能和资产功能。只有赋予农民工更多的财产权利,才能实现城乡居民财产权利的平等。因此,导致农民工陷入贫困窘境的根源由两方面组成:第一,内生性的人力资本欠缺。农民工身上缺乏从事复杂的、高级的劳动能力是其人力资本投资不足的结果,导致其只能在更低一级的劳动力市场谋求工作,在人力资源市场不具备竞争力,而更低一级的劳动力市场是以劳动报酬低,对体力劳动的消耗大,劳动的可取代性强为表征;第二,在低一级的劳动力市场,制度的不完善性,对可代替劳动的歧视性以及劳动报酬分配的扭曲性特征更为明显,严重制约农民工市民化能力的积累,在现有的市场机制的作用下造成了农民工工资较低的现象,另外,农民工在城市无法享受到更深层次的市民权益,使得农民工劳动力价值相对更低;第三,现有的农村土地制度也并不利于农民工从土地上获得更多的

---

① 张国胜、陈瑛:《社会成本、分摊机制与我国农民工市民化——基于政治经济学的分析框架》,《经济学家》2013 年第 1 期。

② 国务院发展研究中心课题组估算,一个农民工如果成为市民需要增加的政府支出为 8 万元左右。参见国务院发展研究中心:《农民工市民化的成本 8 万》,2013 年 3 月 30 日,见 http://www.Chinanews.com/gn/2013/03-30/4690608.shtml。

收益,农村宅基地的市场化水平也不高。"土地征用是补偿宅基地附着物(房屋),不是宅基地地价,并由省、自治区、直辖市规定",既赋予了压低农民工宅基地财产价值的制度条件,也赋予了压低农民工宅基地财产价值的冲动。由此,出现了大量"农民上楼,资本下乡""土地使用方式变现,土地价值飙升"等现象。这类通过变相分配农民自身宅基地价值增值份额的制度安排与操作严重不利于农民工宅基地财产权的资本化实现,导致农民工陷入资本贫困的窘境。

二、农民工融入城市能力缺失的内在因素: 人力资本的欠缺

人力资本作为农民工市民化的重要因子,更是影响农民工在城市能否就业、能否立足并得以发展的核心因素。黄江泉、李晓敏(2014)的观点,农民工个人的人力资本不足,个人融入城市能力没有积累到一定水平,是导致农民工不愿进城的一个根本原因。① "双重劳动力市场"理论皮奥里[(Piore),1979]认为就业波动在劳动力密集型行业的作用是应对市场需求在经济波动中的波动。② 低人力资本投资的结果就是农民工只能从事极易替代的简单性劳动,而招聘这些简单劳动的劳动部门其商品价值附加值低,大多属于非正规就业部门或临时性就业部门,这些部门极易受到市场冲击而不稳定性强,是农民工无法实现永久性迁徙的重要经济缘由。农民工人力资本不足之根源在于:第一,由于城乡二元结构原因导致的农村教育资源、文化资源匮乏,从而导致农民工成长过程中人力资本投资的规模与质量存在严重的"先天不足"情况;第二,进入城市之后的农民工面临着城市方方面面的生存压力,既无更多资源投入到再教育领域,也由于年龄较大,学习的难度大大提升,而次级劳动力市场的招聘企业大多也不提供免费的"职业培训"机会,这样导致进入城市的农民

---

① 黄江泉、李晓敏:《农民工进城落户的现实困境及政策选择——一个人力资本分析视角》,《经济》2014 年第 5 期。

② M.J.Piore, *Birds of Passage*, Cambridge, New York: Cambridge University Press, 1979, p.32.

工面临着被次级简单劳动力市场锁定的窘境,自身的人力资本投资机会匮乏;第三,次级劳动力市场高度的不稳定性导致农民工难以在一个领域通过长期工作获得"干中学"所可能得到的人力资本投资条件;第四,这种"低人力资本—低工作条件—低收入—低人力资本"的恶性循环局面作为一个死循环锁定了农民工的收入水平与自身能力,严重制约其市民化能力的建构。总而言之,人力资本投资不足所导致的农民工市民化能力低下是造成农民工进城意愿不高的重要原因。

三、农民工融入城市能力缺失的外部影响:社会资本的匮乏

社会资本是影响农民工融入城市的又一大决定性因素。社会资本的多寡,对农民工就业、收入、心理等方面的影响非常大[1],对于人力资本和经济资本双重匮乏的农民工而言,大多依赖个人所拥有的社会资本来改善生活。社会资本在工作机会寻找、降低潜在风险及脱贫方面发挥着重要作用。社会资本依赖其由机会机制、完全信息、信任等机制构成的结构发挥功能。而农民工所具备的社会资本具备差异性小、质量水平低等不合理特征,农民工的社会关系具有很强的封闭性,主要是由乡情和亲情构成。一是农民工的社会心态、社会行动及社会理解等都有别于城市主流文化而形成自身的亚文化属性;二是农民工的社会资本结构以横向封闭式链路为特征,缺乏纵向开放式的特征,导致其网络结构内同质化资源太多,对于农民工市民化能力提升有限甚至有害;三是由于农民工社会资本结构以横向封闭式链路为特征,导致农民工交换异质性资源的概率降低,制约了契约型、规范型社会信任网络的形成,农民工采取原子化、突然化行为的概率提高,由此形成其不规范、高脆弱的社会信任链条,低水平的社会资本结构;四是农民工自身社会地位及其社会资本积累会遗传至下一代农民工。具体表现在:老一代农民工在城市打工所形成的思维习

---

① 黄瑞芹、杨云彦:《中国农村居民社会资本的经济回报》,《世界经济文汇》2008年第6期。

惯及行为方式会潜移默化的传递给下一代农民工,所形成的社会关系也由下一代农民工继承。存在的问题是,老一代农民工本就在城市次级劳动力市场工作,其工作的可替代性强,基于工作形成的社会关系层级不高、所形成的思维方式并未融入城市主流文化,上述种种不足由下一代农民工来继承,对下一代农民工产生一定的负面影响,对其市民化能力再造升级产生锁定障碍。

第二节　城市资本积累影响农民工 融入城市能力的机理分析

一、经济资本影响农民工融入城市能力的作用机理

经济融入是融入城市之基,提高经济收入是农民工进城务工的根本动因,探寻经济资本对融入城市能力的生成作用,必须通过土地资产转化、收入水平提升、消费结构升级、居住条件改善和政策制度援助等路径作用于农民工融入城市能力。

（一）通过土地资产转化积累的经济资本作用于融入城市能力的路径

实现农村宅基地的财产功能提供资本支持。在农民工市民化进程中,宅基地是农民的重要资产,弱化宅基地的福利和保障作用,突出财产和资本方面的作用,清晰宅基地财产权角色,并充分实现宅基地产权的财产价值,是宅基地功能演化的趋势。首先在宅基地财产权上实现创新和突破,实现宅基地财产权的资产经济价值,大幅度提高农民工家庭财产性收入,为其从农民转为市民、在城市正常生活、购置住房和创业资本提供有利的财产支撑和保障。新型城镇化是农民工市民化与农村宅基地退出互动的动力机制,农业人口有序转移成市民与农村土地资源高效利用是农民工市民化与农村宅基地退出互动的

两种运行机制①(张勇、汪应宏,2016),经济新常态下,全面深化改革的推进要求农村转移人口全方位"离农""退农","离农"的关键在于"退农",其关键在于农村土地的退出,2015年11月中共中央办公厅、国务院办公厅印发《深化农村改革综合性实施方案》,明确提出"在保障农户依法取得的宅基地用益物权基础上,改革完善农村宅基地制度,探索宅基地有偿使用制度和自愿有偿退出机制",明确了农村宅基地有偿退出的政策导向。针对一些有意向定居城镇、已经具备市民化条件或已经落户定居城镇的农民工而言,腾退原有宅基地既可以得到合理可观的经济补偿,又能够提高农村土地利用率,盘活农村土地资源,实现宅基地由"生活保障资料"向"家庭重要资产"及"市民化资本"转变,为农民工市民化提供经济资本支持。

(二)通过收入水平提升的经济资本作用于融入城市能力的路径

农民工通过劳动力流动、加班、职业流动、理财和投资以及培训等人力资本再投资的方式提升收入水平,增强自身经济资本的积累。稳定充分的就业是稳定收入的必要条件,有稳定的收入才能够有保障地支付农民工市民化的成本支出,主要包括住房、就业、社保、教育和医疗保健支出。收入水平为农民工在城市的衣食住行、社会交往、子女教育以及闲暇娱乐等所需支出奠定基础,包括财产性收入和非财产性收入总和。工资收入水平的提升是增强新生代农民工经济资本积累的主要手段。衣食住行是马斯洛需求层次理论中人类最基本的需求,但是农民工就业能力低、工作条件差、工作不稳定、收入能力低,微薄的收入使其在面对城市较高的生活成本、子女教育支出和家庭风险规避社会保障支出时捉襟见肘,使农民工实现融入城市的难度很大,收入水平所决定的经济资本实力强弱从根本上决定了农民工能否市民化和整个农民工群体融入城市的进程。

---

① 张勇、汪应宏:《农村宅基地退出补偿研究综述》,《中国农业大学学报》2016年第3期。

（三）通过消费模式转变储蓄的经济资本作用于融入城市能力的路径

新生代农民工高消费倾向削弱了农民工融入城市的经济基础。相比于第一代农民工，新生代农民工消费观念和价值观念已发生重大转变，新生代农民工与城市青年更为接近，处于自主性较强的人生阶段，经济负担和生活压力较小，消费意识更强并将其打工收入更多地用于城市生活消费，在消费观念上更加注重物质和精神生活享受，追求流行时尚；在城市务工同时也注重享受生活，追求体面劳动和得到尊重，在文化生活、娱乐休闲、社会保障、发展空间等方面的需求不断增强，新生代农民工中的占比65%—70%的个体将工资所得收入用于自己的消费支出①（张学英，2013），新生代农民工的消费模式表明了社会发展进步、物质生活和精神生活质量的同步提升，但新生代农民工并不注重积累，过高的消费倾向难以构筑城市融入的经济基础，现有的消费模式和结构不利于城市社会网络的理性构建，削弱了农民工融入的能力。已有研究指出，农民工收入开支更加多元化，但是通过消费模式拓展的人际交往圈相对比较封闭，不利于其在城市社会网络的构建。

消费模式的转变有利于构建城市社会网络。农民工融入城市的过程是不断建构人际关系并动员和获取社会资源的过程。新生代农民工只有通过关系移植、不断投资、反复协调、长期经营以及有意识的"拉关系"致力于新型社会关系的达成、巩固和发展，建立井然有序的社会关系网，为其工作、生活和融入城市提供情感性和工具性支持。由此可见，新生代农民工理性构建社会关系网络需要运用多种行动策略，包括人情投资、勤联系、赠礼物、施小惠等货币化、物品化的交换媒介，这就需要经济资本的支撑，对已有的消费结构产生挤出效应，需要将社会关系投资纳入消费支出必不可少的刚性支出，理性构建并

---

① 张学英：《关于新生代农民工个人资本问题的研究》，《贵州社会科学》2013年第1期。

逐步稳定的社会资本不仅为新生代农民工提供动员和涉取的资源,也加速了其在城市工作、生活的融入进程。

(四)通过居住条件改善转化的经济资本作用于融入城市能力的路径

住房问题目前已成为超越户籍制度限制农民工融入城市的又一羁绊,农民工房价收入比已高达 22.08 倍,高涨的房价使农民工无法"安居"并聚居在城中村或城乡接合部等居住场所或是租住在市民社区,农民工在务工地自购住房的比例极低。

退出居住分割的空间隔离,增强农民工在经济资本方面的积累能力。一方面,居住分割造成农民工与城市居民在生活环境和社会交往上产生空间隔离,使贫富差距表现在住房空间分布上,拉大了经济距离。由于不同的群体对城市资源形成共同竞争的情况下,居住分割通过社会文化交往差异和公共资源获取机会不同,实际上对农民工在经济、政治、社会机会上的社会隔离形成持续限制,农民工较低的经济地位、政治地位和社会地位共同决定了农民工无法获得更高的收入,阻碍了农民工经济资本的积累。另一方面,居住分割产生获取财产性能力的差异。农民工进入城市,经济能力不允许其购买正规住房,仅允许其租住非正规住房作为容身之所,不具有房屋产权则无法拥有财富保值增值的能力,不拥有出租房屋而获得财产性收入,与城市居民财产性收入形成天然的鸿沟。

融合式住房保障政策,提高农民工生命周期的总收入水平。由于农民工在务工生命周期的总收入水平较低,无法在城市购房实现安居的预期和城市融入困难,催生了农民工"城乡二元住房支付计划",进一步分散了农民工有限的经济收入。只有融合式的住房保障政策才能帮助农民工实现生命周期内总收入水平的提升,转变非永久迁移的预期。融合式住房保障政策除了提升住房客观支付能力之外,还因为农民工在融合式保障房的长期居住在心理和行为上都更加市民化,对城市认同的增强,具备了定居和融入城市的主观意愿。

二、人力资本影响农民工融入城市能力的作用机理

人力资本与社会资本是劳动力市场中两种资源配置的类型,人力资本是市场机制配置,相对正式,社会资本是非市场配置,人力资本和社会资本在调节劳动力资源上形成了相互对立与相互补充的关系,其中,社会资本对于人力资本不足的弥补是在市场化过程中不断加强还是减弱,具有研究的理论和实践意义,也是一个难点问题。

本书将研究人力资本对农民工融入城市影响的作用机理,并将人力资本认定为农民工进入社会前接受的教育,参加工作后接受的培训,参加工作的年限以及所获取的劳动技能。

(一)通过受教育程度反映的人力资本作用于融入城市能力的路径

1.提高个人社会适应能力

农民工的正规教育时间越长,体现在其身上的受教育程度就越高,个人所培养出来的素质就会越高,学习能力和适应社会的能力也越强。张车伟(2006)的观点,中国的劳动力市场是分割开来的,在不同的劳动力市场上,人力资本的回报率不同,这与受教育的差异性有关。一般地,受教育水平低,人力资本的回报率就低,受教育水平高,人力资本的回报率就高。因此,农民工要想很好的融入城市,就必须提高受教育水平,如果未使适龄人口接受到相应的教育,在以后的就业中,就会造成人力资本回报率低的状况,劳动力的收入差距也会因此而加大,农民工想要融入城市就更难了。[1]

---

① 张车伟:《人力资本回报率变化与收入差距:"马太效应"及其政策含义》,《经济研究》2006 年第 12 期。

2. 提升个人劳动生产率

农民工接受的教育年限越长，人力资本越高，在选择工作的时候就会有更好的判断力，也能更好地搜寻到工作岗位，尽快达成工作意向，从而提升了劳动力市场资源配置的程度。刘万霞（2013）的观点是教育供给结构影响人力资本，从而在经济增长中发挥不同的作用；农民工所受的教育情况对其在就业方面有影响，所受教育类别会影响其就业选择。① 农民工在职业技术方面所接受过的教育，能够提高农民工就业于合资、外资企业的概率，但是对农民工在就业的具体类别上没有产生特别明显的作用，这意味着当前的职业教育办学情况与社会生产实践的需求存在脱节的现象。另外，不同种类的职业培训教育，也会对农民工就业产生很大的影响，其机理是职业教育培训通过对农民工人力资本的改善最终来影响农民工的职业状况。这其中，企业内部对农民工的培训让农民工增加归属感，并提高工作效率，从而对农民职业发展方面产生很大的影响。基于农民工接受的职业技术教育和技能培训类别会影响农民工就业能力，因此，要推进农民工职业教育和培训，提升农民工人力资本，改善农民工就业状况。

3. 降低劳动力回流和频繁职业流动的可能性

人力资本具有专用性，农民工的受教育程度越高，其人力资本的专用性越强，随着劳动力市场资源配置效率的不断提高，农民工能够获得更好更稳定的工作，从而减少了换工作的频率，在职业发展方面不断积累，获取更好的岗位机会。谢桂华（2012）的观点是农民工在城市劳动力市场中的融合是不同情况的融合，人力资本是造成这种差异的因素。② 农民工人力资本积累不足会导致融合过程中的阻碍。在技能转化率方面，农民工与外来技术水平较高的工人与相比，明显偏低，与城市劳动工人相比，也处于劣势。尤其是初中及以

---

① 刘万霞：《职业教育对农民工就业的影响——基于对全国农民工调查的实证分析》，《管理世界》2013 年第 5 期。

② 谢桂华：《中国流动人口的人力资本回报与社会融合》，《中国社会科学》2012 年第 4 期。

下教育程度的低技能劳动者,在务工初期技能转化率非常低。随着农民工外出务工时间的增加,经验不断积累,达到了城市劳动力需求水平,这种差距会不断地缩小。

4.降低地方政策的"隐性户籍门槛"

现阶段各地区在外来务工人员管理方面采用办理居住证的方式,而在落户管理方面设置了相应的限制条件,这些限制条件包括学历水平、工作性质等,受教育程度较高者能够成功跨越户籍门槛,获取市民身份,更好地融入城市社会。王春超、叶琴(2014)运用了科学的方法研究了2000—2009年城市农民工的贫困状况。研究中分了四个方向,分别是收入、健康、教育、医疗保险。探究的结果表明,城市农民工收入在不断地上升,这在很大程度上得益于我国的市场化改革。而教育方面的差距却对农民工贫困产生了关键的阻碍作用。① 目前没有城市户籍的农民工的教育回报率增长缓慢,城市户籍劳动力的教育回报率呈良好的上升势头,二者的差距逐步拉大。这在一定程度上导致农民工对教育投资的不足,人力资本积累状况恶化。从长期来看,影响农民工将来的就业以及收入状况,存在贫困脆弱性和逆城市化下的回流趋势。

(二)职业技能培训积累和转化的人力资本作用于融入城市能力的路径

1.提升专业技能水平,获得较为稳定的工作机会

职业方面的专业培训很重要。农民工通过相关的培训,可以学到一定的技能,这种技能可以有效的提升农民工在个人人力资本方面的积累水平,有利于提高农民工获得工作的可能性,使农民工得到更多的就业机会,增强自身融入城市的动力。魏万青(2015)对职业方面的教育与农民工经济收入的关系进行了研究,结果表明,与初中教育相比,职业高中教育并没有在收入上产生

① 王春超、叶琴:《中国农民工多维贫困的演进——基于收入与教育维度的考察》,《经济研究》2014年第12期。

明显的优势,因此,农民工并不会把职业高中作为培养子女的最佳选择。从一个更长的时间上看,职业高中所积累的技能知识会对农民工将来的收入产生更大的影响,但是这种影响并不明显。① 农民工赖以提升工资收入的技能水平,仍然是在后期的工作实践中积累的。这就要求目前的职业高中调整办学思路,面向社会、面向市场、面向实践,真正能帮助农民工提升其专业技能水平,获取更好的就业机会和工资待遇。

2.发挥人力资本外溢效应,扩展社会交往的范围

职业技能培训除了提升农民工职业技能外,还有另外的作用,职能技能培训更是一个人际资源拓展的平台。在这个平台上,除了农民工作为培训对象参与外,还有作为组织者的政府工作人员、企业工作人员、专业讲师、其他被培训人员。不同身份的人聚集在一起,互相交流,互相学习。这对农民工群体来讲,不仅是一种技能培训,而且还是人际交流的机会。农民工可以通过这样的机会拓展自己的人际交往范围,提升自身的信心,增长见识,更好地融入到城市生活中。叶静怡等(2012)以社会网络的研究为出发点,从社会资本的规模大小、强弱关系视角研究发现,农民工主动参与融入城市社会有利于提升农民工人力资本,也即社会资本的拓展有利于人力资本的积累。而人力资本的积累在一定程度上又推动了农民工在找工作时的成功率,从而也将更好的提升农民工群体的工资收入。这体现了人力资本的外溢效应。② 阿克洛夫、克兰托(Akerlof,Kranto,2000)首先运用了科学的模型对农民工的社会网络层次进行了研究,并研究了这种层次对农民工收入的影响。研究显示,在社会网络方面的层次越高,越有利于提升农民工工资水平。其次,运用人力资本的外溢效应解释农民工收入水平提高的机理不仅涉及社会网络关系关注的一个方面,

---

① 魏万青:《中等职业教育对农民工收入的影响——基于珠三角和长三角农民工的调查》,《中国农村观察》2015年第2期。

② 叶静怡等:《社会网络层次与农民工工资水平——基于身份定位模型的分析》,《经济评论》2012年第4期。

还有行为模式的生产效率方面。而具体的作用机制也不仅仅是社会网络可以提供信息和机会，还在于改变行为者的行为模式，从而提高生产效率。[1] 运用模型进行分析，通过控制变量的方法，观察社会网络关系在个人能力不变的情况下，对农民工的经济收入的影响，发现这种影响是正向的，而且非常明显。说明高层次的社会网络关系对个人经济条件的改善是有意义的。另一方面，人力资本积累也在一定程度上有助于拓展社会网络关系。

（三）劳动技能积累的人力资本作用于融入城市能力的路径

1. 提高劳动力市场竞争力

正规教育和职业培训作用于农民工融入城市的机制在于将人力资本通过有效的方式转化为劳动力市场能力，从而间接作用于社会融入。农民工在技术能力方面的积累可以成为劳动者的优势，在农民工寻找工作机会的过程中帮助农民工增加就业话语权，进而有助于获得相对公平的就业环境，直接作用于农民工融入城市的过程。随着我国经济改革的推进，产业结构的升级，获取较高职业技术能力的农民工将更加受欢迎，他们将获得更好、更稳定的工作，这将更加有利于农民工融入城市社会。

2. 提高农民工就业机会、就业质量和就业创造力

王德文等（2004）认为城市劳动力市场存在着职业隔离和产业分割的特征，导致了城市不同行业领域内的就业分布差异，一定程度上抑制了城市劳动力市场的就业创造功能。[2] 高达83.3%的外来农民工集中在城市商业服务领域和一线生产操作岗位。农民工从事工作的企业类型一般是私营性质的小企业，有的往往并不正规，农民工很难进入更好的工作环境。这是一种劳动力所

---

[1]　G.A.Akerlof, R.E.Kranton, "Economics and Identity", *The Quarterly Journal of Economics*, Vol.115, No.3(2000), pp.71-75.

[2]　王德文等:《迁移、失业与城市劳动力市场分割——为什么农村迁移者的失业率很低?》,《世界经济文汇》2004年第1期。

在市场的隔离,劳动力并不是完全的市场化流动。这种状况非常不利于农民工的流动和工作找寻。从长期来看,农民工被隔离在劳动力市场的优势区域外,并不利于劳动力市场资源的合理配置,这将起码带来三点坏处:一是劳动力资源浪费,二是企业的供给意愿和能力不足,三是社会总福利受损。从本书研究的中心出发,则很不利于推进农民工融入城市的进程。另外,农民工进入劳动力市场和退出劳动力市场都是以竞争的方式完成的,但是在收入方面却受到其他力量的制约和影响。王德文等(2008)通过研究得出,大力提升农民工职业技术水平对农民工获取工作至关重要。①

(四)工作经验积累的人力资本作用于融入城市能力的路径

1. 改善和提升农民工人力资本有效转换

农民工人力资本的积累主要来源于过去所受的正规教育和工作过程中积累的经验,随着农民工长年在城市务工,这种人力资本逐渐得到释放,更好地转化成为生产力。这种人力资本的转化是一个动态推进的过程,因为农民工的工作经验积累是一个连续的过程,而且还伴有不断地培训学习,以至于农民工人力资本就会不断地积累,又在工作实践中不断地转化。长期下来,农民工的工作能力会越来越强,相应的工资收入也会不断地提升。卢小君、魏晓峰(2014)研究了农民工在人力资本方面的问题。② 农民工在进城务工之前,由于所受教育水平较低,没有城市相关工作的经验积累,人力资本水平相对较低,而更重要的是他们过去积累起来的人力资本,与城市工作需要相比不仅表现为低水平,而且更表现为匹配性不足,所以其人力资本转化为生产能力的效率很低,工资待遇也很难提升。农民工要想获得好的工作岗位,提升其工资待

---

① 王德文等:《农村迁移劳动力就业与工资决定:教育与培训的重要性》,《经济学(季刊)》2008年第4期。

② 卢小君、魏晓峰:《人力资本积累对进城务工人员收入的影响——基于大连市的调查数据》,《调研世界》2014年第8期。

遇,就要更多的参加教育培训,更加重视工作经验积累,从而不断地提升自己的人力资本,提高人力资本转化率。另外,对于教育程度较高的农民工工资会不断地上升,但是对教育程度较低的农民工,自身收入增加的效应存在峰值,随着年龄的增加,农民工工作年限越长,工作经验会阻碍其工资的上升。

2. 提升农民工社会互动的空间和时间

农民工进城务工的时间和经验积累还在主观上对其融入城市产生着潜移默化的影响。一方面,它为农民工参与流入地的社会互动创造了空间和时间,农民工在长期的务工过程中与城市居民有了互动的机会,在互动交流过程中互相了解,互相接受,这非常有利于农民工融入城市生活,推动市民化的进程;另一方面,城市经济生活对流入人口的生活方式和价值观念的转变具有无形的影响,有助于农民工在思想观念上和行为习惯上培养出城市生活的状态,在实际意义上实现自身身份转变。最终,在长期的务工过程中,农民工潜移默化地与城市文化融合,在心理上适应城市生活,为市民化奠定基础。

三、社会资本影响农民工融入城市能力的作用机理

社会资本对农民工市民化的影响是确定的。至于如何对农民工产生影响,其作用的途径是什么,本节将进行分析。本节考量了利用社会资本的效果及社会资本产生效应的强弱,也从不同类型资本做了研究,如原始资本和新型资本、整合资本等,研究了不同类型资本产生的不同作用及其路径,具体从经济效应、接触效应、分化效应及市场化机制转型等方面考量了社会资本产生的效应。

(一)社会资本"经济效应"影响农民工融入城市能力生成路径

1. 社会资本"就业效应"影响农民工融入城市能力生成

张春泥、刘林平(2008)认为农民工社会网络中包含的亲情网络和以利益维持的关系网络并没有明显地促进农民工的收入,但农民工所处的社会网络

关系涵盖的范围更大,亲情关系网和利益关系网只是其中的一部分。① 章元等(2008)做出了同样的判断。② 朱志胜(2015)研究了"整合型"和"跨越型"两种社会资本③,其结论是一类具有一定闭合性质,称之为"整合型"社会资本;另一类具有较强开放性的社会资本,称之为"跨越型"社会资本。"整合型"资本对农民工寻找非技术性低端职业有一定价值,而"跨越型"社会资本可以减少农民工从事技术含量小的低端工作,但最终多大程度上能够促进职业提升,效果有所差异。"整合型"社会资本对农民工往高层次的工作发展有阻碍作用,"跨越型"社会资本可以推动农民工职业进阶。研究还发现,人力资本积累会对农民就业有很大的正向影响。叶静怡、衣光春(2010)对社会资本与农民工就业及收入的关系也做了一定研究。④ 研究的结论是,社会资本对农民工的就业和收入有重要的影响,其中,社会资本的大小及老乡、同事、同学等"弱关系"对农民工收入有明显影响。但社会资本并没有太多地影响到农民工调换工作,除非农民工的社会资本中有管理人员的存在。文章研究了社会资本投资,并将其列入社会资本中。运用定名法和定位法结合对社会资本进行了评估。研究将农民工个人关系划分为强弱关系,亲戚为强关系,老乡、同事、同学为弱关系,并将以结婚、生子、升学、丧事、生日、节日为重大交往节点设计变量,对农民工社会资本进行评估。另外,文章还研究了人力资本和农民工就业之前教育状况,农民工参加社团对拓展社会资本的作用,并鼓励农民工积极拓展新的社会关系,积累社会资本。

---

① 张春泥、刘林平:《网络的差异性和求职效果——农民工利用关系求职的效果研究》,《社会学研究》2008年第4期。

② 章元等:《社会网络与工资水平——基于农民工样本的实证分析》,《世界经济文汇》2008年第6期。

③ 朱志胜:《社会资本的作用到底有多大?——基于农民工就业过程推进视角的实证检验》,《人口与经济》2015年第5期。

④ 叶静怡、衣光春:《农民工社会资本与经济地位之获得——基于北京市农民工样本的研究》,《学习与探索》2010年第1期。

2.社会资本"收入效应"影响农民工融入城市能力生成

章元等(2008)重点研究了农民工获取信息的多寡与农民工职业流动、收入增减之间的关系,目的是搞清信息对农民工就业和收入的作用。[①] 信息的获取依赖于农民工社会网络关系,即社会资本。从而文章的研究逻辑为"社会资本—信息资源—就业、收入"。研究的结果显示,家庭社会网络对农民工获取就业机会、得到更高收入有正向作用,具体的作用机制是家庭社会资本越多,就会获取更大范围的信息资源,从而能够使农民工在更大范围,更远距离,就业机会更多的地方,尤其是中心地区寻找到待遇更好的工作。反之,家庭社会资源少,信息闭塞,就无法获取更好的就业信息,处在一个封闭的环境,选择好工作,获取更高收益的可能性就越小。文章研究存在的不足是只研究了社会网络关系与工资收入之间具有相关性,对于社会网络关系与收入二者是如何相互影响的,以及家庭社会网络关系内部的相互作用机制。王春超、周先波(2013)按照"整合型"和"跨越型"对农民工社会资本进行了分类。"整合型"社会资本是以传统的农村亲戚、地域为基础上形成的具有闭合特征的社会资源,是一个小型的熟人社会,这种社会网络关系,类似一种天然的"会员俱乐部",内部进行资源、信息的交换和互惠,对外是封闭的、排斥的。"跨越型"社会资本是一种开放性的社会网络关系。这种类型的社会资本突破了原来的、传统的"整合型"社会网络关系,形成了跨网络之间的新型的、现代化网络关系。这种关系需要建立在健全的社会管理制度和完善的信息市场,以及良好的企业环境的基础上。只有良好的外部环境,"整合型"社会关系网才能够突破,形成"跨越型"社会资源关系网。[②] 更深入的分析表明,"整合型"社会资本网络关系对农民工寻找工作,获取更高的收入有显著正向的影响。以地缘

①　章元等:《社会网络与工资水平——基于农民工样本的实证分析》,《世界经济文汇》2008 年第 6 期。

②　王春超:《社会资本能影响农民工收入吗？——基于有序响应收入模型的估计和检验》,《管理世界》2013 年第 9 期。

为纽带的"整合型"社会资本,可以有效帮助农民工获取信息、降低风险。"跨越型"社会资本经常产生于企业组织,以企业形式形成的群体,使得农民工与市民进入了同一个工作场所,促成了农民工新的社会资源网络,农民工在新的社会关系中,发现新的信息,学习新的观念、知识,从而获取更好的就业机会,得到更好的工资待遇。两种模式共同构成了农民工的社会资本。章元等(2012)研究了农民工异质性问题,社会网络的异质性问题,农民工对社会网络资源的利用状况及其对农民工工资的影响。[1] 通过设计农民工是否来自革命老区等虚拟变量,研究农民工工资与社会资本网络关系之间的关系,以及不同社会资本对农民工收入水平的作用不同。

3. 社会资本"结构效应"影响农民工融入城市能力生成

张春泥、刘林平(2008)主要从三个视角探究了关系网络差异和农民工工收入水平的关系及产生的影响。[2] 这三个视角分别为水平视角、垂直视角及连接位置视角。水平视角研究内外网络的不同,在"洞结构"上的人或更多的占有洞结构的人更容易得到资源和利用资源。可以认为,水平维度上的不同是以"权利观"为中心的。垂直维度的网络关系受到等级位次的影响,等级位次高,相对占有更多的社会资源,在控制资源方面更有优势。林南(2005)的观点表明,求职者在求职过程中所能凭借的社会网络关系的程度受到其在所处的网络关系中的位置的影响,寻找工作的人与其网络关系人在位置上的关系将直接作用于求职人最终是否求职成功。[3] 网络联接点维度的研究更侧重于考察强弱关系对找工作产生的影响。研究中将农民工社会网络分为内部网和外部网。内部网指的是企业中的工友、上级管理者和企业的领导者。外部网络指的是亲人、友人、同乡及同学等。在农民工的内外部关系中,都可能有

---

① 章元等:《异质的社会网络与民工工资:来自中国的证据》,《南方经济》2012年第2期。

② 张春泥、刘林平:《网络的差异性和求职效果——农民工利用关系求职的效果研究》,《社会学研究》2008年第4期。

③ 林南:《社会资本——关于社会结构与行动的理论》,上海人民出版社2005年版,第185页。

强关系,也可能有弱关系。在内部关系中,企业领导人作为关系人对寻找工作的结果影响最大,其次是企业的部门主管。这也说明网络垂直关系对农民工找工作结果的影响很大。莫维(2003)的观点是社会网络关系在求职者寻找工作的过程中作用并不明显,具有工具性作用的是同质性互动[①],然而,林南提出了不同的看法,他认为异质性互动发挥的作用是工具性的,同质性互动对人们维护社会关系有作用。林南的研究显示异质性互动和同质性互动相比,在农民工求职方面的作用更大。社会网络的差异在求职方面的影响显示,找对社会关系对求职结果的影响是巨大的。但是,也得注意,社会网络关系对求职结果的影响并不是必然发生的,尤其在劳动力市场健全的环境中,社会网络关系发挥作用的可能性更低。张莉(2012)研究了三种利用社会网络关系产生求职效果的影响因素。首先是关系强度,关系强,有利于产生更好的求职效果;其次是网络阶层,关系人在网络关系中所处的位置越高,越有利于获取职位;最后是网络位置,关系人在网络中的位置越重要,对求职者的求职效果越明显。[②]

(二)社会资本"接触效应"影响农民工融入城市能力生成路径

1."社会参与"影响农民工融入城市能力生成路径

一般认为,社会参与就是个体参与社会组织生活。农民工要想融入到城市中,必须积极的参与到社会活动中来。农民工社会参与的程度越深、越广,越有利于农民工实现市民化。目前,农民工社会参与主要表现为与自身利益,尤其是经济利益密切相关的几项活动中。首先农民工会参与与自身工作、收入相关的活动,如农民工培训活动以及企业组织内部的相关活动,

---

① T.Mouw,"Social Capital and Finding a Job:Do Contacts Matter?",*American Sociological Review*,Vol.68,No.6(2003),pp.868-898.

② 张莉:《社会资本:展示资源分配规则的理论》,《中共福建省委党校学报》2012年第6期。

其次是农民工会参与子女教育相关活动,关注下一代的教育问题。农民工不太关注与自己切身利益相关性不大的社会活动,也很少关心与自身更深层次的权利、义务相关的活动,对公共事务关注度较少,参与度也较低。但是从数据可以看出,农民工社区参与度高,对公共事务关心,主动与当地市民接触,对农民工取得社会认可和被城市社会接纳非常有利,也有利于提高农民工城市融入度。

2. "社会交往"影响农民工融入城市能力生成路径

社会交往会影响农民工市民化。社会交往是人与人之间在社会环境中的相互接触和交流,是一种互相影响的重要活动。社会交往是人的一种生存方式,在社会交往中,个体会从社会群体中获得信息、知识、情感、价值观念、语言能力等,从而学会社会生存之道,提升个人能力,塑造个人性格,形成价值观念,等等。农民工进城务工,主动展开社会交往,有利于促进对城市生活方式的理解,接受城市价值观念,形成与城市的情感纽带,养成适应城市的道德规范,培养良好的社会行为,这对农民工融入城市有非常重要的影响。社会交往也有助于城市居民了解农民工的文化背景,合理认识农民工的行为习惯,并与农民工形成情感交流,更好地接纳农民工。社会交往的双方,农民工和城市人更多的互动,可以帮助农民工更好地融入城市。

3. "社会信任"影响农民工融入城市能力生成路径

李汉林(2003)的观点认为农民工以信任为纽带建立了自己的社会关系网,这个网络关系或系统,虽然是无形的、虚拟的,但是却支撑起了自己社会资源渠道,是一种强关系网。农民工与城市居民在相互交往中,逐渐了解,彼此理解,逐渐产生情感交流,最后能建立起一定程度的社会信任,对农民工与城市居民的融合,农民工融入城市有很大帮助。农民工在构建自身社会关系时,主动与城市人增加交往,拓展自己的社会网络关系和支持系统,可以促进农民工融入城市。农民工在社会交往中,更加了解城市人,也会缓减自身的敏感心态、对峙心态、自卑心态,更好地和城市人交往,增加对城市人的信任,提升自己的信心,加快融入城市的步伐。[1] 刘传江、周玲(2004)的观点,农民工缺乏社会网络资本与其社会交往度低,处于边缘地位密切相关。[2] 任远、陶力(2012)分析认为,农民工通过积极的社会参与,包括参与社区活动,参加社会组织,主动加深与城市居民的社会交往,不断增强在社会关系中的信任,通过这种方法不断地积累在当地的社会资源,将有助于农民工更好的与城市融合。[3] 农民工初始的社会网是出身环境赋予的,而城市积累的社会资本是可以通过自己努力重新建立和获得的。研究影响农民工城市社会参与、信任及交往,进而影响到城市本地化社会资本的建立的因素,具体有农民工的自身特点、流动时间、居住情况、户籍因素、职业状况及原生态社会网络等。农民工通过中介等市场化方式建立社会关系,更有利于积累城市本地社会资本,对融入城市更有利。

(三)社会资本"分化效应"影响农民工融入城市能力生成

1. 社会资本产生"收入差距"分化效应

武岩、胡必亮(2014)的观点认为农民工收入差异会受到社会资本的影响,其影响的方式为:(1)在社会资本的作用下,农民工经推荐求得待遇水平不错的工作,这反映了社会资本的两种效应,一种是信息效应,另一种是生产率效应。(2)社会资本的两个特性对农民工工资收入有影响,一个特性是社会资本的达高性,即社会资本能探到的高度;另一个特征是社会资本的层次性。这两个特征对农民工的流动性有很大影响。农民工占有的社会资本数量越多,资本的质量层次越好,就越可能流向中心地区就业,获得的收入也越高。(3)农民工的选择还受到社会资本的另一特性影响,即积累性投资。农民工对工具性社会资本的投资使得其选择进入垄断性行业的可能性更大,或者是

---

[1] 李汉林:《关系强度与虚拟社区——农民工研究的一种视角》,社会科学出版社 2003 年版。

[2] 刘传江、周玲:《社会资本与农民工的城市融合》,《人口研究》2004 年第 5 期。

[3] 任远、陶力:《本地化的社会资本与促进流动人口的社会融合》,《人口研究》2012 年第 5 期。

进入体制内行业的可能性更大,也更可能获得更多的信贷,最终在与社会资本差的农民工的竞争中,获得更好的职业岗位,获取更高的收入。① 程诚、边燕杰(2014)分析了社会网络资本对收入的作用在农民工和城市工人之间的区别,以及如何产生的影响。他们采用了一种分解方法(Brown),对不同的人群在职业上的不同分布情况和在职业内部出现的收入差别进行了分析。在考察农民工与城市职工收入差异的因素时,重点关注了户籍差异背后的更多社会资本网络关系的差异,并发现社会资本对劳动者就业和获取更高的收入有重大影响。② 据相关研究显示,户籍阻隔带来的农民工城市本地社会资本薄弱,且难以拓展是造成农民工就业机会不足,收入差别大的重要的因素,其影响力仅仅比人力资本的影响力低一点。王春超、何意銮(2014)的研究,不仅从农民工总体收入上关注了社会资本的影响,更多地关注了农民工群体内部社会资本差异带来的影响和差异。③ 文章遵循了社会资本的"整合型"和"跨越型"划分,并构造了相关指标,最终得出了"整合型"社会资本影响收入不明显,"跨越型"社会术资本影响收入很明显的结论。教育和收入水平的关系是成正比的。文章还使用了科学的分解方法研究了农民工在社会资源方面的两种差异。研究得出的结论是,禀赋性差异对农民工工资的作用不是很大,而回报性差异在影响农民工工资收入方面的作用却很大。"整合型"社会资本对收入水平的增加不利,但不太会拉大收入的差距,"跨越型"社会资本作用恰恰相反。另外,情感性社会资本对农民工收入差距的影响不如工具性社会资本明显。由于工具性社会资本在分布上不均,导致在不同地区发挥的作用也不同。赵剑治、陆铭(2010)将社会网络关系构造成"亲友数"和"人情支出比"变量,并得出"亲友数"比"人情支出比"在收入差距方面的贡献大,原因是亲

---

① 武岩、胡必亮:《社会资本与中国农民工收入差距》,《中国人口科学》2014 年第 6 期。

② 程诚、边燕杰:《社会资本与不平等的再生产——以农民工与城市职工的收入差距为例》,《社会》2014 年第 4 期。

③ 王春超、何意銮:《社会资本与农民工群体的收入分化》,《经济社会体制比较》2014 年第 4 期。

友关系网的不均匀分布。从地区划分及市场化程度的角度观察,"人情支出比"的影响东部地区大于中西部地区。受市场化程度的影响,东部地区农民工收入差距的"人情支出比"因素大,中西部地区收入差距的"亲友数"因素大,中西部地区收入差距的社会资本不平等因素大。[①]

2. 社会资本的溢出和"减贫效应"

农民工难以融入城市,其原因有资本回报不足的一面,但是同时也有另一面,即禀赋欠缺。格罗特(Grootaert,1999)基于印度尼西亚的数据做了研究,研究显示,在减少贫困方面社会资本有很重要的作用。研究采用了分位数回归法。研究的结果显示,社会资本回报率和收入水平成反比,即越穷的人,资本回报率越高,随着人越来越富有,社会资本回报率反而呈下降趋势。研究中数据显示,最低收入群体的回报率比最高收入群体高了 20%。[②] 张爽等(2007)的观点,社会资本是一种类似于公共物品的资源,有一定的外部性,因此可以起到减贫作用。研究社会资本的减贫效应时,要考虑总体的资本回报问题,还需要考虑群体内部的资源禀赋差异。张爽等(2007)的观点,研究社会资本的减贫效应,考量市场化对社会资本的影响,即市场力量对社会资本这种非市场力量的影响机制在于社会分层及其持续或者是衰退[③]。根据权利持续理论以及精英循环理论等相关理论分析,社会资本受到市场化推进过程的影响非常大的,而且是正向影响,而且这种对社会资本的市场化影响将带来非常高的回报。而市场化进程会推动关系型社会资源向市场型社会资源转变,以家庭和社区为主的关系型社会资源的作用会减弱。研究以社会网络关系和信任指标为切入点展开,分别研究社会资本在家庭方面和社会方面的影响。

---

① 赵剑治、陆铭:《关系对农村收入差距的贡献及其地区差异——一项基于回归的分解分析》,《经济学(季刊)》2010 年第 1 期。

② C.Grootaert, "Social Capital Household Welfare and Poverty in Indonesia", *Washington*, *DC*: *World Bank*, *Local Level Institutions Working Paper*, No.6(1999).

③ 张爽等:《社会资本的作用随市场化进程减弱还是加强?——来自中国农村贫困的实证研究》,《经济学(季刊)》2007 年第 2 期。

一方面,设计了个人社会关系网指标,包括政府部门、教学系统、医疗系统的总的人数,并进行研究,结果显示家庭社会关系并没有明显的作用于减贫;另一方面,设计了信任度指标,包括个人对政府部门、法律部门和教育系统的信任程度,然后进行研究,结果发现,社会层面上的资本在减贫方面的影响是明显的。而且随着市场化推进,家庭社会关系的作用还在弱化,而社会资本的影响不会减弱,表现出很高的外部性以及公共性。总体而言,社会资本作为一种非市场化力量,在减贫方面的影响是下降的。

(四)社会资本通过"市场化机制"转型影响农民工融入城市能力生成路径

中国的市场化程度越来越高,在这个过程中影响农民工职业获取和收入提升,进而影响农民工城市融入的社会资本发挥的作用一定会发生变化,具体发生什么样的变化,值得研究。

总体而言,社会资本发挥作用的大小与社会资本与市场的关系有关,社会资本与市场的关系分为"嵌入"的方式和补充的方式。社会资本嵌入市场中,则会因市场化的推进而发挥更大的作用,社会资本的作用空间会更大,体现为收入的回报也会更大。社会资本用于弥补市场的不足和平衡市场,则产生的作用会变小,体现为收入的回报也会减少。张文宏、张莉(2012)研究并测度了市场化程度,分别以时间排序、部门排序和市场化指数城市排序为视角进行了测量。① 研究发现,在市场化和动员社会资本频率的相互作用中,从 1978 年到 2009 年间的时间排序来看,市场化推进过程对社会资本的利用有推动作用;按照垄断行业,国有企业以及非国有企业进行的部门排序也表明市场化很好的推动了社会资本发挥作用,但是,按照城市进行的排序却表明市场化推进过程使得社会资本的作用减小了。

---

① 张文宏、张莉:《劳动力市场中的社会资本与市场化》,《社会学研究》2012 年第 5 期。

　　社会资本对收入的回报要大于人力资本的回报,同时也大于政治资本的回报。在市场化变量逐渐增多的情况下,时间排序和部门排序的市场化提升,对社会资本在回报率上的作用是极大弱化,城市排序却显示了相反的结果。对于市场化来讲,社会资本是内生的,还是外生的,要看如何识别市场化水平的测度指标,这却并不影响一个统一的规律:在市场化过程中,对社会资本使用的越多,其产生的回报越低,社会资本也具有资本的稀缺性特征,市场化提升了社会资本的"地位",但社会资本的作用却在减弱。章元等(2012)重点强调了劳动力市场,认为劳动力市场与社会网络关系和市场化都有很大的关系。[①] 整体上看,我国的农民工群体处于次一级的劳动力市场之中,市场力量强于社会网络关系,市场在劳动力资源配置中占主导,强于关系资源。不过,在市场化程度不高的环境中,农民工关系资源会发挥很大的作用。农民工社会资本与融入城市能力生成机理如图7-1所示。

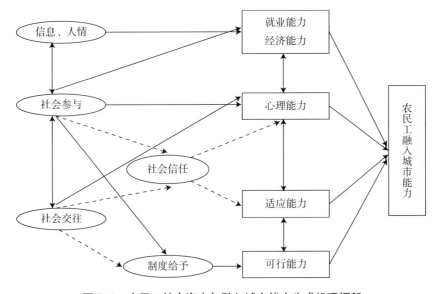

图7-1　农民工社会资本与融入城市能力生成机理框架

---

　　①　章元:《异质的社会网络与民工工资:来自中国的证据》,《南方经济》2012年第2期。

第 八 章

城市资本积累与农民工融入
城市能力因果效应分析

农民工融入城市会经历一个复杂的过程,首先,我们采用多元回归分析对其经济融入、结构融入、社会适应和身份认同进行统计分析;其次,着重关注农民工的城市资本对其融入城市能力的具体影响,并对具体影响因素展开实证剖析;最后,采用倾向匹配得分法分析城市资本积累与农民工融入城市能力的因果效应。

第一节　城市资本积累影响农民工融入
城市分维度的实证分析

一、融入城市分维度相互作用的相关解释

农民工的经济融入是其融入城市的前提,就业稳定则成为他们首先需要解决的问题。农民工的经济融入主要包括两种,一种是完全经济融入,另外一种是不完全经济融入。前者是指农民工获得与城市居民相同的就业机会,处于同一阶层,同工同酬,且在社会保障与公共服务方面均与当地城市居民同等水平。最重要的是,不同代际的农民工可以实现职业的自由流动,其社会经济

地位可通过自身努力稳步提高;后者是指农民工仅获得部分同等职业待遇,他们被区隔在城市社会之外,这与农民工所在的城市管理政策有着密切关系。不可否认的是,与城市居民相比,农民工的人力资本显著不足,这导致其职业阶层较低,工作缺乏稳定性,最终很难融入城市。除人力资本匮乏外,在城市人力资本积累机制的匮乏、缺乏职业流动计划、职业福利的广泛缺失都造成农民工很难融入城市。

农民工经济融入影响其结构融入的作用机制是:较好的收入状况与职业阶层是农民工社会交往的前提,只有如此,农民工才有可能向中产阶级迈进。经济状况的好转农民工摆脱城市边缘化的地位,进而提升其购房意愿与能力,最终推进其社交圈不断扩大。所以,经济融入能帮助农民工更好地适应城市生活,并在身份认同中获得归属感。结构融入始于经济融入之后,它与社会适应相互交融,而社会适应是结构融入的结果,相比较于结构融入,社会适应的过程更为漫长。从经济融入逐步到社会适应再到身份认同,身份认同是上述因素共同作用的结果,但身份认同的实现过程较为漫长。

王毅杰(2005)等学者的研究表明,农民工是从"农村居民"到"城市居民"的"过渡群体"[①],农民工的身份认同与自我感知有着密切关系。一般而言,族群认同会导致社会的结构性对抗。一旦社会结构性对抗消失,族群同化就会变化。凯斯(Keyes,1981)认为两个群体差异的减少与群体重构会产生"群体同化"[②],因此,族群认同具有不稳定性。考虑到我国农民工几十年在城乡间的不断往返,其身份变迁和社会认同都发生了很大转变,族群从对立到融合的相关理论有可能对其具有重要解释力。

---

① 王毅杰、倪云鸽:《流动农民社会认同现状探析》,《苏州大学学报》2005 年第 2 期。

② C.F.Keyes, *The Dialectics of Ethnic Change in Ethnic Change*, University of Washington Press, 1981, p.30.

二、研究假设与变量设定

(一)研究假设

基于上述理论基础,我们提出以下假设:农民工融入城市的过程属于一个动态过程,各维度间交融并相互递进。经济融入其他融入的必要条件,结构融入侧重于社会交往,社会适应则强调心理观念,结构融入与社会适应相互交融,社会适应是经济与结构融入的共同结果,社会适应同样作用于前者。身份认同是经济融入、社会适应与结构融入共同作用的结果,属于最高层次的社会融入。

(二)变量设定

以制度、社会资本与人力资本归因理论为基础,以资本影响城市融入机理为前提,我们将农民工融入城市的影响因素分为个体和群休两个层面。个体层面包括社会因素、经济因素与心理因素;而群体层面指保障待遇及社会福利等制度因素。具体而言,因变量是农民工融入城市分维度,主要包括结构融入、经济融入、身份认同与社会适应,通过因子分析测度各融入维度的综合因子得分值。核心变量是农民工在城市的资本积累,这个主要由社会与人力资本构成。人力资本按受教育水平分类,即"5=大专及以上,4=中专或技校,3=高中,2=初中,1=小学或以下"。设为定序变量,而技能等级按"4=高级技师,3=高级技工,2=中级技工,1=初级技工,0=没有技能"同样设为定序变量。

此外,社会资本变量拟使用定位法测量社会网络的网距、网顶与规模的综合因子得分。控制变量包括个人特征与社会特征。正规就业及非正规就业属于社会因素,务工年数是连续变量,迁移距离设定为"2=跨省迁移,1=省内迁移,0=市县内迁移"的定序变量,正规就业及非正规就业遵循 ILO[①] 的相关定义。非正规就业的识别参照吴要武、蔡昉（2006）[②]与薛进军、高文书（2012）[③]等学者的前期研究，结合农民工自身特征，我们从社会保险待遇、单位性质、劳动合同签订、职业类型四个方面，将农民工非正规就业定义为个体工商户、自谋职业和从事非正规工作的受雇人员。个人特征因素包括性别、年龄、行业、婚姻。其中，性别（0＝女，1＝男），婚姻（0＝未婚，1＝已婚/再婚），行业设定为"以其他行业"为参照的 5 个二分变量，包括建筑业、零散工、居民服务业、餐饮业与制造业。此外，代际差异以王春光定义为标准，即将 1980 年之后出生的农民工归类为新生代农民工，同样，1980 年之前出生的为传统农民工。

三、城市资本积累对农民工融入各分维度影响的实证分析

对于农民工融入城市不同维度间的相互作用分析，我们认为它们相互影响。不同维度间的相互交融可通过其相关分析来证明。农民工融入城市的各维度间存在显著的相关性，经济融入与身份认同、社会适应、结构融入的相关系数分为 0.27、0.35、0.26，结构融入与身份认同、社会适应的相关系数分为 0.36、0.31，社会适应与身份认同的相关系数是 0.33，如表 8-1 所示。

表 8-1　农民工社会能力与社会融合的相关分析

变量	经济融入	结构融入	社会适应	身份认同
经济融入	1			
结构融入	0.2649***	1		

---

① ILO,"Employment,Incomes and Equlity:A Strategy for Increasing Productive Employment in Kenya",International Labor Conference,Geneva,1972.国际劳动组织:《就业、收入和平等:肯尼亚提高生产型就业的战略》,日内瓦国际劳工大会,1972。

② 吴要武、蔡昉:《中国城镇非正规就业:规模与特征》,《中国劳动经济学》2006 年第 2 期。

③ 薛进军、高文书:《中国城镇非正规就业:规模、特征和收入差距》,《经济社会体制比较》2012 年第 6 期。

变量	经济融入	结构融入	社会适应	身份认同
社会适应	0.3475***	0.3105***	1	
身份认同	0.2729***	0.3586***	0.3303***	1

注：***表示 P<0.01，**表示 P<0.05，*表示 P<0.1。

农民工融入城市会经历一个漫长的过程，先后会经过经济融入、结构融入、社会适应和身份认同几个阶段。我们采用多元回归分析，首先，考量个人特征、社会因素、城市资本对融入城市的具体影响；其次，在控制婚姻、性别及行业等变量后，我们依次将经济融入、结构融入与社会适应放入到模型当中，分步探寻经济融入对结构融入的影响；再次，我们去研究结构融入、经济融入对社会适应的影响；最后，我们去分析经济融入、社会适应、结构融入对身份认同的影响。相关实证分析的具体结果如表8-2所示。

表8-2　农民工资本积累对各融入维度的回归分析

变量	经济融入		结构融入		社会适应		身份认同	
	模型1	模型2	模型3	模型4	模型5	模型6	模型7	模型8
新生代	0.052 (1.24)	0.043 (1.05)	-0.028 (-0.77)	-0.033 (-0.92)	0.028 (0.66)	0.027 (0.66)	0.072 (1.31)	0.077 (1.37)
性别	0.171*** (4.68)	0.111*** (2.99)	-0.026 (-0.80)	-0.039 (-1.21)	0.028 (0.72)	0.015 (0.41)	-0.102* (-2.02)	-0.113** (-2.38)
婚姻	0.086 (1.94)	0.088** (2.06)	0.193*** (5.07)	0.182** (4.83)	0.058 (1.30)	0.001 (0.02)	-0.172* (-2.96)	-0.268*** (-4.84)
教育	0.098*** (5.13)	0.096*** (5.17)	0.037** (2.23)	0.025 (1.53)	0.075*** (3.90)	0.052** (2.72)	0.152** (6.00)	0.111*** (4.56)
社会资本	0.127*** (7.20)	0.119*** (7.03)	0.133*** (8.77)	0.119** (7.71)	0.059** (3.37)	0.009 (0.55)	0.123** (7.04)	0.084*** (3.69)
技能等级	0.311*** (13.10)	0.272*** (11.79)	0.032 (1.58)	0.001 (0.01)	0.089*** (3.70)	0.037 (1.48)	0.076** (2.44)	0.009 (0.30)
正规就业	0.332*** (6.26)	0.290*** (5.65)	0.101** (2.18)	0.065 (1.42)	0.141*** (2.62)	0.069 (1.32)	0.129* (1.85)	0.024 (0.36)

续表

变量	经济融入		结构融入		社会适应		身份认同	
	模型1	模型2	模型3	模型4	模型5	模型6	模型7	模型8
务工年数	0.144*** (8.49)	0.134*** (8.16)	0.051*** (3.47)	0.035** (2.33)	0.018 (1.08)	−0.016 (−0.91)	0.042** (1.86)	−0.001 (−0.01)
迁移距离	0.084*** (3.99)	0.068*** (3.31)	−0.041** (−2.21)	−0.048* (−2.66)	0.004 (0.17)	0.002 (0.09)	−0.086* (−3.11)	−0.081*** (−3.08)
零散工	——	−0.307*** (−4.52)	−0.164*** (−2.70)	−0.127* (−2.10)	−0.333*** (−4.71)	−0.245** (−3.55)	−0.169* (−1.84)	−0.001 (−0.01)
建筑业	——	−0.094 (−1.45)	−0.388*** (−6.69)	−0.377** (−6.55)	−0.401** (−5.92)	0.297** (−4.45)	−0.197* (−2.23)	0.041 (0.47)
餐饮业	——	−0.333*** (−5.47)	−0.066 (−1.22)	−0.027 (−0.49)	−0.226*** (−3.56)	−0.157** (−2.52)	−0.092 (−1.11)	0.022 (0.27)
居民服务业	——	−0.358*** (−5.31)	−0.062 (−1.03)	−0.019 (−0.32)	−0.287*** (−4.09)	0.214** (−3.11)	−0.017 (−0.19)	0.111 (1.27)
制造业	——	0.064 (1.01)	−0.147*** (−2.61)	−0.154** (−2.77)	−0.249*** (−3.81)	0.227*** (−3.57)	−0.252* (−2.94)	−0.157* (−1.93)
经济融入	——	——	0.119** (4.25)	——	0.165*** (5.14)	——	0.138*** (3.35)	
结构融入	——	——	——	——	0.227*** (6.29)	——	0.379*** (8.13)	
社会适应	——	——	——	——	——	——	0.1992*** (4.78)	
常数项	−1.437*** (−14.71)	−1.122*** (−10.41)	−0.242** (−2.52)	−0.109* (−1.09)	−0.178 (−1.58)	0.063 (0.55)	−0.256 (−1.75)	0.026 (0.18)
样本量	1012	1012	1012	1012	1011	1011	1011	1011
Adj-R^2	0.4910	0.5334	0.2251	0.2381	0.1541	0.2114	0.2043	0.2992

注:***表示 $P<0.01$,**表示 $P<0.05$,*表示 $P<0.1$。

在控制了婚姻、性别及行业等控制变量后,我们逐步研究城市资本、社会因素及个人特征对农民工融入城市各维度的具体影响,最终构建模型1、模型3、模型5与模型7。对于实证研究结构展开具体分析,我们可以得出以下结论:

农民工的人力资本对其融入城市有显著正向作用。具体来讲,人力资本对农民工的结构融入影响最小,人力资本对农民工的身份认同影响最大。此外,农民工的受教育程度对其城市居民身份认同的正向影响非常显著。一般而言,农民工的受教育程度越高,越会倾向早日离开农村,更渴望早日成为真正的城市居民。农民工的学历程度越高,其工作更加稳定,进而职业层级越高,越容易在经济层面融入城市,进而与更多的城市阶层接触,从而起城市社会适应度大幅增加。但需要指出的是,农民工的受教育程度越高,其价值观越独立,经济能力越强,自尊心越强,这些导致他们会减少与城市居民的交往频率,最终弱化其结构融入。

农民工的社会资本对其融入城市有显著正向作用。具体来讲,社会资本对农民工结构融入的影响最大,而对农民工社会适应的影响最小。农民工在进入城市务工后,一般而言,他们积累社会资本遵循着以下路径:对于原始社会网络展开比较,然后选择性投资,他们尝试在获取就业渠道、搜寻就业信息与提高就业概率等方面发挥作用。另外,他们会在居住区位的邻里之间和工作同事间建立新型社会关系。农民工与城市居民交往逐步融入城市社会的同时,也更容易获取所在城市的社会资源。

农民工的技能等级对其社会适应、经济融入与身份认同等方面存在着显著作用,但技能等级对农民工结构融入的作用并不显著。具体来讲,农民工的技能等级对其经济融入的影响最为显著。不可否认,农民工的技能等级增强了其工作能力,进一步提高了收入,伴随着工作的稳定,农民工的经济融入大幅改善。此外,农民工的技能等级提升其对身份认同和社会适应均有着显著的正向影响。但由于技能等级较高的农民工多集中于制造业,受此影响,其社交圈子较为狭窄,最终限制了他们的城市结构融入度。

是否正规就业对农民工融入城市的影响较大。具体来讲,正规就业对农民工在城市经济融入的影响程度最大,而对他们在城市结构融入的影响程度最小。农民工如果在城市可以获得一份正规工作,一般可以保证收入水平比较稳定,在促进城市经济融入的同时,他们不再像过去那样依赖农村资源,对农村居民的认知在降低,从而渴望能融入城市,成为一名真正的城市居民,这些最终都大大促进其城市的社会适应。

农民工的外出务工年数越久,他们对城市的融入程度和城市居民的身份认同愈发明显,但对社会适应的影响并不显著。一般而言,外出务工时间越长,农民工在城市积累的社会资源越多,而且农民工的工作能力和社会经验会更丰富,所以其收入会稳步提升,最终对他们的经济融入产生显著影响;需要指出的是,伴随着劳动技能的稳步提高以及务工时间的增加,农民工对城市生活的认知在不断增强,最终都对他们的身份认同和结构融入产生积极影响。此外,农民工的不同个人特征对其融入城市的影响存在较大差异。男性农民工的经济融入程度高于女性,但男性的身份认同程度比女性农民工要低。最后,农民工是否婚姻对其城市融入影响较大,但对身份认同的影响为负。

需要指出的是,新生代农民工融入城市方面与传统农民工并无根本差异。事实上,当前农民工就业多集中在城市的低端行业,新生代农民工的就业不稳定依然显著,其城市生存能力虽然强于传统农民工,但依然存弱。同时,农民工在城市社会保障的匮乏使其很难真正融入城市社会。在新生代农民工的城市融入研究方面,以王春光和黄斌欢为代表,前者用"彷徨"描述新生代农民工的未来归属,后者则用"双重脱嵌"来描述其社会归属。

为进一步分析农民工融入城市各个维度间的相互关系,在控制婚姻、性别及行业等变量后,我们分别将经济融入、结构融入与社会适应放入到各分维度模型当中。不难发现,经济融入比结构融入的正向作用要显著,而且前两者均对农民工的社会适应有产生显著的正向影响,同时前三者对农民工的身份认同存在着显著影响。经过上述实证分析,我们可将农民工融入城市的路径总结为:经济融入是前提和基础,结构融入促进其社会适应,社会适应反作用于结构融入,身份认同属于农民工城市融入的最终阶段。

第二节　城市资本积累影响农民工
融入城市能力的实证分析

一、模型设定

我们尝试研究人力资本、社会资本对农民工城市融入的影响,特构建以下模型:

$$ability_{is} = c + \beta_{1is}\, new_s + \beta_{2is}\, edu_{is} + \beta_{3is}\, social_{is} + \beta_{4is}\, year_{is} + \beta_{5is}\, dis_{is} + \alpha_{is}$$
$$x_{is} + \xi_{is} \tag{8-1}$$

其中,因变量是 $ability_{is}$,表示第 i 种能力维度下第 s 个农民工能力水平,核心解释变量是城市资本积累水平,分为 edu_{is} 表示第 i 种能力下第 s 个农民工人力资本,以小学为参照; $social_{is}$ 代表第 i 种能力下第 s 个农民工社会资本。控制变量包括:一是 new_{is},新生代农民工的虚拟变量,对比组为传统农民工。二是 $year_{is}$,代表第 i 种能力下第 s 个农民工外出务工年份。三是 dis_{is},代表第 i 种能力下第 s 个农民工流动距离。四是 x_{is},代表个人特征变量,包括婚姻和性别及对行业的控制,性别使用男性虚拟变量表示;婚姻则用虚拟变量表示,参照组为未婚;行业分为建筑业、零散工、居民服务业、餐饮业、制造业; C 为截距项, S_{is} 为残差。本研究使用多元回归分析方法对农民工的不同能力状况展开比较分析。

二、城市社会资本积累影响融入城市能力的实证分析

根据上述模型,对融入城市的影响因素展开研究,尤其关注农民工的城市资本对其融入城市能力的具体影响,相关实证分析结果如表 8-3 所示。

表8-3　农民工融入城市能力影响因素回归分析

变量	就业能力	经济能力	适应能力	心理文化能力	可行能力	融入能力
新生代	0.0115 (1.05)	0.0173 (1.31)	−0.0061 (−0.53)	0.0483*** (2.91)	−0.0111 (−1.09)	0.0078 (1.17)
性别	0.0081 (0.86)	0.0188 (1.63)	0.0031 (0.31)	−0.0451*** (−3.13)	−0.0065 (−0.74)	−0.0054 (−0.93)
婚姻	−0.0142 (−1.35)	0.0352** (2.76)	0.0563*** (5.12)	0.02542 (1.59)	0.0006 (0.07)	0.0153*** (2.39)
教育(参小学)						
初中	0.0031 (0.23)	−0.0317* (−1.93)	0.0097 (0.69)	0.0534*** (2.59)	0.0368*** (2.90)	0.0202** (2.44)
高中	0.0174 (1.07)	−0.0137 (−0.69)	0.0353** (2.08)	0.0617** (2.49)	0.0635*** (4.17)	0.0400*** (4.03)
中专技校	0.0950*** (5.47)	−0.0008 (0.04)	0.0533*** (2.95)	0.1218*** (4.63)	0.0949*** (5.86)	0.0824*** (7.82)
大专及以上	0.1442** (6.21)	0.0292*** (1.04)	0.0886*** (3.67)	0.2246*** (6.39)	0.1514*** (7.00)	0.1385*** (7.82)
社会资本	0.2062*** (4.51)	0.0229*** (4.16)	0.0657*** (13.79)	0.0393*** (5.68)	0.0317*** (7.43)	0.0360*** (12.94)
外出务工年数	0.0066 (1.62)	0.0406*** (8.23)	0.0248*** (5.83)	0.0174*** (2.82)	0.0121*** (3.17)	0.0170*** (6.87)
迁移距离	−0.0599*** (−10.28)	−0.0114* (1.74)	−0.0111** (−1.96)	−0.01342 (−1.63)	0.0012 (0.25)	−0.0152*** (−4.62)
行业(参其他)						
零散工	−0.0120 (−0.78)	−0.0480*** (−2.39)	−0.039** (2.27)	−0.0025 (−0.10)	−0.0254 (−1.64)	−0.0236*** (−2.35)
建筑业	0.0140 (0.85)	0.0182* (1.90)	−0.065*** (−3.74)	0.0019 (0.08)	−0.0271* (−1.74)	−0.0191** (−1.88)

续表

变量	就业能力	经济能力	适应能力	心理文化能力	可行能力	融入能力
餐饮业	−0.009 (−0.55)	−0.0167 (−0.83)	−0.0041* (−0.24)	0.0365 (1.45)	0.0063 (0.41)	0.0036 (0.37)
居民服务业	0.0001 (0.01)	0.0269 (1.15)	0.00174 (0.09)	0.0581** (1.97)	0.0135 (0.74)	0.0178 (1.47)
制造业	0.01178 (0.76)	0.033* (1.78)	−0.0348** (−2.16)	0.0342 (1.45)	0.0519 (3.59)	0.0222*** (2.36)
常数项	0.3515*** (14.20)	0.4254*** (14.30)	0.3052*** (11.89)	0.2948*** (7.90)	0.1260*** (5.48)	0.2691 (17.97)
Adj-R^2	0.2281	0.1885	0.3049	0.1424	0.2263	0.4054

注:***表示 $P<0.01$,**表示 $P<0.05$,*表示 $P<0.1$。

(1)在农民工城市融入的代际差异方面。两代农民工融入城市的总体水平并未出现显著不同,新生代农民工的留城意愿显著高于传统农民工。

(2)人力资本对农民工城市融入能力的具体影响。农民工的人力资本对其融入城市有着积极影响。一般而言,教育程度的提升会导致农民工融入城市能力的上升。随着受教育程度的逐渐提升,农民工融入城市能力显著提高。此外,农民工人力资本对其城市社会适应能力有着积极影响,技能与知识对农民工融入城市的影响越来越大。

(3)外出务工年限对农民工城市融入能力的具体影响。实证分析结果表明,农民工的城市务工时间越长,他们越容易融入城市。具体而言,进城务工时间对农民工就业能力的影响并不突出,但对其社会适应能力有着显著影响。陈珣、徐舒(2014)等学者的研究表明,外出务工时间增加 1 年,农民工的人均工资会增长 1.4%。这表明如果增加农民工的城市务工时间,其收入的稳步增长有助于推进我国城市化进程。[1]

---

[1] 陈珣、徐舒:《农民工与城镇职工的工资差距及动态同化》,《经济研究》2014 年第 10 期。

（4）跨省流动对农民工城市融入能力的具体影响。外出农民工的跨省流动距离越长，越不利于他们融入城市。具体而言，与省内进城务工的农民工相比，跨省流动的农民工的城市就业与城市社会适应能力均低于前者。当前研究中，朱农（2004）认为农民工进城务工存在"离土又离乡"和"离土不离乡"类型①，陆铭（2011）则指出，我国不同区域经济发展水平的显著差距导致农民工去东部地区城市务工的趋势显著②。但是，务工距离越远，农民工的城市生活成本越高，包括房租和交通费用都高于当地务工。因此，一般而言，跨省迁移农民工的城市融入能力会低于本地务工。

（5）不同行业对农民工城市融入能力的具体影响。整体而言，零散工与建筑业的农民工其城市融入能力低于其他行业，餐饮业与服务业并无显著差别，但制造业农民工的城市融入能力显著高于其他行业。具体来讲，零散工的城市社会适应能力系数偏低；建筑业农民工的经济能力较高，但由于长期生活在工地，其城市社会适应能力普遍偏低；餐饮业农民工的经济能力普遍低于其他行业，由于单位"管吃管住"，所以一般工作时间较长而且收入水平有限；服务业农民工的城市心理文化能力显著高于行业平均水平，这一群体对城市的认同感高于其他行业；制造业农民工的城市社会适应能力明显高于其他行业，由于经济能力较好，而且工作相对稳定，制造业农民工开始与城市职工交往，因而拥有更好的人力社会资本。

（6）个人变量对农民工城市融入能力的具体影响。从性别变量实证分析结果来看，在城市融入的个人心理文化方面，男性农民工低于女性。从婚姻变量实证分析结果来看，在适应城市生活和获取城市资源方面，已婚农民工要好于未婚农民工。

---

① 朱农：《离土还是离乡？——中国农村劳动力地域流动和职业流动的关系分析》，《世界经济文汇》2004 年第 1 期。

② 陆铭：《玻璃幕墙下的劳动力流动——制度约束、社会互动与滞后的城市化》，《南方经济》2011 年第 6 期。

第三节 城市资本积累与农民工融入
城市能力的因果效应分析

一、社会资本内生性分析与倾向匹配得分法介绍

(一)社会资本的内生性

根据以往的研究,社会资本可能的内生性使其在农民工融入城市的决定方程中,估计结果会因遗漏其他混淆变量的"污染"而出现偏差,导致社会资本系数估计值并不是社会资本与融入能力之间因果关系的"净效应"。如林南(2003)指出,拥有较高人力资本的个体越有可能扩大其社会范围,或尽量触及网络阶层位置较高的成员。[①] 因此,人力资本是农民工获取社会资本的前提与基础,而且融入城市的能力与农民工的社会资本互为因果。同时社会资本具有代际继承性,这导致农民工的社会资本具有选择性偏差。由于社会资本会是内生变量,使用最小二乘法来分析会存在偏误,因此本文采用倾向得分法来研究。

以麦克弗森(McPherson,2001)[②]和莫维(2003)[③]为代表分析同质性问题,提及莫维(2006)[④]对社会资本并非随机选择内生性问题的研究,对已有社会资本和社会网研究结论做出颠覆性质疑和新证,而林南(2005)的社会资源理论即"关系人高地位有利于求职结果"已成为"共识",莫维对社会资本内生性的研究引发"莫林之争",他提出"物以类聚、人以群分"社会互动的"趋同

---

① 林南、俞弘强:《社会网络与地位获得》,《马克思主义与现实》2003年第2期。

② Miller McPherson, et al., "Birds of a Feather: Homophily in Social Networks", *Annual Review of Sociology*, Vol.27, 2001, pp.415-444.

③ T.Mouw, "Social Capital and Finding a Job: Do Contacts Matter?", *American Sociological Review*, Vol.68, No.6(2003), pp.868-898.

④ Mouw, "Estimating the Causal Effect of Social Capital: A Review of Recent Research", *Annual Review of Sociology*, Vol.32, 2006, pp.79-102.

性",用以质疑社会资本对求职效果的因果效应,指出关系人与求职者同职的"同业信息流"会对关系人的作用被高估的偏误[1],总之,"莫林之争"代表着社会资本面临着永恒的内生性挑战。

但是,莫维对"趋同性"的操作与分析存在一定缺陷,一是表现为关系人与求职者的同质性是"人以类聚"趋同,他仅用"同业信息流"代表趋同存在信息碎片社会分工的结果而不是嵌入性资源拉动;二是社会互动性研究的相关计量模型并不恰当,"趋同性"必须在模型中识别,并且趋同性与社会关系人的交互项,均显著正向作用于农民工收入,这样才能证明"同业信息流"社会资本内生性问题。林南在后续研究采用了控制"同业信息流"的方法处理"趋同性"社会互动,但是,仅凭这一方法不能完全处理内生性的选择偏误。陈云松等(2014)通过前东德数据来分析关系人的"职业声望"对求职者的社会资本影响,其中,把社会资本使用量定义为"关系人"的职业声望,而求职效果包括被帮助者的职业声望、工资收入等。[2]

综上,从格兰诺维特的"弱连带价值"理论到林南的"嵌入性资源",再到边燕杰的"强连带意义"是"找关系"与收入正向相关,这三大经典理论,均关注"找关系"对求职结果的直接和间接效应。研究的回归结果说明:对非观测因素的自选择偏误处理后,他们发现"找关系"的偏系数值与 OLS 模型相比显著下降,它对职业声望的影响不再显著,两者间的关联性很小。通过研究转型时期的中国家庭收入调查数据(CHIPS 2002),如城镇居民的工资收入,拓展采用内生干预模型(ETE)和 FD 模型,发现在 OLS 回归中"找关系"的偏系数低于 FD 模型、ETE 模型,而"找关系"与城镇居民的负相关关系消失。

通过以上梳理不难发现:"找关系"本身无助于求职者获得更好工作。

---

[1] 林南:《社会资本——关于社会结构与行动的理论》,上海人民出版社 2005 年版,第78 页。

[2] 陈云松等:《"关系人"没用吗? ——社会资本求职效应的论战与新证》,《社会学研究》2014 年第 3 期。

"关系"劳动力市场的求职效应,会随求职者的不同地位、不同职业阶层、不同能力产生区隔和差异。与莫维强调社会交往的同质性是以个人偏好选择不同,谢宇认为,社会交往的同质性更受个人所嵌入的社会结构化约束。梁玉成(2010)从社会资本的同质性出发,从同质性的实质和来源展开分析,提出相反的竞争性理论解释,并实证检验了有关假设①。对穆尔提出的同质性是否属于行动者偏好,第一,同质性偏好意味着行动者在具有自主性选择情况下,会倾向于建立同质性网络;第二,穆尔未区分同质性交往的行动目的,到底是出于工具性目的还是情感性目的,为了达到交往目的,边燕杰结合博特与科尔曼的网络密度规范,指出建构有目的性的网络属于低密度异质性,同时穆尔认为,有目的行动建构网络也比较符合同质性交往原则。

在对中国关系交往的现实研究中,"借贷网"等网络成员的自我选择同质性倾向非常显著,这与我们上述的行动者倾向于构建异质性网络关系的过程并不符合,原因何在? 根据林南的社会互动基于情感性目的,行动者会选择同质、异质性互动等不同行动。行动者倾向于获得社会网络中的异质性资源,使其转变为个人资源,需要维持网络运作,这就是社会网络的交易费用;此外,行动者会维持社会网络中的同质性关系,付出更多时间和情感成本,所以,异质性网络的关系成本支出会高于同质性网络,而且异质性网络的存货周期比同质性网络短,这些都使异质性网络难以保留,最终留下同质性网络。

(二)倾向匹配得分法介绍

倾向值(Propensity Score,PS)由罗森鲍姆和鲁宾在 1983 年的《倾向值对于观察研究因果效应的中心作用》②论文中首次提出,由于在社会学领域基于

---

① 梁玉成:《社会资本和社会网无用吗?》,《社会学研究》2010 年第 5 期。

② Rosenbaum Paul R., Rubin Donald B., "Reducing Bias in Observational Studies Using Sub-classification on the Propensity Score", *Journal of the American Statistical Association*, Vol.79, No.387 (1984), pp.516–524.

实验设计的"实验性研究"不同于基于大规模问卷调查资料的"观察性",所以在实验性研究中混淆变量的选择性偏差可通过随机化方法去克服,但是,在观察性研究中对研究个体进行人为控制而实现随机化是不可实现的。所以,基于调查资料很难证明二者间的因果关系,原因在于受到混淆变量的影响,即"选择性偏差"(selection bias)。倾向值是指被研究个体在可观测混淆变量条件下受某自变量影响的条件概率,罗森鲍姆和鲁宾通过倾向值匹配方式来控制选择性误差,意图通过倾向值控制选择性偏差来保证自变量与因变量间因果关系的可靠性。

倾向得分匹配法(Propensity Score Macthing,PSM)是根据"处理指示变量"将样本分为控制组(untreatment group)和处理组(treatment group),基于农民工社会资本对融入城市能力影响的积累效应估计,分析高社会资本组拥有高社会资本与低社会资本在融入城市能力上的差异,但现实可以观测到处理组拥有高社会资本,假如其拥有低社会资本融入能力是不可观测的,这种状态会成为反事实,样本匹配法就是专门用于不可能观测到事实的方法。基本程序是将控制组和处理组通过一定方法进行匹配后,在其他混淆变量完全相同的情况下,通过拥有低社会资本组和高社会资本组在融入城市能力上的差异,来判断融入能力与社会资本间的因果关系。需要补充的是,在进行倾向匹配得分前,需要对数据进行"平衡性检验",平衡性检验的结果如表8-4所示。

表 8-4　数据平衡性的相关检验结果

变量	全部样本均值		P 值	近邻匹配均值		P 值
	高社会资本	低社会资本		高社会资本	低社会资本	
年龄	2.766	2.927	0.089*	2.779	2.779	1.000
性别	0.676	0.536	0.000***	0.669	0.678	0.785
婚姻	0.734	0.766	0.000***	0.728	0.745	0.829
教育	2.932	2.262	0.000***	2.883	2.848	0.624
外出务工年数	3.853	3.706	0.124	3.818	4.017	0.019

续表

变量	全部样本均值		P 值	近邻匹配均值		P 值
	高社会资本	低社会资本		高社会资本	低社会资本	
迁移距离	1.065	1.093	0.578	1.058	1.127	0.193
零散工	0.162	0.206	0.075 *	0.166	0.161	0.835
建筑业	0.140	0.223	0.001 ***	0.144	0.166	0.362
餐饮业	0.118	0.269	0.000 ***	0.121	0.113	0.701
居民服务业	0.081	0.089	0.617	0.083	0.087	0.809
制造业	0.334	0.142	0.000 ***	0.325	0.314	0.707
样本量	991	966				
高社会资本	534	534				
低社会资本	457	445				
Ps R^2	1.140	0.006				
p>chi2	0.000	0.772				

注:*** 表示 P<0.01,** 表示 P<0.05,* 表示 P<0.1。

由于平衡性检验中的 P 值小于 0.05,这说明在 5% 的显著性水平下,相关变量存在样本偏差。在全部样本在未匹配前,除迁移距离、外出务工年数与居民服务业不存在显著性差异外,其余的混淆变量都存在显著差异,故有必要采用倾向得分匹配法来配对分析处理平均效应。在采用近邻匹配样法展开倾向得分匹配后,接着再进行"平衡性检验",会发现所有混淆变量都不存在显著差异,所以倾向得分法配对样本是"平衡"的,该分析通过了平衡性检验。

二、社会资本影响农民工融入城市能力内生性因果效应分析

我们使用倾向得分匹配法对"社会资本"的内生性展开处理,进而对能力积累效应的估计系数有偏展开修正,需用 PSM 估计值与 OLS 估计值进行比较,故首先采用普通最小二乘法展开估计。

（一）社会资本影响农民工融入城市能力的 OLS 实证分析

当把混淆变量作为控制变量纳入回归模型中得到无偏的因果关系与估计值是基于以下前提："高斯假设"要求解释变量需满足外生性,变量间不相关而且与误差项无关,一旦模型中某解释变量不能满足外生性,采用的最小二乘法估计结果就会有偏误。采用 OLS 回归控制协变量方差来平衡数据,把可能影响社会资本的变量作为控制变量纳入到模型中,建立如下方程:

$$ability_{is} = \alpha + \beta_{is}squality\ is + \sum_{j=1}^{J} \gamma_{jis}\ x_{jis} + \varepsilon_{is} \qquad (8-2)$$

其中,$ability_{is}$ 是因变量,表示第 i 种能维度下第 s 个农民工的融入城市能力水平,而核心解释变量是社会资本高低水平。以社会资本因子得分均值为界限,把均值以上的个体组成高社会资本水平处理组(赋值为 1),将均值以下的个体组成低社会资本水平控制组(赋值为 0),构造一个虚拟变量,即"是否拥有较高社会资本",β_{is} 是社会资本对农民工融入城市的积累效应;X_{jis} 是第 j 个影响农民工第 i 种融入城市能力的解释变量,γ_{jis} 是解释变量系数。与式(8-1)中的控制变量与解释变量选取相同,方程纳入新生代性别、代际变量、教育、婚姻、迁移距离、行业、外出务工年数等控制变量,回归结果如表 8-5 所示。

表 8-5　社会资本高低影响融入城市能力 OLS 回归分析

变量	就业能力	经济能力	适应能力	心理文化能力	可行能力	融入能力
社会资本质量	0.0213 *** （2.28）	0.0311 *** （2.78）	0.0919 *** （9.13）	0.0612 *** （4.34）	0.0691 *** （6.85）	0.0544 *** （9.31）
新生代	0.0018 （0.17）	0.0099 （0.75）	−0.0103 （−0.88）	0.0435 *** （2.65）	−0.0126 （−1.26）	0.0028 （0.41）
性别	0.0102 （1.06）	0.0186 （1.62）	0.0072 （0.69）	−0.0429 *** （−2.96）	0.0060 （−0.68）	−0.0037 （−0.61）
婚姻	−0.0129 （−1.20）	0.0357 *** （2.79）	0.0565 *** （4.90）	0.0275 （1.71）	0.0004 （0.04）	0.0159 ** （2.39）

续表

变量	就业能力	经济能力	适应能力	心理文化能力	可行能力	融入能力
教育	0.4909*** (8.97)	0.0129** (2.37)	0.0294*** (5.98)	0.0478*** (6.96)	0.0354*** (8.42)	0.0355*** (12.44)
外出务工年数	0.0059 (1.45)	0.0401*** (8.13)	0.0250*** (5.63)	0.0157** (2.54)	0.0114*** (2.99)	0.0164*** (6.37)
迁移距离	−0.0561*** (−10.21)	0.0111 (1.69)	−0.0129** (−2.17)	−0.0123 (−1.49)	0.0016 (0.31)	−0.0154*** (−4.49)
行业(参其他)						
零散工	−0.0199 (−1.19)	−0.0526*** (−2.63)	−0.0489*** (−2.73)	−0.0163 (−0.65)	−0.0315** (−1.98)	−0.0315*** (−3.02)
建筑业	0.0037 (0.22)	−0.0244 (−1.21)	−0.0778*** (−4.30)	−0.0130 (−0.51)	−0.0319** (−2.06)	−0.0285*** (−2.71)
餐饮业	−0.0194 (−1.16)	−0.0242 (−1.21)	−0.0124 (−0.69)	0.0251 (1.00)	0.0039 (0.26)	−0.0036 (−0.34)
居民服务业	−0.0105 (−0.54)	0.0171 (0.73)	−0.0172 (−0.82)	0.0396 (1.35)	0.0040 (0.22)	0.0043 (0.35)
制造业	0.0053 (0.34)	0.0269 (1.44)	−0.0497*** (−2.97)	0.0169 (0.72)	0.0417*** (2.91)	0.0111 (1.15)
常数项	0.2807*** (10.88)	0.3756*** (12.15)	0.2249*** (8.10)	0.2327*** (5.99)	0.0703*** (2.96)	0.2048*** (12.73)
样本量	991	991	991	991	991	991
Adj_R^2	0.2036	0.1755	0.2454	0.1261	0.2208	0.3534

注：***表示 P<0.01，**表示 P<0.05，*表示 P<0.1。

利用最小二乘法可以得到，"社会资本高低"变量的系数值在1%的显著水平下正向作用于农民工融入城市的经济能力、就业能力、心理文化能力、适应能力、融入城市能力与可行能力，系数值分为 0.0311、0.0213、0.0612、0.0919、0.0544、0.0691。在此，回归系数代表着社会资本"平均效果"，OLS 或许会高估社会资本对融入能力的影响，当这种干预不可忽略时，我们应该考虑控制选择性偏差与实现数据平衡之后，尝试使用估计干预效应的高级方法。

（二）社会资本影响农民工融入城市能力的 PSM 实证分析

倾向得分匹配在配对好的样本中可以控制混淆变量的影响,匹配样本社会资本的高低倾向值近似,两组个体融入城市的能力差异只能归因于社会资本的水平差异。

1.预测倾向值

本书研究核心解释变量"社会资本"对农民工的融入城市能力的影响,将社会资本的高低设定为二分变量,作为"处理指示变量",为对样本的混淆变量选择偏差进行控制,尝试利用 Logistic 模型,将混淆变量转化为接受处理的条件概率估计得到相应倾向得分①,根据倾向得分值得到每个样本拥有高社会资本的倾向分,在整体样本中为每个拥有高社会资本样本,匹配一个或几个相似的低社会资本样本作为其参照对象②,得到拥有低社会资本与高社会资本两组个体,由于两组个体倾向值匹配过程中,已有混淆变量已被控制起来,我们通过测量二者间的融入能力差异,进而估计社会资本积累对农民工融入城市能力的提升效应。估计结果如表 8-6 所示。

表 8-6　社会资本模型的相关回归结果

变量	系数值	标准误	Z 值	P 值
新生代	−0.117	0.179	−0.65	0.514
性别	0.510***	0.158	3.22	0.001
婚姻	0.383**	0.181	2.12	0.034**
教育	0.604***	0.077	7.87	0.000
外出务工年数	0.134*	0.069	1.93	0.054
迁移距离	−0.189**	0.090	−2.08	0.038

---

①　选择协变量时尽可能将影响融入城市能力与社会资本高低的指示变量包括进来,以保证可忽略性得到满足。如果协变量不恰当或太少,导致可忽略无法满足。

②　二者拥有大致相同的条件和可能性拥有高社会资本,最大程度上满足随机假设。

变量	系数值	标准误	Z 值	P 值
零散工	−0.666**	0.271	−2.46	0.014
建筑业	−1.146***	0.275	−4.16	0.000
餐饮业	−1.138***	0.277	−4.10	0.000
居民服务业	−0.577*	0.318	−1.82	0.069
制造业	0.177	0.262	0.68	0.499
常数项	−0.194	0.435	−4.18	0.000
Prob>chi2 Pseudo R^2	0.0000 0.1404			

注:***表示 P<0.01,**表示 P<0.05,*表示 P<0.1。

通过表 8-6 不能发现,混淆变量对农民工是否拥有较高的社会资本有很强的解释力,可从虚拟 R^2 数值超过 14% 得知,由此认为模型的变量能准确并显著地预测,农民工是否拥有高社会资本的概率,在这里我们并不关心某一特定自变量效果,这是因为变量可能存在潜在的自相关等问题,导致回归系数并不准确或有所偏误。

2. 基于倾向值匹配

在进行倾向值的得分匹配时,常用方法有半径匹配和近邻匹配。其中,K阶近邻匹配的基本思路是:以倾向得分值 PS 为基础,探寻倾向得分最近的控制样本作为其匹配对象。如果 K=1 则意味着"一对一匹配",本书将 K 值设为 4;另外一种方法是半径匹配,设常数 r 为半径,而限制处理组与处理组倾向得分值 PS 间的差异 $|p_i - p_j| \leqslant r$,在半径内样本都作为其匹配对象。近邻匹配的倾向得分共同取值范围如表 8-7 所示。

表 8-7　倾向得分共同取值范围

	融入城市能力	
	不在共同取值范围(off support)	在共同取值范围(on support)
控制组(untreated)	8	526

续表

	融入城市能力	
	不在共同取值范围(off support)	在共同取值范围(on support)
处理组(treated)	17	440
共计	25	966

　　利用 Logit 模型估计出每一个样本特体倾向的分值,在共计 991 个观测值当中,控制组有 8 个不在其共同取值范围,而处理组有 17 个不在其共同取值范围,共计有 966 个观测值分布在共同取值范围内,意味着本研究的共同区间内样本量有 966 个,再利用近邻匹配法将拥有低社会资本 440 人与高社会资本的 526 人配对,其余方法的共同取值范围与上述类似,在此不与赘述。共同取值范围的直方图如图 8-1 所示。

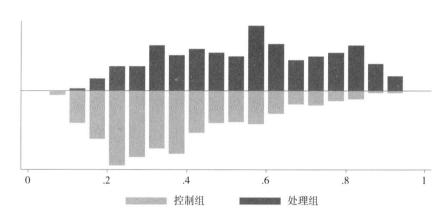

图 8-1　农民工融入城市能力倾向得分取值范围

3. 基于 PSM 方法的平均处理效应估计

　　倾向值得分匹配法先是由贝克尔、栎野(Becker,Ichino,2002)发布,用于倾向匹配法的"Pscore"模块①,勒文、夏内西(Leuven,Sianesi,2003)发布的

　　①　Sascha O.Becker,Andrea Ichino,"Estimation of Average Treatment Effects Based on Propensity Scores",*The Stata Journal*,Vol.2,No.4(2002),pp.358-377.

"Psmatch2"倾向值匹配模块①,比较后我们选用勒文编写的 STATA 程序,计算 PSM 中各匹配方法的平均处理效应,得到 PSM 估计结果如表 8-8 所示,为将 PSM 分析结果与 OLS 模型分析进行比较,表 8-8 第 2 行给出了 OLS 分析的具体结果。

表 8-8　社会资本对农民工就业能力影响的倾向值匹配分析

	就业能力	经济能力	适应能力	心理文化能力	可行能力	融入城市能力
未匹配	0.0567***	0.0620***	0.1195***	0.0924***	0.0946***	0.0872***
OLS 估计	0.0213***	0.0311***	0.0919***	0.0612***	0.0691***	0.0544***
近邻匹配	0.0279***	0.0278***	0.0717***	0.0553***	0.0612***	0.0532***
半径匹配	0.0269***	0.0305***	0.0814***	0.0548***	0.0624***	0.0532***
核匹配	0.0251***	0.0296***	0.0821***	0.0580***	0.0643***	0.0539***
局部线性匹配	0.0239***	0.0308***	0.0772***	0.0554***	0.0614***	0.0515***
马氏匹配	0.0308***	0.0326***	0.0706***	0.0617***	0.0633***	0.0539***

注:①该处系数值即"接受处理的平均处理效果"(average treatment of treated, ATT)表示因果效应。②表中近邻匹配的报告结果是按 1:4 进行匹配得到的结果,同时按 1:1 或 1:2 进行匹配系数差异变化不大而且显著性不变;半径匹配 radius caliper 设为 0.01,扩大半径 2 倍或缩小半径匹配系数差异变化不大而且显著性不变。③***表示 P<0.001,**表示 P<0.05,*表示 P<0.1。

首先,从农民工的就业能力来看,上述实证分析得到社会资本系数值为 0.028—0.031,但 OLS 系数估计值是 0.0213,OLS 模型分析明显低估了"高社会资本"对农民工就业能力的直接影响。所以,"弱能力"遗漏变量终导致"高社会资本"对就业能力的真正影响被低估。其次,从农民工的适应、经济、可行、心理与融入城市的能力来看,OLS 的系数值高估了"高社会资本"对各能力的影响。具体而言,第一,经济能力处于 0.028—0.033,除马氏匹配外,其

---

① Edwin Leuven, Sianesi Barbara, "Psmatch 2: State Module to Perform Full Mahalanobis and Prope-nsity Score Matching, Common Support Graphing, and Covariate Imbalance Testing", 见 http://ideas.repec.org/c/boc/bocode/s432001.html。

余系数值都低于 OLS 系数的估计值(0.031);第二,适应能力处于 0.07106—0.082,所有匹配方法系数估计值均低于 OLS 系数的估计值为 0.092;第三,心理文化能力处于 0.055—0.062,除马氏匹配外,其余系数值均低于 OLS 系数的估计值为 0.062;第四,可行能力处于 0.062—0.064,所有匹配方法系数估计均低于 OLS 系数的估计值为 0.069;第五,融入城市能力处于 0.049—0.054,所有匹配方法系数估计均低于 OLS 系数的估计值为 0.054。

综上所述,OLS 模型分析高估了"高社会资本"对农民工城市融入能力的影响,这说明农民工的社会关与其行动者能力密切相关,一般而言,农民工拥有的城市社会资源越多,其人力资本水平越高,个人能力越强,都意味着他们有着更高的社会资本。毫无疑问,高社会资本对其融入城市有着积极的促进作用。最终,样本选择的偏误导致了 OLS 模型会高估"社会资本高低"变量对融入城市的影响,在控制农民工的不可观测的遗漏变量后,农民工社会资本对其融入城市的显著正向影响依然存在,这表明二者间的因果关系是稳健的。

第 九 章

农民工城市资本积累与融入
城市能力的留城意愿研究

我国的人口结构与劳动力转移路径正在快速发生转变,2015 年后,我国劳动力逐渐停止增长,有学者估计,到 2030 年前我国人口将达到峰值,劳动力的无限供给将彻底消失。随着刘易斯拐点的到来,农民工进城的不可逆性更加确定。截止到 2017 年年底,中国农民工规模已达到 2.74 亿人,除少部分融入城市外,多数农民工仍然在城乡间往返迁移。在"80 后"等新生代农民工成为农民工主体的背景下,伴随着增长方式和经济结构的转型,推动城市化进程的加快,推动经济增长实现转型,这是实现我国社会可持续发展的关键环节。因此,研究不同代际农民工在留城意愿差异就显得尤为重要。

第一节 问题提出与研究假设

一、问题提出

经典人口迁移理论与新经济迁移理论构成了流动人口迁移的主要理论解释。经典人口迁移理论以个人利益最大化为出发点,主要包括生命周期理论与推拉理论等,该理论认为人口的迁移决策是个人对进城收益与成本比较后的结果。托达罗认为,城乡居民的收入差距是人口是否迁移决策的第一考虑要素。但是,我国农民工的情况与托达罗的观点并不一致。尽管中国城乡差距明显,但多数农民工并未定居城市。所以,本书以中国农民工迁移为基础,试图使用人口迁移新理论对农民工是否留城定居展开实证研究。

新迁移经济学的代表学者是史塔克(Stark),他指出,人口的迁移决策并非个体的独立选择,而是属于家庭的联合决策行为。所以,家庭迁移的动机是风险的最小化而非预期收入的最大化,农民工通过家庭成员的迁移避免家庭风险,家庭成员的迁移行为多内生于相对剥夺动机,即迁移动机与其在参照群体内感受到的剥夺感相关。农民工从我国农村流出,首先受到了城市务工收入较高的吸引,但进城后农民工仍以农村的同龄人为参照系,所以感觉相对剥夺感降低,属于帕累托改进。

长期而言,农民工不能定居在城市的根本原因是,城乡二元劳动力市场、分割的户籍制度及城乡居民悬殊的福利制度差距,具体包括城镇社保的缺失,这都导致农民工很难融入城市的主流社会。农民工最终返回农村的主要原因包括:农村生活成本低于城市劳动力市场导致城市务工不稳定、城市收入水平低下且不受人尊重,或许还包括在农村进行投资已获得更大回报。虽然多数农民工返乡后收入并未提高,但他们依然会做出回流决策。不可否认的是,随着近年社会政策的不断调整,多数农民工的生活水平得到了很大提升,其供求市场发生了较大变化,而这些都会对农民工的留城意愿产生深刻影响。

当前农民工留城意愿的研究比较充沛,在对当前研究成果展开梳理后,我们将其影响因素概括为个人、家庭和社会特征三类因素。

个人特征主要包括年龄、性别、培训、婚姻状况、职业流动、受教育年限、进城年限、职业阶层、从业经历、收入状况、城市归属感和公平感知度、心理认同和初衷达成度以及对土地的态度。例如,女性比男性农民工更倾向于留城定居,农民工的受教育程度和社会融合程度与其留城意愿正相关;从事个体经营的农民工更倾向于留到城市。此外,城市归属感、培训经历、受教育年限在都提升了农民工的留城倾向。与前面几个因素不同,农民工的性别、年龄与是否婚姻对其留城意愿的影响并不突出。

家庭特征的现有研究主要侧重于对家庭成员和社会资本的考察。农民工的持久性迁移决策主要受到人力、社会资本与决策模式的影响,同时,社会经济与家庭关系都对其定居意愿产生显著影响,主要包括:农民工与子女同住、配偶在城市、与本地居民交往密切等有利于留城的因素。但是,农民工与配偶不在同一城市、家庭如果有正在接受教育的孩子等因素会显著降低农民工的留城意愿。

社会特征研究主要包括非经济因素和经济因素。非经济因素具体包括:城市制度、城乡居住距离、社会与文化因素。经济因素主要包括:年收入与城市房价、产业结构,还有城乡经济发展差异。影响农民工在城市定居的具体因素是他们的社会文化及心理因素,而城乡二元结构的社会制度阻碍了我国农民工在城市定居。

本章以新迁移理论为分析基础,具体研究不同代际农民工的留城意愿差异,即具体是哪些因素导致了传统农民工与新生代的留城意愿差异? 在细分新生代农民工与传统农民工的留城意愿后,我们对其未来流向和是否定居城市展开预判,并对如何提高他们定居城市的能力提出对策建议,最终为推进我国城镇化进程提供决策依据。

二、研究假设

(一)农民工代际差异与留城意愿

我国当前面临着庞大的社会转型,在这一过程当中,城乡分割的二元结正在弥合。由于社会转型的长期性,自 20 世纪 90 年代开始出现大规模外出流动人口之后,到今天已经 30 余年,因此,流动人口开始出现显著的代际分化,即出现传统农民工和新生代农民工。需要指出的是,在成长经历与外出动因方面,两代农民工存在着显著差异,相比较于传统农民工,新生代农民工对于市民身份有着强烈认同,而这种代际差异带来了身份认同、价值取向、社会融入、社会态度以及行为选择的一系列区分。但是,与传统农民工相比,新生代农民工面临的城市环境并未发生根本改变,制度性与结构性的双重排斥导致新生代农民工的城市定居愿望很难实现。事实上,新生代农民工就业主要集中在低端行业,就业不稳定性与贫困的代际传递与传统农民工并无根本差异,而且农民工生存能力的脆弱与城市社会保障的缺失也未发生根本改变。因此,本书提出以下假设:

假设1:新生代农民工的返乡意愿较低,城市定居并未成为其主要选择。

(二)农民工职业流动与留城意愿

农民工职业流动,即剩余劳动力从农村转入城市,就业领域从农业转向非农业。我国农民工的整体流动性比较显著,更换工作也较为频繁,这与其受雇于私营单位有着密切关系,而"候鸟式"的城乡迁移使农民工游离于城乡之间,使其职业流动频繁发生。此外,他们工作的稳定性还受"双重劳动力市场"制约,而且企业对农民工需求的波动性也加剧了其就业的不稳定。最后,农民工工作的高流动性也与其劳动权益受损和低工资有关,也与城乡居民差异显著的户籍制度有着重要关系。工作不稳定对农民工的城市定居意愿产生的负面影响比较显著。农民工工作的高流动性导致其迁移风险预期过高,农民工职业流动的过于频繁不利于其职业向上流动,这些都减少了农民工对城市的归属感,使他们自我认识到社会地位较低,增长难以实现"城市居民"的身份认同。所以提出以下假设:

假设2:农民工的职业流动对其留城意愿产生负面影响,工作变换次数与农民工的留城倾向负相关。

第二节　农民工留城意愿实证分析

一、变量界定及模型选择

(一)变量设置

1.因变量:留城意愿。在本次问卷调查中,我们试图通过"您未来会选择在哪里定居"获取农民工的具体留城意愿信息。四个选项主要包括:(1)回农村;(2)不清楚或现在没想好;(3)到别的城市定居;(4)目前工作所在城市。

2.核心解释变量:主要包括职业流动和代际变量。我们采用王春光的定义,将1980年之后出生的农民工定义为新生代农民工,并据此划分35岁及以上为老一代农民工,16—35岁为新一代农民工;农民工进入城市后务工以来,是否转换工作(0=否,1=是)与转换工作次数来衡量农民工的职业流动。

3.个人特征变量:主要包括性别、年龄、受教育年限、婚姻、职业阶层与居住条件。其中,婚姻(0=未婚,1=已婚/再婚)、性别(0=女,1=男)、居住条件(1=自购或自建房屋,0=其他)是二分变量;受教育年限、年龄与职业类型是分类变量。

4.社会特征变量:主要包括城市生活水平、满意度、社会资本和工作认同。问卷分别从工作和生活两方面出发,选出覆盖上述四个维度的问题,具体包括:(1)通过"您对现在城市生活和工作的满意度"衡量农民工的城市满意度;(2)通过"您收入的变化情况"和"您的家庭生活水准的变化情况"来衡量农民工的工作认同和城市生活水平;(3)通过"与您经常联系的朋友、亲戚与同事中,估计下本地城市居民比例"来衡量农民工的社会资本。以上问题均要求被访者均用5级Likert量表回答。

（二）模型与方法

首先,我们采用交叉表来描述农民工留城意愿的代际差异。其次,我们运用多元逻辑斯蒂回归模型,将"返回农村"作为参照组,分析农民工留城意愿的具体影响因素。如果自变量的回归系数为正,意味着相对于"回农村"而言,农民工更倾向于此类迁移模式;若自变量的回归系数为负,意味着他们倾向于返回农村。

二、实证分析

（一）代际差异下的农民工留城意愿比较

传统农民工与新生代在留城意愿方面的差异,如表9-1所示。在以下分析样本当中,新生代农民工占比高达75%,已构成调查样本主体。此外,实证分析结果表明,两代农民工在留城意愿上并无根本差异。最大差异在于分别有19.8%、32.1%的新生代农民工选择"到别的城市""不清楚/没想好",这就说明,新生代农民工对其未来生活并未做出明确选择,同时说明新生代农民工虽然向往城市定居生活,但又呈现出一种矛盾、模糊的心理纠结状态。

表9-1　代际差异下农民工留城意愿分布状况

样本类型	样本数	回农村	不清楚/没想好	别的城市	目前所在城市	LR 检验
第一代农民工	148（24.7%）	79（53.4%）	19（12.8%）	15（10.1%）	35（23.6%）	
新生代农民工	449（75.2%）	83（18.5%）	144（32.1%）	89（19.8%）	133（29.6%）	***
全部样本	597（100%）	162（27.1%）	163（27.2%）	104（17.4%）	168（28.1%）	

注:***表示 P<0.01,**表示 P<0.05,*表示 P<0.1。

（二）留城意愿影响因素分析

我们以新迁移经济学为分析框架，以理论分析假设为研究基础，尝试建立 Multinomial Logistic 多值模型。在人口代际共性的基础上，分别考察农民工职业流动、职业分层、个人特征、社会特征对其留城意愿的影响，具体检验结果如表9-2所示。

表9-2　农民工留城意愿的影响因素分析

自变量	不清楚/没想好		到别的城市		目前所在城市	
	模型一	模型二	模型一	模型二	模型一	模型二
新生代农民工	——	1.077*** (3.56)	——	−0.013 (−0.04)	——	0.913*** (3.50)
职业流动						
是否换工	0.588 (1.45)	0.551 (1.50)	0.654 (1.39)	0.824* (1.81)	0.534 (1.35)	0.806** (2.00)
换工次数	−1.654*** (−1.72)	−0.148 (−1.62)	−0.033 (−0.34)	−0.047 (−0.52)	−0.162* (−1.71)	−0.161* (−1.79)
职业层级	−0.022 (−0.10)	0.005 (0.03)	−0.113 (−0.46)	−0.064 (−0.26)	0.411** (2.05)	0.455** (2.28)
个人特征						
年龄	−0.779*** (−7.41)	——	−0.462*** (3.43)	——	−0.453*** (−3.93)	——
性别	−0.369 (−1.41)	−0.659** (−2.52)	−0.508** (−1.75)	−0.777*** (−2.77)	−0.554** (−2.12)	−0.691*** (−2.69)
婚姻	−0.092 (−0.30)	0.606*** (−2.09)	0.327 (0.99)	−0.330 (−0.99)	0.041 (0.14)	−0.018 (−0.64)
教育	0.221* (1.85)	0.248* (2.13)	0.476* (3.56)	0.568* (4.28)	0.350*** (2.99)	0.377*** (3.30)
社会特征						
社会资本	−0.105 (−0.83)	−0.110 (−0.90)	−0.312*** (−2.12)	−3.419** (−2.33)	0.211** (1.79)	0.288*** (2.37)
工资增加	−0.104 (−0.51)	−0.126 (−0.65)	0.351 (1.52)	0.321 (1.40)	0.501** (2.51)	0.471** (2.39)

续表

自变量	不清楚/没想好		到别的城市		目前所在城市	
	模型一	模型二	模型一	模型二	模型一	模型二
生活水平	0.014 (0.07)	−0.025 (−0.12)	0.074 (0.32)	0.074 (0.32)	0.621*** (2.87)	0.522*** (2.44)
满意度	−0.117 (−0.77)	−0.021 (−0.14)	0.030 (0.18)	−0.014 (−0.09)	0.254** (1.75)	0.324** (2.09)
居住条件	−0.052 (−0.13)	−0.242 (−0.61)	−0.488 (−0.98)	−0.849* (−1.72)	0.917*** (2.66)	0.829** (2.46)
常数项	2.52** (2.99)	0.512 (0.59)	−1.39 (−1.39)	−2.042** (−1.97)	−1.78** (−2.04)	−3.33*** (−3.68)
Pseudo R^2	0.1397	0.1296	0.1397	0.1296	0.1397	0.1296
Loglikelihood	−702.31	−712.771	−702.31	−712.771	−702.31	−712.771

注：***表示 P<0.01，**表示 P<0.05，*表示 P<0.1。

第一，不同代际农民工留城意愿存在显著差异。以调查问卷数据为例，新生代农民工对"回农村"犹豫概率是传统农民工的 1.935 倍，而"目前工作城市"是传统农民工的 1.537 倍，这表明新生代农民工倾向于定居城市，但其最终归属感难以确定，这与他们在城市面临的制约条件有关。多数新生代农民工有着在城市安家定居的强烈愿望，但迫于各种制度性斥力，并不能获得与城镇居民同等的国民待遇，因为他们面临着劳动力市场城乡二元分割、社会与人力资本投资积累机制缺乏、工资收入增长较慢、城市生活成本过高与城镇社会保障缺失等困难，最终导致新生代农民工游离于城乡之间，很难在城市中获得归属感，频繁遭受制度排斥与身份歧视等不公正待遇，很难真正融入城市。

第二，更换工作次数与农民工留城意愿成反比。经我们调查发现，自农民工进城务工以来，仅有 19.3% 的农民工未更换工作。其中，新生代农民工的换工次数为 2.34，明显高于传统农民工的 2.67。统计数据还表明，传统农民工与新生代农民工的职业流动并无显著差异。在城市更换工作是农民工谋求经济地位的有效途径，但是，如果更换工作过于频繁，对他们就业技能的积累和竞争力的提升会产生不利影响。更重要的是,由于过于频繁地更换工作,农民工未来定居城市的可能性大幅减小。

第三,农民工的职业阶层与其留城意愿正相关。相关调查数据显示,从事体力劳动的农民工占比75%,"专业技术人员"占比15.1%,新生代比传统农民工高出5个百分点;此外,"管理人员"占比12.8%,传统比新生代农民工高3.2个百分点。不难发现,现在农民工的职业层次已包括普通工人、服务人员、技术工人与管理人员。对于新生代农民工而言,文化程度与职业培训是影响他们职业层次的主要因素。另外,农民工的职业阶层于其留城意愿密切相关,即农民工的职业阶层每升一级,其留城意愿将增加45.5%。

第四,个人与社会特征对农民工留城意愿产生影响。具体而言,受教育程度、年龄与性别均对农民工留城意愿产生显著影响。如女性比男性农民工更倾向于留在城市;年龄越大的农民工越倾向于返回农村;农民工教育水平越高,留城意愿就愈发强烈。事实确实如此,随着农民工的教育水平的不断提高,他们的城市竞争力不断增强,随着预期收益的提高越他们会更倾向于留在城市发展。

第五,对于社会特征而言,工作认知及未来预期对农民工是否定居城市起着决定性影响。具体就工作认知来讲,增加工资对农民工留城意愿有着显著的正向影响。一般农民工的住房条件越好,其留城意愿就越强。农民工能否在城市安居是其留城意愿的最大影响因素,也是很难突破的制度瓶颈。此外,社会资本拥有状况与个人城市生活满意度也对其留城意愿有显著影响。

第三节 研究结论与政策建议

本书考察了两代农民工留城意愿的延续与分化,实证检验了影响农民工留城意愿的因素,提供了一个较为全面、深入的分析框架。研究发现:农民工群体内部留城意愿显著分化,虽然新生代农民工有更强的留城意愿,但两代农民工留城意愿和能力的形成机制受到户籍制度之外的结构性因素的制约,新生代与老一代农民工留城意愿没有发生根本性的变化;年龄和代际差异只是影响农民工定居城市的因素之一,农民工受教育水平、职业阶层和职业流动、居住条件都影响其在城市定居的意愿和能力;农民工人力资本、社会资本越高,留城意愿越强,农民工定居城市的障碍不仅限于有形和无形的"户籍墙",还要克服自身人力资本和社会资本不足方面的困难;农民工对城市社会满意度、对生活水平变化、工作收入变化的感知和判断,与留城意愿有显著相关关系,较高的城市生活认同和工作认知对定居城市有推动作用。

根据上述发现,提出如下政策建议。

1. 社会保障从"城市融入"到"社会融入"

农民工内部留城意愿异化产生多元的社会保障需求,根据不同的留城意愿、流动方向、定居行为,建议制定一种以均等公共服务为核心、不以城乡和居住地为界限的新型社会保障制度。(1)对于留城意愿和能力不足的农民工,以适当的形式保持流入地和流出地身份双重性,为举棋不定、准备长期流动的农民工提供他们所需的公共服务和社会保障,并使这种社会保障和公共服务贯穿农民工从农村流出前、在流动的过程中和在城市定居或回流所经历的所有环节。(2)对于有较强留城意愿和能力的农民工,采取措施促进农民工定居性迁移。致力于降低迁移性门槛,消除人为障碍;逐步分离黏附在户籍上的就业准入、子女教育、社会保障和社会福利功能,逐步实现公共服务均等化。

2. 人力资本从"同质性低端"到"异质性中端"

无论从提高农民工收入和待遇,还是提高农民工定居城市能力,只有着力提升农民工人力资本水平,获得技能并实现稳定就业,农民工永久性迁移意愿会增强,定居问题也迎刃而解。(1)加大农村基础教育投入力度,解决农民工子女教育问题。从基础抓起,从源头抓起是最终解决农民工定居问题的根本途径。教育水平跟不上、职业技能跟不上,对城市社会缺乏客观的认识和了解,都会制约农民工(尤其新生代农民工)定居城市的能力。(2)构建产业结构与农民工教育技能动态衔接机制。实施大规模农民工技术培训计划,加大培训经费投入,开发多培训途径,优化培训内容,完善培训机制,改变农民工处于产业链低端的现状,在后工业时期产业结构升级调整中,将农民工定位于中低端技能型人才,使异质性资本成为人力资本的主导形态。

3. 职业流动从"高流动性"到"稳定就业"

农民工频繁的职业流动却未实现向上流动,主要是由于农民工缺少地位积累、地位继承、社会资源。政府有必要采取政策降低农民工职业流动,为其获得更稳定、更高层次的工作创造机会。(1)推行积分入户制政策,地方政府根据农民工在城市的连续工作年限、文化程度、技能水平、收入情况,以分值进行量化、累计,根据不同的积累层次享受不同的公共服务,直到定居落户成为市民,享受平等的待遇。(2)加大政府监督力度,鼓励用工单位与农民工签订较长期合同,保障农民工的劳动权益、劳动安全和享受与当地居民相等的基本社会公共服务。

4. 生存状态从"边缘化"到"市民化"

解决农民工边缘化的城市生存状态,在工作性质、工资收入、居住条件、社会地位方面逐步缩小与城市市民的差距,尽快实现农民工市民化。(1)建设城乡统一的劳动力市场,消除农民工进入城市正规就业市场的障碍,取消限制农民工准入等就业方面的歧视政策,把企事业单位的"户籍门槛"变为求职人员的"素质门槛",实现同工同酬、同工同时、同工同权。(2)提高城市最低工资水平,规范用工单位雇员最低工资,加快建立和完善农民工工资增收机制。(3)渐进式向农民工开放各类保障性住房,打造立体的涵盖商品房住宅供应、公共住房供应、集体单位宿舍供应、城中村改造供应、集体所有土地集中建房供应的农民工住房保障体系,使他们能够进得来、留得下、活得好。(4)会资本从"内卷化倾向"到"外延化延伸",在亲缘、地缘基础上增加新的市民城市关系,积极参与社区公共事务,加大自身城市社会资本的培育。

第十章

城市资本积累影响农民工融入
城市的职业与收入问题

农民工融入城市进程中,其劳动力供需结构历经"用工潮""用工荒"到"招工难"与"就业难"矛盾并存的三阶段演化,其劳动力市场的发展也由"低端次级劳动力市场隔离"变换成"多重分割劳动力市场隔离";由"户籍歧视"变换成"前市场歧视";由"低失业率"变换成"结构性失业";由"体力型"变换成"技能型"。我们将农民工收入变化作为考察重点,系统检验农民工职业与收入之间的关系,基于异质性就业对农民工收入差距问题研究展开实证分析;最后,采用分位数分解法探寻农民工收入差距的形成原因。本章主要对城市资本积累影响农民工融入城市的职业与收入问题展开实证研究。

第一节　农民工融入城市进程中劳动力
供需结构及市场演化进程

要研究农民工在一定城市资本积累影响下的收入决定问题,有必要首先掌握其劳动力供需结构及市场演化进程。新常态下,农民工从"工资低廉,就业灵活"的非正式就业逐步向"工资提升,就业稳定"正式就业逐步转变,城市化进程中农民工融入城市的客观"门槛要求"与农民工融入城市的主观"低能素质"的矛盾制约了农民工融入城市的进程,不论是"用工潮""用工荒"还是"招工难、就业难"的供需结构演化,农民工实质上始终处于相对隔离的次级劳动力市场,就业格局决定了农民工弱势地位和社会阶层,而且这也正是供给侧结构性改革下促进产业结构升级亟须解决的核心问题。再者,认清转型时期劳动力流动趋势,考察农民工就业现状和劳动力市场发育程度,分析农民工劳动力市场演化进程,对于制定正确的劳动决策、提升农民工就业能力和促进农民工融入城市具有重要的现实意义。

一、农民工劳动力供需结构演化进程

改革开放 40 多年以来,农民工劳动力供需结构受体制转型和工业化进程等多重因素的影响经历了三次历史性的转变,从"用工潮"到"用工荒"再到"招工难"与"就业难"的矛盾并存。

第一阶段:1979—2002 年的农民工"用工潮"时期。自改革开放我国由传统计划经济转型为市场经济所引发的竞争造成国有集体经济部门萎缩,新兴部门则发展壮大,劳动力市场中日益增长着一种与以往城市单位就业"铁饭碗"完全相反的就业模式,政府和学术界把这个逐渐变大的劳动者群体称作"灵活就业者"或者"非正规就业者",非正规就业改变了城市劳动力市场的图景——在提高劳动力资源配置效率的同时提升劳动力市场灵活性。农民工总人数始终处于正增长,使劳动力供大于求,农民工城乡户籍制度的"身份歧视"、作为外来人口的"地域歧视",以及教育信号的"职业门槛"使农民工遭受就业歧视和职业隔离,他们很难进入一级劳动力市场从属的正规就业部门,就业状况保持在"低收入、低保障、高风险、高活动"的一级劳动力市场的非正规就业岗位或者次级劳动力市场的非正规部门。

第二阶段:2003—2012 年农民工"用工荒"时期。随着"刘易斯拐点"的到来,使得农村剩余劳动力数量迅速减少,非正式就业的农民工群体的合法权益长期无法得到维护和保障,"用工荒"的现象最早于 2003 年在广东地区出现,

2006 年农民工缺口达到 10%—20%。"民工荒""返乡潮"使劳动力用工成本迅速上升,非技术劳动力用工成本从 2002 年的约 600 元人民币上升到 2007 年约的 1500 元人民币。由此,中国政府开始逐步加强劳动力市场的管制并注重农民工就业问题,2004 年出台了新的《最低工资规定》,全国各地每年均不同程度的提升最低工资标准,2007 年出台了《劳动合同法》和《劳动争议调解仲裁法》,提出为了解决农民工的非正规就业问题,国家直接干预劳动力市场,从而保证农民工合理权益,正确解决劳资矛盾,最终完成合理分配和达到公平公正。蔡昉、王美艳(2004)推算了非正规就业的规模及变动的方向:2002 年的非正规就业者达到最高峰,在全部的城镇劳动者中大概占 39%。2003 年城市劳动力市场上非正规化程度持续下降,在"农民工新政"政策背景和"人的城镇化"时代背景下,农民工群体内部结构相应发生了阶层分化和职业分化,农民工并不再是处于社会底层"被边缘化"的同质性群体,部分农民工通过职业向上流动途径改善了自己的社会经济地位,进入一级劳动力市场或正规部门从事正规就业,城市社会保障的获得强化了农民工自身融入城市的能力,产生了农民工群体内部正规就业与非正规就业性质的分化。① 2011 年广东甚至全国涌现出大范围"民工荒",为减缓用工压力而吸引并留住农民工,各省区市对农民工最低工资的再度提高。

　　第三阶段:2013 年至今是农民工"招工难"和"就业难"时期。由中国社会科学院经济学部、数量与经济研究所结合公布的 2013 年《经济蓝皮书》指出劳动力市场呈现结构性失业加重了农民工"就业难",2013 年我国逐渐进入经济发展的新常态,经济新常态下推进的供给侧结构性改革加大了产业结构调整的整体力度,我国国内经济增长速度的放缓、劳动力成本上升、外部市场需求连续低迷。② 与国内重要工业城市普遍出现"用工荒"现象相对应,农民

---

① 蔡昉、王美艳:《非正规就业与劳动力市场发育——解读中国城镇就业增长》,《经济学动态》2004 年第 2 期。

② 李扬等:《经济蓝皮书:2013 年中国经济形势分析与预测》,社会科学文献出版社 2012 年版,第 283 页。

工密集地区近年来不断出现"招工难"现象,经济发展方式调整与产业结构升级伴随以新生代农民工为主的农村劳动力持续转移,"技能差、素质低"劳动力市场供求数量与质量的不匹配造成的结构性失业现象愈演愈烈,供给侧结构性改革下产业结构升级城市用人单位"招工难"与农民工"就业难"矛盾并存。

"劳动力成本上升"是"刘易斯拐点"人口红利消失、劳动力供给量大幅下降的客观反映,农民工工资提升、劳动权益的维护是吸引并留住农民工的权宜之计,面对珠江三角洲、长江三角洲东部沿海地区"筑巢引凤""腾笼换鸟"产业结构升级对于农民工就业的打击,必须尽量加快农民工群体匹配产业升级的脚步,加强农民工自身素质建设、加强农民工职业培训及就业相关政策制度的建设。

二、农民工劳动力市场演化进程

城市劳动力市场分割塑造了中国农民工劳动力市场,它是伴随经济社会发展与经济体制改革的结果,是城市劳动力市场分割产生的一个局部的或相对隔离的特殊群体聚集的劳动力市场。以"刘易斯拐点"劳动力供求关系变化和经济增长速度变化为分界点,对农民工劳动力市场进行考察,可以看出,农民工劳动力市场呈现以下两阶段性特征。

(一)农民工劳动力市场的历史演化

中国劳动力市场上户籍分割源自 1958 年出台的《中华人民共和国户口登记条例》,根据户籍制度的将人口分为城乡两大对立部类的制度开始实施,严格限制了劳动力流动,农村劳动力向城市迁移的渠道被阻碍。1978 年改革开放的序幕开启了农村劳动力转移的新时代,1982 年国家制定了切实可行的城镇化目标,要求"严格控制大城市,适当发展中等城市,积极发展小城镇",实施农村剩余劳动力就地转移的政策。1984 年《关于一九八四年农村工作的通知》为"乡镇企业"的发展指明方向,同时开辟了乡镇企业异军突起发展的黄金时代,农村劳动力"离土不离乡、进厂不进城"的产业劳动力就地转移克服了农村耕地有限、劳动力过多及资金短缺的困难,大规模的农村工业化使农村经济社会出现新活力。在此阶段,1985 年《公安部关于城镇暂住人口管理的暂行规定》表明城乡分割政策有所松动,但在 1989 年《国务院关于严格控制"农转非"过快增长的通知》又改正了放宽"农转非"标准的做法,较为严格地限定了农民工进城数目。

1990 年以后,随着改革力度的不断加大,党的十四大报告建立了社会主义市场经济体制目标,明确提出"以公有制包括全民所有制和集体所有制经济为主体,个体经济、私营经济、外资经济为补充,多种经济成分长期共同发展"的发展战略,农村劳动力能够在更大的空间范围和产业分布上自发选择就业地域和就业行业,爆发了农村劳动力大规模、跨区域流动的"民工潮",从就业产业分布看,更多的农民从农业向非农产业转移;从就业地域空间看,农民开始从就地转移向外地转移,正如胡鞍钢、马伟(2012)事后刻画这一历史演变轨迹,认为在 1992 后建立并完善社会主义市场经济体制,新的"四元经济社会结构"随着城市化发展应运而生,农民工劳动力供给形成了以城乡二元分割为基础的多重分割的劳动力市场为核心的城市劳动力市场[①]。农民工劳动力供给推动城市出现高速增长的非正式就业,发展了包括城市工业部门、城镇非正规部门、农村农业部门、乡镇企业部门的中国经济社会的四元结构,城市劳动力市场分割为以农民工为主体的次级劳动力市场和以城市职工为主体的首要劳动力市场。农民工囿于外来人口身份歧视与自身人力资本限制,更多集中在城市次级劳动力市场从事低收入、高强度、高风险、高流动的工作,农民工作为非正式就业主体与城市正规就业居民在收入水平、职业类别、社会身份、社会权利、自身素质、职业水平、儿女教育水平、公共服务等多个方面存在

---

① 胡鞍钢、马伟:《现代中国经济社会转型:从二元结构到四元结构(1949—2009)》,《清华大学学报(哲学社会科学版)》2012 年第 1 期。

很大的差别,这种"国民差异、社会差异"促使不同阶层在城市社会中形成,构成城市"新二元结构"。

农民工劳动力市场在此阶段主要呈现出以下三个特点:(1)中国农民工总体上处于一个被多重分割、相对隔离、低水平的次级劳动力市场,以隔离和内部自由放任为特点的内部劳动力市场,农民工就业分流主要是从正式就业趋向非正式就业[①](万向东,2008)。(2)非正式就业是农民工主要就业形式,高流动性是典型的就业特征,即使农民工是在"专制、霸权型"工厂体制内正式就业而与一级劳动力市场的相距甚大,表明农民工劳动力市场的总体隔离是难以逾越的。(3)工业是农民工就业的主要选择,中国投资驱动增长模式带动的经济高速增长时期,农民工就业主要集中在劳动密集型的工业企业,主要分布在私营、个体经济部门和沿海地区"三资企业"及乡镇企业,作为具有劳动力成本优势的产业劳动大军为中国的工业化、城镇化做出了巨大贡献。

(二)农民工劳动力市场的发展现状

在21世纪初的前十年中,我国越过了"刘易斯拐点",人口红利已经消失,表现出未富先老的现象,从2003年开始,中小城镇由于其户籍"含金量"小,大多对户籍制度进行了调整,有条件地放开或降低了户籍转入门槛,仅在特大城市、大城市严格控制落户准入条件。随着户籍制度放松和产业结构变迁,为适应经济长期发展的要求,农民工市民化成为发展必然趋势和客观要求,其在满足农民自身利益和城市发展的基础上,在缩小城乡收入差距以及消除贫困方面发挥着重要作用,但由于统一的市场经济体系尚未完全形成且生产要素市场发育滞后,严重阻碍了经济运行和资源配置的整体效率。体制障碍和经济社会领域改革的相对滞后使得大部分农民工未能享受与城市居民相同的公民权利、社会福利保障。

---

① 万向东:《农民工非正式就业的进入条件与效果》,《管理世界》2008年第1期。

"逆城镇化"降低了农民工落户城镇的意愿,减缓了城镇化第二阶段——城市流动人口市民化进程,降低了农村转移人口市民化的几率,减弱了城市的适应性和农民工就业稳定性。在城镇化第一阶段,农民工处于低端劳动力市场,"非正规就业"不利于农民工自身人力资本的积累和提升机制,中国经济发展"新常态"对劳动力人力资本数量与质量提出更高要求,而对于兼具产业工人主体和城镇化双重身份属性的农民工群体,其职业技能增长并不乐观,这种劳动力供给结构与产业结构不协调,当前农民工"就业难"和城市就业单位"招工难"并存的矛盾已成为常态,如今几年也出现了新的矛盾是农民工在传统产业的结构性失业与新兴产业人才短缺同时存在,然而,新矛盾的出现仍源于城市劳动力市场分割。在此阶段,农民工劳动力市场成长呈现出:

1. 从"低端次级劳动力市场隔离"向"多重分割劳动力市场隔离"转变

中国城市劳动力市场的制度性分割逐步淡出,分割机制更加繁杂。劳动力市场发育还没有成熟表现在深层次体制性分割和制度性分割基础上存在着产业结构、技术进步、企业组织形态带来的市场性分割,初期的劳动力市场分割主要是城乡二元分割、区域内外分割和户籍身份分割。随着各领域"渐进式"制度改革推进的体制松动,劳动力能更加完全的自由流动,城市劳动力市场也不完全遵循"统一"的分割理论,而呈现多重分割格局,劳动力市场分割被扩展到劳动力市场部门分割、行业分割、正规就业与非正规就业分割,以及财政地方分权为基础的外来人口与本地市民群体性分割,其中劳动力市场部门分割根据工作单位性质分为体制内和体制外两个不同的劳动力市场,其中体制内劳动力市场以国有企业、行政机关、事业单位为主,体制内劳动力市场存在进入壁垒阻碍了劳动力市场的充分竞争,而体制外劳动力市场是以私营企业、外资企业,以及个体经营为主的近乎完全竞争市场。城市劳动者在各个就业领域相互渗透、不断拓展,但农民工作为产业工人劳动主力军和继承人,在劳动力市场上仍面临着分割阻碍和低效匹配困境,主要集中于竞争性较强的体制外就业、非正规就业领域。在多重分割的劳动力市场不仅收入水平低,而且较高的离职率和失业率使其工作稳定性存在不确定性,收入分配位置相对下降和收入增长面临较大风险,更为严重的是向上流动的机会严重缺失。

2. 从"户籍歧视"向"前市场歧视"转变

以往研究认为"农民身份歧视"将农民工阻碍在城市社会保障之外,户籍制度的就业机会歧视将农民工大量挤入次级劳动力市场,制度性障碍阻止农民工流入一级劳动力市场,劳动力市场分割不仅妨碍了劳动力自由充分的流动,还降低了劳动力市场资源效率。随着户籍制度放松和产业结构变迁,关于农民工和城镇职工在职业分割、行业分割和所有制分割的就业分布不均等归因于个人禀赋差异。由于人力资本差异引起的工资差异在劳动经济学中被称为"前市场差别",人力资本差异是劳动力在进入劳动力市场之前因个人素质高低而异客观存在的,间接决定了生产率高低并最终影响了收入,这种收入差异是合理的,不属于身份歧视而是市场机制运行的结果。但从社会公平角度看,这种差异是不合理的,"前市场差别"属于一种"前市场歧视",一方面是由于城乡教育资源配置不均衡、不公平,起跑线差异导致的人力资本投资不足造成了"人力资本差别";另一方面是由于农民工与城市居民人力资本回报率不相等引起的人力资本投资动力不足造成的"人力资本回报差别",农民工低质量就业使其人力资本回报率较低的"负滴漏效应"产生"知识无用"共识,抑制了人力资本投资的积极性,对于农民工群体最终表现为"不公平人力资本投资—较低的人力资本市场回报率—较低劳动工资收入—'前市场歧视'预期形成—较低的人力资本投资"。因此,农民工就业身份户籍歧视在外生公平制度改革下逐渐内生为一种人力资本积累天然障碍下的"前市场歧视"。

3. 从"低失业率"向"结构性失业"转变

从2003年起,中国劳动密集型企业面临着"用工荒"与"电荒、钱荒"等高成本原因交叉在一起的生存和成长困境,"倒逼"有潜力的企业转型升级。然而,产业结构转型却陷入人才短缺的瓶颈,中国后工业化时期与经济发展新常态的阶段性叠加使产业结构调整处于关键时期,各种形式的"用工荒"再一次凸显了劳动力供求对接不匹配的结构性失业矛盾。结构性失业被视为失业中的"硬核",农民工"就业难"和"招工难"成为经济发展无法挣脱的恶疾。一方面,农民工"就业难"是农民工劳动技能、自身教育程度和劳动素质限制,只能在局部次级劳动力市场搜寻职业,并且城镇化初期城市沿袭劳动密集型、低附加值的低端产业引发了低端工人的超常规需求。而随着城镇化的进一步发展,产业结构转型对技能型人才需求"井喷",劳动力供给与产业需求动态不匹配,农民工"就业难"的问题就随之而来。另一方面,农民工"招工难"是由于企业面临"技工荒"难题,产业结构升级,大量技术密集型产业要求较高人力资本互补,但由于农民工处于次级劳动力市场,职业频繁更换的高流动性阻断了其行业知识积累和职业技能提升,再加上城市永久性迁移定居不确定性,进一步降低了农民工人力资本投资的积极性,被技能型就业岗位排斥。对于人力资本培育主体——企业而言,由于企业组织技能培训面临"跳槽、挖墙脚",受人才流失和培训成本较高的利益制约,即使城市用人企业普遍反映"现在不光技术工难找,熟练工人都不好找",企业也不愿组织开展职业技能培训。因此,农民工人力资本良性积累、自主循环的长期提升机制尚未形成,阻碍了人力资本提升与产业转型升级的协同发展和动态衔接。

4.从"体力型"向"技能型"转变

新常态下经济发展方式转型和产业结构调整升级,工业仍是农民工就业的主要选择,农民工作为统筹城乡发展主力军发挥着产业结构升级的劳动力支撑作用。农民工人力资本积累是获得"体面就业"的决定因素,能否在就业过程中获得培训、不断学习新技术是确保农民工获得良好且安稳职业发展前景的重要指标之一,是农民工人力资本提升的重要途径,在一定程度上支撑了农民工进入首要劳动力市场、增强城市可持续生计能力,获得较高预期收益进而提高融入城市能力。但是如何实现农民工稳定就业? 如何定位农民工人才的需求结构位置? 如何实现产业转型升级与人力资源储备协调发展? 中国面临着由"制造业大国"向"制造业强国"转型升级,人力资源也必须从"人力资源大国"向"人力资本强国"转型升级,农民工作为产业工人的"后继人",技能型人力资本无疑是主导,例如,广东省佛山市顺德区为了实现产业结构优化升级目标,制定了加快年轻技能型人才引进与培训计划,创新实施"蓝领工程师""未来工匠"一系列培训计划。由于高端、中低端等技能型人力资本的差异程度决定了宏观区域经济发展水平差异,高学历人才结构比重并不代表强劲的经济发展,但一个国家异质性人力资本含量与经济发展呈正相关①(孔宪香,2008)。因此,高端智能型人才必须要有技能型人才互补,数量庞大的中低端人才更是人力资本主要承载者,因此,技能型人才是对农民工人才结构的新定位,只有异质性技能型人力资本满足工业产业发展需求,才能提高农民工就业稳定性。最终,稳定的就业为农民工市民化提供经济基础,是农民工融入城市的根本,对于提高劳动力岗位动态匹配与协调发展具有重要意义。

第二节　农民工职业分层及发展现状

职业是区别各类社会人群经济地位的核心指标,具有超强的辨别度,职业分层常常被用作研究社会学,来刻画社会结构、社会流动和不平等的关键指标。不同的社会资源要素的组合会以不同的社会活动方法决定农民工群体在社会中的位置,构成不同的分工进而形成不同的层级,社会资源差异致使不同职业流向从而在事实上构成内部差异性很大的异质性群体。当代中国处于"四化同步"阶段,阶层结构一直改变,农民工分层和流动状况也在不断变化。自20世纪80年代以来,大量农民工进入城市,我国分别提出了"新型城镇化"、合理充分促进农民工市民化、持续推进基本公共产品实现均等化等,减少相关社会风险隐患,实现社会公平与公正的目标。但是农民工逐步转变为城镇居民始终是我国城镇化的难点,多数农民工未能实现市民化,长期以来农

---

① 孔宪香:《技能型人才是我国制造业发展的核心要素》,《郑州航空工业管理学院学报》2008年第1期。

民工职业流动向上机会受限,通过职业上行流动完成市民化过程举步维艰。随着其工作经验的积累、城市融入能力的提升,引导、支持农民工向上流动的就业方向是解决问题的关键所在。

一、农民工职业分层的阶层划分

本书借鉴"十大阶层理论",依据李春玲的职业声望排序表,采取 CHNS、CGSS 等中国综合社会调查问卷中的职业分类,与问卷调查和设计相关研究重,把农民工职业总结为七个种类,根据职业类型、职业地位、技术含量和中国独特的国情将其进行顺序排列,从低到高的顺序为:非技术工人、商业服务人员、自谋职业者、技术熟练工人、办事人员、管理人员、个体工商户、私营企业主,而且把这 7 个种类划分成"低端、中端、高端"三个职业社会等级,如图 10-1 所示。

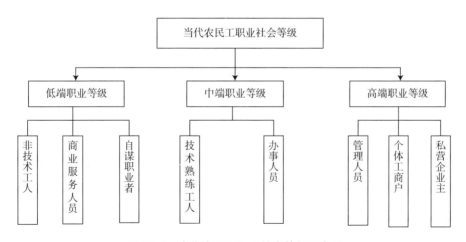

图 10-1　当代农民工职业社会等级示意图

其中,低端职业阶层主要有非技术工人、商业服务人员、自谋职业者;中端的职业阶层主要有技术熟练工人、办事人员;高端职业阶层主要有管理人员、个体工商户、私营企业主。划分的根据为:非技术工人、商业服务人员由于缺乏高等教育、技术人力资本要素和管理含量,他们的社会地位很低,难以靠除体力以外的其他能力生存;自谋职业者还是一种水平低、规模小、"自我剥削"的自雇用非正规就业,其就业不稳定、劳动强度大、收入不高,三种职业性质都属于"生存性就业",都属于低端职业阶层。技术熟练的农民工不是所谓的城市一级劳动力市场中具有技术含量的工程师或是高级技术人员,还具有"体力或半体力化"特征,与非技术体力劳动者不同的是具有一定的技术含量或因务工年数较长积累的丰富工作经验,具有一定的劳动权益保护或社会保障以及较为稳定的职业预期;而办事人员具有"去体力化"特征,接受过职业或高等教育的农民工尤其是文化程度较高的女性农民工更易成为办事人员,变成低端白领,但与体制内一级劳动力市场中的城镇职工相比,她们更多从事在体制外的私营企业或三资企业,收入较低,工作不稳定而且职业上升流动机会少。所以,把技术熟练工人与办事人员归入中端的职业阶层,其就业性质处于"生产性就业"和"发展性就业"中间。管理人员和个体工商户(私营企业主)是农民工中的精英分子,是农民工想要实现的目标。受教育程度、训练资历、进城工作年限、工作努力程度、心理素质是农民工能否变成管理精英的核心因素;自雇用的部分农民工因为市场需求经营规模上升到一定程度,通过自身不断努力,持续完善完成向上流动,创立优越的社会经济地位,让个体经营实现正规化,就业性质是"发展性就业",因而把管理人员和个体经营者(个体工商户、私营企业主)归为高端职业阶层,最后形成高低有序的三个职业等级和七个职业阶层。

二、农民工职业分层的发展现状

在既有的分析框架下,主要使用描述性统计在横向方向上以农民工职业分层与等级结构为视角,来判断农民工社会层次结构中的结构性和平等性问题;在纵向方向,以代际差异的视角,比较两代农民工等级格局的改变、社会结构变迁和阶层流动过程。农民工层次结构由社会传统的"倒丁字型"逐步向"金字塔型"过渡,拥有明显的顶层、底层两极化趋势,处于底层自谋职业的农民工仅占 6.19%,更多的农民工分布在雇员阶层和蓝领阶层,其中商业服务人员占比最高为 31.80%,非技术工人与技术熟练工人占比相当,分别为 24.66% 和 23.76%,如图 10-2 所示。与李强(2005)[①]的研究结果对比得出,现在的农民工"金字塔型"的职业分层结构很好的关联了农民工"倒丁字型"与城镇"橄榄型"职业分层结构,变成城乡二元结构之间的枢纽,减少了社会阶层结构相关关系,减小了社会风险事件出现的概率。

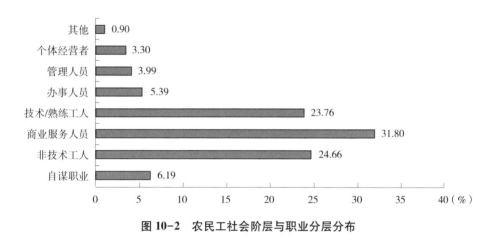

图 10-2　农民工社会阶层与职业分层分布

从代际差异视角比较新生代农民工与老一代农民工职业阶层分布如图 10-3 所示,两个群体的职业阶层分布相似,但在低端职业等级中,老一代农民工以非技术工人为主,占比最高为 30.88%,而新生代农民工以商业服务人员的职业阶层为主,占比最高为 34.28%。在中端的职业阶层,新生代农民工与老一代农民工在技术熟练工人占比相当,位居第三,表明城市化进程中,"四化推进"与中国产业结构转型升级,农民工由多数从事传统建筑业和制造业向从事商业服务业改变,而产业链由中端向高端转变,农民工则拥有较高的技术能力。在高端职业阶层,新生代农民工多处于办事人员与管理人员职业阶层,表明新生代农民工比老一代农民工有更优越的人力资本和竞争优势,发挥

① 李强:《中国大陆城市农民工的职业流动》,《社会学研究》1999 年第 2 期。

了"去体力化"机制作用,而老一代农民工较高比例处于个体经营者职业阶层,一定比例的农民工经过许多年打拼最终实现了生计资本的初步累积与生计策略的初步形成,积累了一定的劳动技能、经济资本,逐步提升了农民工自身的竞争力,从而提高职业阶层和社会地位水平。

新生代农民工大多数已退出农林牧副渔第一产业,开始向以工人、商业服务业人员为主的第二、第三产业和高层职业阶层流动。

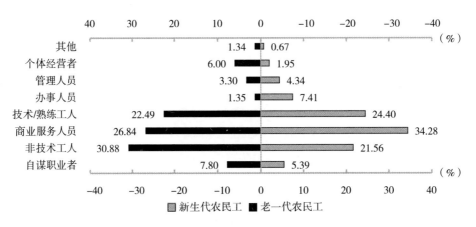

图 10-3 农民工职业阶层分布代际差异比较

中国农民工社会阶层与职业等级格局如图 10-4 所示,农民工在低端职业等级分布较多,占比 62.65%,30.05% 的农民工处于中端的职业等级,仅有 7.29% 的农民工处于高端职业等级。

田丰(2016)研究发现中国农民工大部分处于职业阶层中低端,其收入分布也有一样的特征。[①] 城市劳动力市场对农民工是选择性的"底层开放、上层区隔"模式,其后果可能形成一个以农民工为主、被城镇主流社会隔离的底层社会。中国劳动力市场对农民工的选择性吸纳形成了复杂的劳动力市场分割形式,在以蓝领工人为代表的低端劳动力市场中,因为户籍制度产生的歧视很

---

① 田丰:《职业公层视野下的城镇人口与农民工收入差距研究》,《河北学刊》2016 年第 36 期。

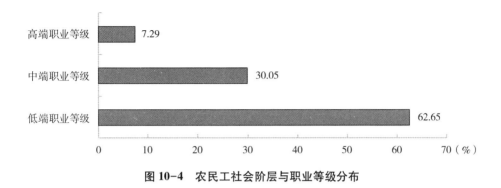

图 10-4 农民工社会阶层与职业等级分布

少,所以形成较高的市场开放程度;在以专业技术人员和管理者为主的高端劳动力市场中,由于户籍制度二元化导致的歧视,因此形成较低的市场开放程度。对于农民工而言,他们较易进入城市市场开放程度高的次级劳动力市场,但很难进入拥有较高社会地位和获得较多资源的中上层职业,职业分布上存在的"粘底板效应"和"天花板效应"促使农民工较多的集中在私营企业、底层职业和行业。其中,"粘底板效应"是指农民工在城市劳动力市场从事的往往都是低端职业,像被粘着在地板上一样堆积在劳动力市场的底端;"天花板效应"是农民工在城市劳动力市场中即使拥有从事较高职位的资格和水平,仍无法从事相匹配的职位。

以上研究表明,异质性层级分化中的当代农民工,其分化程度正在不断扩大。农民工从事非农化的职业多数,依旧从事雇员阶层和蓝领阶层,只有少数农民工受益于体制机制的改革和自身资本的储备,就职于管理阶层、个体经营阶层等人力资本需求层次较高的岗位,呈现出"结构化""固化"的发展趋势。根本原因在于农民工自身拥有的人力、经济、社会资本普遍较低,而社会上层职业岗位较少且趋于饱和,中层社会等级对其他层级的农民工保持不同程度的排他性,农民工上升流动受到极大限制。户籍壁垒也阻碍着农民工的进一步流动,推进新型城镇化的阻碍影响通过"职业分层"这只"看不见的手"更加隐蔽地发挥作用。经济学与社会学相互融合的研究视角有利于清晰、明白地研究我国社会的真实现状,特别应该注意我国现如今表现出的社会结构化倾向,重点关注职业阶层固化有关的社会不公平在城市劳动力市场领域内传播、传递效应,集中研究农民工向上的代际职业流动机制和主要障碍。

第三节　城市资本积累影响农民工收入问题研究

长期以来,农民工遭受户籍制度的"身份歧视"、外来人口的"地域歧视"以及人力资本壁垒的"职业门槛",他们很难进入一级劳动力市场并从属于正规就业部门,只能以"低收入、低保护、高流动、高风险"的就业状态滞留在次级劳动力市场的非正规部门或正规部门的非正规岗位从业。随意、非正规就业变成农民工就业的另一种说法。近年来,在"农民工新政"和"人的城镇化"背景下,农民工群体内部结构发生了阶层分化和职业分化,农民工并不再是处于社会底层"被边缘化"的同质性群体,部分农民工通过职业向上流动途径改善了自己的社会经济地位①(王超恩、符平,2013),进入一级劳动力市场或正规部门从事正规就业,农民工群体内部产生了正规就业与非正规两种就业性质的"就业分流"。进一步,非正规就业农民工内部存在异质性,表现为自雇就业,已成为农民工重要的就业形式,从流动商贩到个体经营,所涉及农民工群体数量大、行业多,故将农民工非正规就业进一步区分为自雇就业和受雇就业,旨在揭示非正规就业内部可能存在的异质性。再将社会资本纳入就业类型选择和收入决定模型,探讨社会资本对农民工内部不同群体间收入差距的贡献。因此,本节探讨的主要问题是:农民工异质性就业是否会导致农民工内部收入分化? 农民工异质性就业的收入差距及主要来源是什么?

---

① 王超恩、符平:《农民工的职业流动及其影响因素——基于职业分层与代际差异视角的考察》,《人口与经济》2013 年第 5 期。

一、农民工正规就业与非正规就业的收入差距研究

(一)农民工异质性就业及其收入差异

本书中,我们主要依据调查问卷中的问题"您目前工作的单位是什么类型?"(国有、集体、私营、个体及其他)"您目前从事的具体职业是什么?"(自谋职业者、非技术工人、管理人员、商业服务人员、个体经营者、办事人员及其他)"您与单位的劳动合同签订状况是?"(无劳动合同、无固定期限合同、>1年劳动合同、<1年劳动合同及其他)"您拥有以下哪些保险?"以及"总的来说,您目前的工作是否稳定?"(稳定、不确定、不稳定,临时工)来划分正规就业与非正规就业,并根据问卷中职业类型选择,进一步识别非正规自雇就业和非正规受雇就业,将自谋职业、个体经营者划分为自雇就业者,其余非正规就业人员划分为非正规受雇就业者。

以往文献研究收入差距通常将劳动者的月收入或小时收入取对数表示,但对数函数的二阶递减凸性,表示随着收入的增加,相同工资收入差距在高收入水平取得的对数值小于在低收入水平取得的对数值,也意味着相同对数收入差距值在高收入水平代表的收入差距与低收入水平代表的收入差距有很大的区别。因此,连续型收入对数值分析工资收入差距并非最优选择,更不是唯一选择。我们首先关注农民工各种就业类型的工资收入分布与群体间工资收入差别,为保证农民工调查数据结果的准确性和可获得性,用离散型收入将农民工月收入进行划分,由低到高划分为 1500 元以下 = 1,1500—1999 元 = 2,2000—2499 元 = 3,2500—2999 元 = 4,3000—3499 元 = 5,3500—4000 元 = 6,4000 元以上 = 7 这七个区间。虽然收入信息是不具体的,但是直观的表达农民工工资收入差距,"1"个门槛区间值代表 500 元的收入差距。从表 10-1 简单的统计描述可以看出,农民工正规就业和非正规就业群体之间工资收入差距较大,正规就业与自雇就业群体之间存在较小的收入差距,且非正规就业群

体的工资收入的方差最大,说明非正规就业内部工资分布较为离散,差异相对较大。进一步,采用基尼系数、泰尔指数、熵指数、对数标准差、Atkinson 指数等收入不平等指数度量农民工群体内部的收入不平等整体状况。计算结果显示,农民工非正规就业群体的基尼系数为 0.1964,而正规就业群体的基尼系数为 0.1480,自雇就业群体的基尼系数介于二者之间。总体来讲,非正规就业群体收入不平等程度高于正规就业群体,其他不平等指数的结果也类似。

表 10-1 农民工内部不同群体收入差距不平等指数

指数	总体样本	正规就业	非正规就业	自雇就业
样本数	2003	390	1603	208
均值	4.61058	5.34102	4.43397	5.18750
方差	2.45377	2.01965	2.39963	1.90849
基尼系数	0.19147	0.14803	0.19647	0.15275
第一泰尔指数	0.06056	0.03735	0.06355	0.03864
第二泰尔指数	0.05768	0.03531	0.06199	0.03695
熵指数	0.08349	0.04687	0.08758	0.04722
对数标准差	0.39083	0.29929	0.39873	0.31011
Atkinson 指数	0.14375	0.08570	0.14905	0.08630
P90/P10	2.333	2.333	2.333	2.333
P75/P25	1.600	1.750	1.667	1.750
P10/P50	0.600	0.650	0.750	0.800

(二)相关变量定义及特征

本书因变量选择农民工就业类型与农民工工资收入。主要自变量包括:

(1)人力资本。从农民工接受正规教育的受教育程度、技能等级、培训经历及外出务工年数反映人力资本的水平。

(2)社会资本。通过定位法测量农民工社会资本,定位法测量和计算的社会资本是结构性位置的接触。具体操作方法如下:在问卷中随机写出 20 个职业,并询问被访者以下问题"您的朋友、亲戚、邻居等都从事以下哪些职业?"(可多选)构建出三种指标:一是网差,即异质性,指个人在社会网络结构中的职业最高与最低得分的差值;二是网顶,即达高性,指个人的社会网络结构中可接触到职业中的最高得分;三是规模,即广泛性,指个人的社会网络结构中职业数的和。最后用因子分析对以上三种指标分析,构建出综合完美的社会资本变量。

(3)控制变量。依据陆学艺(2004)提出的十大阶层分类①与李春玲(2005)职业声望排序表②,根据 CHNS、CGSS 等中国综合社会调查问卷中的职业分类,在问卷设计与调查过程中,将农民工职业分为七种类型,依据职业属性、职业地位、技术含量及中国特殊国情四个标准对其分别排序,排序由高到低(7—1)分别为:私营业主、管理人员、办事人员、技术熟练工人、自谋职业者、商业服务人员、非技术工人;根据具体职业类型归属于各行业分布,按职业阶层高低相对应将行业由高到低(7—1)依次为:其他行业、商业、制造业、居民服务业、餐饮住宿业、建筑业、零散工。依据父亲的受教育水平与父亲收入衡量子代农民工的家庭背景及家庭收入状况。特征变量的描述性统计结果如表 10-2 所示。

表 10-2 特征变量的描述性统计

变量	变量解释	正规就业	非正规就业		
			总体	受雇	自雇
性别	男性 = 1,女性 = 0	0.705	0.600	0.595	0.685
年龄	16—24 岁 = 1,25—30 岁 = 2,31—35 岁 = 3,36—40 岁 = 4,41—45 岁 = 5,>45 岁 = 6	2.512	2.837	2.809	2.375

① 陆学艺:《当代中国社会流动》,社会科学文献出版社 2004 年版。

② 李春玲:《当代中国社会的声望分层——职业声望与社会经济地位指数测量》,《社会学研究》2005 年第 2 期。

续表

变量	变量解释	正规就业	非正规就业		
			总体	受雇	自雇
婚姻	已婚=1,否则=0	0.653	0.718	0.702	0.542
教育	小学=6,初中=9,高中=12,中专=13,大专=15	3.261	2.495	2.493	1.137
技能	没有技能=0,初级=1,中级=2	1.143	0.663	0.667	0.649
培训	参加=1,未参加=0	0.834	0.533	0.549	0.443
务工年数	定距变量	3.789	3.800	3.370	3.269
社会资本	因子分析得分值	0.341	-0.082	-0.171	0.533
求职途径	亲朋/老乡介绍=1,自己找=0				
行业阶层	零散工=1,建筑业=2,餐饮住宿业=3,居民服务业=4,制造业=5,商业=6,其他行业=7	3.261	2.554	2.636	1.971
职业分布	非技术工人=1,商业服务人员=2,自雇=3,技术熟练工人=4,办事人员=5,管理人员=6,私营企业主=7	3.376	2.609	2.397	4.009
单位性质	个体=1,私营=2,集体=3,国有=4	2.387	1.814	1.917	1.129
父亲教育	同上子代"教育"变量设置	1.206	1.110	1.111	0.106
父亲收入	同子代"收入"变量设置	3.689	2.881	2.902	2.775
样本量	390	1613	1409	208	

样本显示,农民工非正规就业者占总体比重达80.5%,其中,非正规就业受雇者比重为70.3%,自雇就业者为10.4%。从表10-2的描述性统计可以看出,男性比例在正规就业者和自雇就业者中较高;正规就业者的年龄小于非正规就业者,自雇就业者的年龄最小;正规就业者的已婚比例小于非正规就业者,自雇就业的已婚比例最小。人力资本方面,不同就业类型的受教育程度存在较大差异,在受教育程度、技能等级、参加培训经历等方面,正规就业农民工统计值显著高于非正规就业者,拥有明显的人力资本优势,而自雇就业受教育程度与参加培训的比例值最低。进一步观察发现,正规就业农民工职业阶层、行业阶层明显高于非正规就业农民工,在集体、国有部门中,正规就业者比例

明显高于非正规就业者,显示正规就业者"去农民工化、去体力化"特征,说明人力资本高低与职业、行业阶层、单位类型(所有制)相关;外出务工年数也是正规就业者最高,自雇就业与受雇就业者外出务工年数接近。从社会资本来看,社会资本因子得分值最高的是自雇就业农民工,其次为正规就业农民工,受雇就业者社会资本存量最低,表明自雇就业者拥有明显的社会资本优势。邹宇春、敖丹(2011)认为进入劳动力市场之后获得的不同就业状态与职业特征会影响社会资本再生成,影响社会资本平等性,进而影响收入水平与社会结构。① 从家庭背景来看,不论是父亲受教育程度还是父亲收入,非正规就业者家庭出身条件劣于正规就业者。

二、农民工就业类型选择及其收入决定

(一)农民工就业类型选择模型

农民工从事正规就业或非正规就业并非随机选择,在分析农民工就业类型选择与劳动供给决策时,劳动者是否从事正规就业的影响因素包括:受教育程度、技能等级、外出务工年数以及其他人力资源禀赋,最重要的是,该决策也和社会资本与社会关系网络有关。程诚、边燕杰(2014)认为即使农民工具备一定的人力资本,但有可能因缺乏社会资本而从事低收入工作或非正规就业,充分说明就业类型选择与职业获得不仅是人力资本问题,也可能受制于社会资本。② 因此,将社会资本纳入考察农民工在城市劳动力市场从事正规就业还是非正规就业的影响因素中,并进一步区分非正规就业内部异质性——非正规受雇就业和自雇就业类型选择的决定因素,反映农民工就业是正向自我选择还是存在被动选择的市场扭曲或效率损失,有助于理解我国劳动力市场

---

① 邹宇春、敖丹:《自雇者与受雇者的社会资本差异研究》,《社会学研究》2011 年第 5 期。
② 程诚、边燕杰:《社会资本与不平等的再生产——以农民工与城市职工的收入差距为例》,《社会》2014 年第 4 期。

的发育状况。关于农民工就业类型选择模型估计,首先,以非正规就业为参照组,对正规就业类型选择的 Probit 概率模型进行估计,分析农民工正规就业选择的影响因素;进一步以正规就业为参照组,对非正规就业类型选择的多元 Mlogit 模型进行估计,分析非正规就业两种不同就业类型选择的影响因素,估计结果如表 10-3 所示。

表 10-3 农民工就业类型选择模型估计

变量	正规就业 Probit 估计(参照组:非正规就业)	非正规就业 Mlogit 估计	
		受雇(参照:正规就业)	自雇(参照:正规就业)
性别	0.3655 ** (1.96)	-0.2736 *** (-2.00)	-0.3043 (-1.51)
年龄	-0.2529 *** (-4.20)	0.24333 *** (3.83)	0.3374 *** (3.74)
婚姻	0.1217 (0.77)	-0.1117 (-0.69)	-0.2762 (-1.10)
教育	0.4641 *** (7.05)	-0.4636 *** (-6.88)	-0.3299 *** (-3.30)
技能等级	0.1556 ** (1.88)	-0.1021 (-1.20)	-0.4914 *** (-3.74)
培训	0.9927 *** (3.62)	-1.012 *** (-5.11)	-1.6182 *** (-5.53)
求职途径	0.1140 (1.26)	-0.0255 (-0.28)	-0.6216 *** (-4.24)
社会资本	0.2173 *** (3.38)	-0.3275 *** (-4.91)	0.4743 *** (4.82)
外出务工年数	0.2151 *** (3.35)	-0.2587 *** (-3.95)	0.1097 (1.07)
迁移距离	0.2605 *** (3.34)	-0.2492 *** (-3.14)	-0.2086 * (-1.81)
常数项	-3.664 *** (-11.41)	3.6073 *** (11.03)	0.1949 (0.39)
Loglikelihood	-883.41695	-1421.2286	-1421.2286

续表

变量	正规就业 Probit 估计（参照组：非正规就业）	非正规就业 Mlogit 估计	
		受雇（参照：正规就业）	自雇（参照：正规就业）
Pseudo R^2	0.051	0.1128	0.1128
N	390	1409	208

注：***表示 P<0.01，**表示 P<0.05，*表示 P<0.1。

首先，从个人特征因素来看，影响农民工就业类型选择的人口学变量包括性别、年龄、婚姻。男性从事正规就业的概率比女性高 0.441 个百分点，女性从事非正规就业的概率比男性高 0.268 个百分点，女性和男性成为自雇经营者的概率不具有性别差异。年龄对农民工就业类型的选择具有"代际差异"的特殊解释作用，年龄因素体现生命周期和代际变迁，表现为农民工年龄越大，越倾向于非正规就业，可能的原因是：随着年龄的增加，第一代农民工外出务工动机、个人诉求、文化素质、价值取向与新生代农民工有显著差异，该群体人力资本相对更加匮乏、家庭负担重、自身诉求不高的特性，使第一代农民工更多地在不规范的、非正式的低端次级劳动力市场就业，相比于非正规受雇就业，第一代农民工更偏好选择收入相对较高、风险也更高的自雇就业，体现在自雇就业年龄系数高于受雇就业年龄系数。而新生代农民工就业选择更加注重职业发展空间和向上流动的机会，再加上自我劳动保护维权意识的强化，积极争取实现有劳动保障的正规就业。婚姻对农民工就业类型选择的影响不显著。

其次，就人力资本因素来说，影响农民工就业类型选择的因素主要有受教育程度、培训状况和技能等级，而且受教育程度高低对农民工竞争正规就业类型作用突出，农民工受教育程度越高，选择正规就业的概率越大。除了教育程度对人力资本的形式有显著影响外，技能等级和培训经历也对农民工正规就业选择有显著的正向影响，技能水平每提高一个等级，选择正规就业的概率增加 0.163 个百分点,农民工接受过培训,从事正规就业的概率会增加 1.696 个百分点,同时,从事非正规受雇就业或自雇就业的概率均有不同程度的下降。

再次,从社会资本和外出务工年数来看,农民工外出务工年数越高,从事正规就业的概率越高。农民工社会资本的构建与积累、数量的大小、质量的高低与其外出务工年数长短高度相关。社会资本影响农民工就业类型选择和劳动力职业配置的作用机制在于:社会资本更多的农民工获得劳动力市场需求信息的能力更强,就业渠道更通畅,具有更多获取正规就业的机会,其中,社会资本对非正规自雇就业者具有不可或缺的关键作用,相比于人力资本,自雇农民工更多是依赖社会资本狄得生存和发展的关键性资源、就业机会和经济支持。

最后,农民工外出务工的迁移距离对农民工就业类型的选择有正向作用。以市、县内迁移为参照,相比于市、县内就近迁移的农民工,省内迁移或跨省迁移的农民工更倾向于选择正规就业,迁移距离越远,从事非正规受雇就业和自雇就业的概率越小,表明远距离迁移的农民工可能拥有的人力资本较高,有助于增加农民工选择正规就业的概率。

(二)农民工工资收入决定模型与估计

为了有效的验证农民工不同群体的工资收入差距,需要尽可能全面的控制对收入水平以及劳动力供给决策产生影响的变量,需将农民工个人特征、人力资本、社会资本、家庭背景及职业特征等多方面变量纳入农民工工资收入决定方程,考察各变量对农民工工资收入的影响。本书对工资收入决定方程的估计分两步完成:第一步,利用有序相应(Ologit)模型,分群体构建工资收入决定方程,分别考察总体样本、农民工正规就业群体、非正规受雇就业群体和自雇就业群体工资收入决定的影响因素,依据人力资本、社会资本、个人特征变量回归系数大小,对比分析各变量在不同群体间的回报率差异;第二步,利用分位数(Quantitle)回归模型,全面刻画不同群体各分位数上的收入分布状况,分群体构建农民工正规就业和非正规受雇、自雇就业的分位数回归模型,选择 0.25、0.5、0.75 代表性分位数,分别代表次低收入组、中间收入组和次高收入组,观察各要素在不同群体、不同收入水平的边际回报率,并对非正规就业的农民工群体是否存在收入歧视及歧视程度进行度量。

1. 农民工工资收入决定的有序相应模型估计与分析

利用有序相应模型估计农民工工资决定模型,在总体样本的"共性"趋势进行分析基础上,再将农民工非正规就业(受雇和自雇)与正规就业估计结果进行对比分析,估计结果如表 10-4 所示。

表 10-4　农民工工资收入决定模型估计

变量	总体就业	正规就业	非正规就业	
			受雇	自雇
正规就业	0.4261*** (4.71)			
性别	1.1495*** (12.41)	0.9208*** (4.36)	1.1779*** (11.47)	0.2432 (0.83)
年龄	0.1391*** (3.00)	0.0778 (0.70)	0.1429*** (2.80)	0.0534 (0.37)
婚姻	0.01867 (0.16)	−0.0155 (−0.06)	−0.0344 (−0.26)	0.5722 (1.46)
教育程度	0.1922*** (4.06)	0.2115** (2.02)	0.2002*** (3.99)	0.1161 (0.89)
技能	0.5697*** (8.45)	0.5884*** (4.04)	0.5625*** (7.31)	0.5324*** (2.65)
务工年数	0.5093*** (11.07)	0.5164*** (4.76)	0.5033*** (9.91)	0.5168*** (3.27)
求职途径	−0.0315 (−0.46)	0.057 (0.42)	−0.0634 (−0.81)	0.3733* (1.92)
社会资本	0.2572*** (5.41)	0.2381** (2.17)	0.2846*** (5.43)	0.5285*** (3.77)
职业	0.3441*** (10.51)	0.3932*** (5.17)	0.3365*** (9.31)	————

续表

变量	总体就业	正规就业	非正规就业	
			受雇	自雇
行业	0.1157*** (4.27)	0.1174*** (2.17)	0.1219*** (3.87)	————
父亲文化	-0.1173 (-0.85)	0.7720** (2.17)	-0.3475** (-2.14)	-0.5274 (-1.18)
父亲收入	0.2540*** (9.65)	0.2691*** (4.48)	0.2474*** (8.37)	0.3907** (4.68)
Loglikelihood	-2702.0002	-532.80259	-2195.2355	-257.5752
Pseudo R^2	0.1463	0.1400	0.1330	0.1095
N	1970	364	1428	178

注:***表示 P<0.01,**表示 P<0.05,*表示 P<0.1。

首先,在总体样本中分析"共性"趋势。正规就业虚拟变量的回归系数为0.4216,显著为正,表明农民工从事正规就业工资收入要高于非正规就业农民工,二者之间有很大的收入差距。性别系数显著为正,表示性别工资差异在我国农民工劳动力市场普遍存在,女性农民工收入低于男性农民工。从受教育程度、技能等级、务工年数等人力资本特征来看,各项系数显著为正,表明农民工普适性、专用性、技能性人力资本存量越高,农民工收入水平越高。贝克尔(Becker,1979)认为流动者进入公开竞争的劳动力市场,他们在迁入地的经济状况主要取决于人力资本。[1] 农民工人力资本在城市劳动力市场得到一定的回报,发现我国城市劳动力市场的市场化程度逐渐发展并成熟。农民工求职途径这个因素总体来说对收入水平影响不显著,其社会资本变量显著为正,表明社会资本存量大小、质量高低显著影响行动者在劳动力市场的结果,正向作用于农民工收入。与波特斯、森森布伦纳(Portes,Sensenbrenner,2003),李培林等(2001)研究相一致,流动者在迁入地的社会关系网络与流动者在流入地

---

① G.S.Becker,N.Tomes,"An Equilibrium Theory of the Distribution of Income and Intergenerational Mobility",*Journal of Political Economy*,Vol.87,No.6(1979),pp.1153-1189.

的社会经济地位密不可分①②。"空位竞争模型"理论认为,劳动者收入不平等并不仅仅取决于个人特征与资本禀赋的差异,流动者所处的行业、职业阶层对他们的收入有着明显的影响。在总体样本中,农民工行业、职业系数显著为正,表明行业或职业阶层越高,农民工收入越高,也意味着农民工内部存在职业阶层分化引致的收入分化。最后,从父亲受教育程度与父亲收入所刻画的家庭背景来看,父亲受教育程度并不直接作用于农民工收入水平,而父亲收入系数显著正向作用于子代农民工收入,表现为一定程度的代际收入传递。

其次,将非正规就业细分为受雇就业与自雇就业,对比分析正规就业与受雇就业、自雇就业群体之间影响因素系数值差异。研究发现,对于自雇就业农民工,性别、婚姻、年龄、教育和技能等方面的特征对收入的影响不显著,原因是自雇就业是以市场为导向的私营企业竞争,影响其经济规模与收入水平更为重要的因素是个人能力、绩效、社会资本与机遇等;正规就业与受雇就业回归系数总体上呈现与总体样本相同的趋势,但在系数大小上存在差别,表现为一定的市场回报率差异。劳动经济学认为,同样的资源禀赋在不同的群体之间应产生同样的回报率,若存在可测量的回报率差异,则视为劳动力市场歧视。下面是具体的分析:

第一,对于正规就业农民工而言,正规就业农民工相别系数小于非正规受雇就业农民工,表明非正规就业女性农民工收入水平相对较低,这可能是因为非正规受雇女性农民工遭遇的性别歧视程度最高,或是存在"分配性歧视",使非正规受雇女性农民工集中在"低收入行业";自雇就业性别系数并不显著,说明自雇就业男性农民工收入并不比女性收入高。

第二,与正规就业农民工相比,非正规就业受雇农民工在受教育程度、技

---

① Alejandro Portes,Julia Sensenbrenner,"Embeddedness and Immigration:Notes on the Social Determinant of Economic Action",*American Journal of Sociology*,No.98(6,May 1993),pp.1320-1350.

② 李培林等:《就业与制度变迁——两个特殊社会群体的求职过程》,浙江人民出版社2001年版。

能等级、务工年数、职业阶层等变量系数值略小于正规就业农民工,表明人力资本高低代表劳动者跨越职业阶层门槛的能力,无论正规就业还是非正规就业劳动者都能得到一定程度的教育回报,但是非正规受雇就业农民工多集中在劳动密集型行业,"工资低廉、就业灵活"的工资报酬机制遵循劳动生产率原则,教育"信号"对工资收入影响弱于正规就业的农民工。

第三,相比于正规就业农民工,社会资本对非正规就业农民工的回报率均高于正规就业回报率,值得注意的是,自雇就业农民工社会资本回报系数为0.5825,高于正规就业回归系数值两倍多,表明非正规就业农民工由于自身教育水平低且缺乏专业技能的人力资本壁垒以及其他资源的有限性,更倾向于运用社会资本"嵌入性资源"来扩展自身的资源禀赋,从而直接或间接的影响其收入水平。在非正规就业内部,与受雇就业农民工相比,自雇就业农民工表现在拥有更多的工具型社会资本(相对于情感型社会资本),他们更积极主动的动员自己的社会资本获取市场信息和获益的生意机会,尤其在农民工融资途径和方式有限的市场机制下,拥有一定数量社会资本的自雇农民工很可能获得更广泛的信贷网络,有助于扩大自己的经营规模。武岩、胡必亮(2014)认为社会资本会借助信贷网络间接影响社会资本存量不同的农民工收入,拉大农民工群体内部的收入差距。[①]

第四,家庭背景对不同群体农民工影响不同,自雇就业农民工受父亲收入的影响程度最大,可能的原因是:自雇就业的农民工需要积累一定的投资经商资金与市场份额占有率,更容易受父亲职业与父亲收入决定的家庭出生背景与家庭经济资本的影响。

2 农民工工资收入决定的分位数回归与分析

在进行分位数回归时,农民工工资收入决定方程的变量仍然取上述因素(包括人力资本、社会资本等因素),分位数回归结果如表10-5所示,可以看

---

① 武岩、胡必亮:《社会资本与中国农民工收入差距》,《中国人口科学》2014年第6期。

出分位数回归结果与有序相应模型回归结果十分接近,自雇就业农民工的个人特征变量与人力资本变量对工资水平影响不显著的估计结果基本一致。因此,我们仅仅关注反映不同分位数上各因素影响工资水平的系数差异与变化规律,以期全面了解各变量影响农民工工资水平的分布特征和作用大小。

表 10-5　农民工工资收入决定分位数模型估计

	正规就业			非正规就业(受雇)			非正规就业(自雇)		
分位数	25	50	75	25	50	75	25	50	75
性别	0.629*** (3.91)	0.625 (5.91)	0.674 (2.49)	0.772*** (7.30)	0.974*** (10.04)	1.066*** (12.36)	−0.047 (−0.18)	0.126 (0.46)	0.074 (0.23)
年龄	0.140** (1.93)	0.048 (0.62)	0.131* (1.78)	0.064 (1.11)	0.131** (2.81)	0.182*** (3.42)	0.085 (0.83)	0.096 (0.65)	0.104 (0.60)
婚姻	0.091 (0.43)	0.008 (0.03)	−0.058 (−0.31)	−0.077 (−0.60)	−0.081 (−0.74)	−0.057 (−0.39)	0.320 (1.07)	−0.064 (−0.15)	−0.076 (−0.22)
教育程度	0.036 (0.57)	0.1945** (1.90)	0.172*** (0.67)	0.093* (1.82)	0.165*** (2.69)	0.127*** (2.41)	0.092 (1.21)	0.056 (0.48)	0.085 (0.69)
技能	0.262*** (2.62)	0.443*** (4.41)	0.476*** (4.85)	0.424*** (6.96)	0.422*** (6.00)	0.358*** (3.39)	0.336 (1.31)	0.283 (0.96)	0.063 (0.23)
务工年数	0.630*** (3.61)	0.442*** (4.93)	0.308** (2.38)	0.275*** (6.80)	0.375*** (8.82)	0.374*** (6.30)	0.264*** (1.80)	0.334*** (2.04)	0.208** (2.12)
社会资本	0.028 (0.29)	0.063 (0.60)	0.052 (0.57)	0.143** (2.87)	0.191*** (3.07)	0.142*** (2.60)	0.317** (2.42)	0.268** (1.79)	0.397*** (2.92)
职业	0.293*** (6.13)	0.258*** (3.29)	0.261*** (3.84)	0.314*** (7.50)	0.268*** (5.02)	0.293*** (8.43)	0.107 (1.62)	0.154* (1.77)	0.173** (2.26)
行业	0.052 (1.16)	0.133*** (2.45)	0.021 (0.38)	0.087*** (2.76)	0.114*** (3.39)	0.105*** (2.64)	−0.005 (−0.08)	0.013 (0.20)	0.044 (0.50)
父亲收入	0.261*** (0.12)	0.181*** (4.07)	0.106*** (3.24)	0.146*** (3.50)	0.166*** (6.72)	0.137*** (4.84)	0.276*** (3.02)	0.302*** (3.46)	0.216*** (3.09)
常数项	0.052 (0.12)	0.428 (1.58)	2.630*** (3.24)	0.339 (1.30)	0.244 (0.76)	1.001*** (3.35)	1.032 (1.42)	1.535** (2.00)	2.926*** (3.10)
Pseudo R^2	0.2428	0.2366	0.1630	0.1630	0.2281	0.2531	0.2003	0.1810	0.2091

注:***表示 P<0.01,**表示 P<0.05,*表示 P<0.1。

　　首先,从个人特征来看,性别因素对正规就业农民工的影响仅在 0.25 分位数上显著,性别工资差异变化幅度不大,对非正规受雇就业农民工在各分位数上影响显著,并随收入水平上升而逐渐增加,表明非正规受雇就业农民工工资获得存在的性别歧视在高收入水平程度最高;年龄仅对正规就业低收入人群和非正规受雇就业群体影响显著,年龄对工资的影响随分位数提高而逐渐增加;婚姻在不同分位数上对收入影响均不显著,说明婚姻溢酬现象在农民工群体中不明显。

其次,从人力资本来看,对正规就业和非正规受雇就业农民工,受教育程度回报率随分位数由低到高的趋势明显,但在0.75分位数水平上回归系数的上升趋势停滞甚至反转,说明在较高的工资收入水平上,个人能力等其他不可观测的因素对工资的影响力度更大;技能等级对正规就业农民工工资影响,随收入水平提高而逐渐增加,充分说明技能性人力资本在正规就业高收入群体中劳动生产率和回报率更高,而对非正规受雇就业农民技能回报率,在中低分位数上基本一致,回归系数在0.424—0.422之间波动,在0.75高分位数上略有下降趋势。务工年数从某种程度上反映了农民工外出务工所具有的工作经验和工作资历积累,务工年数对农民工各群体各分位数上的工资收入影响均显著,但呈现不同的变化规律。对正规就业农民工,随着分位数提高其影响程度逐渐下降,而对非正规就业农民工,在中低分位数水平,对受雇就业与自雇就业的影响十分接近,但在高分位数上务工年数对受雇就业农民工的影响大于自雇就业农民工,表明正规就业高工资岗位更注重教育或技能水平等专用性人力资本,自雇就业农民工高工资岗位更注重社会资本等市场因素,而非正规就业农民工由于人力资本的普遍匮乏,在高工资岗位上注重劳动者的经验积累。

最后,社会资本对非正规就业群体影响在各分位数上均显著,对非正规自雇就业群体工资收入的影响程度大于受雇就业群体,且随分位数提高其影响程度逐渐增强,对受雇就业农民工中等收入群体影响程度最大。职业阶层对正规就业及非正规受雇就业农民工收入有较大的影响,在各分位数上,对非正规受雇就业影响程度大于正规就业群体,可能的原因是:非正规就业群体获取职业向上流动的机会明显少于正规就业群体,农民工正规就业者向上流动有可能争取到国有企业部门管理者或专业技术人员,而非正规受雇就业所能取得的最高职业阶层是私营企业管理人员或办事人员,这种职业流动渠道的狭窄和"天花板效应"决定了非正规受雇就业农民工从职业底层进入中上层所需突破的结构屏障和能力障碍,因此,职业阶层的高低对于非正规受雇就业农民工工资收入的影响程度显著高于正规就业群体。对行业阶层高低的影响也具有同样的意义。最后,父代收入对各群体工资收入影响均显著,在各分位数上,对自雇就业农民工影响最大,估计结果与形成原因与上述有序相应模型分析一致。

第四节　城市资本积累影响农民工收入差距形成因素分析

——基于分位数分解法

一、分位数分解法

利用瓦哈卡(Oaxaca,1973)和布标德(Blinder,1973)提出的衡量工资性别歧视的经典分解方法[1][2],基于农民工工资决定方程,分解农民工内部不同群体劳动者之间工资收入差距并分析各要素对收入差距的贡献,Oaxaca-Blinder 分解方法可以表示为

$$\bar{w}_f - \bar{w}_i = \bar{x}_f \beta_f - \bar{x}_i \beta_i = \bar{x}_f \beta_f - \bar{x}_i \beta_f + \bar{x}_i \beta_f - \bar{x}_i \beta_i = (\bar{x}_f - \bar{x}_i) \beta_f + (\beta_f - \beta_i) \bar{x}_i$$

$$(10-1)$$

---

① Ronald Oaxaca,"Male-Female Wage Differential in Urban Labor Markets",*International Economic Review*,Vol.14,No.3(1973),pp.693-709.

② Alan S.Blinder,"Wage Discrimination:Reduced form and Structural Estimates",*Journal of Human Resources*,Vol.8,No.4(1973),pp.436-455.

式(10-1)中, f 和 i 分别表示正规就业和非正规就业, W 表示农民工工资收入, $\overline{w_f}$ 和 $\overline{w_i}$ 分别表示正规和非正规就业农民工的工资收入的平均值; X 表示工资决定方程的解释变量, $\overline{x_f}$ 和 $\overline{x_i}$ 分别表示正规就业和非正规就业农民工的个人要素禀赋向量的平均组,即年龄、教育、务工年数、社会资本等; $(\overline{x_f} - \overline{x_i})\beta_f$ 指"特征差异",表示当正规与正规就业农民工取得同等的要素回报率,即市场不存在歧视的情况下,仅由于正规就业者个人要素禀赋的特征差异而产生的工资收入差距; $(\beta_f - \beta_i)\overline{x_i}$ 指"系数差异",表示二者个人特征相同的情况下,由于非正规就业群体和正规就业群体各要素禀赋存在差异,导致不同的市场回报率从而产生工资差异,这是由于歧视造成的要素价格差异。

MM 分位数分解弥补了 Oaxaca-Blinder 分解方法仅在条件均值分解收入差距的局限,是分解方法的进一步推广,实现了在不同分位点处分解工资收入差距,揭示工资收入差距在整个收入条件分布上的变化规律和形成机制。结合分位数回归模型,分位数分解方法可以表示为

$$Q_\theta(w_f) - Q_\theta(w_i) = [Q_\theta(w_f) - Q_\theta(w_i^*)] + [Q_\theta(w_i^*) - Q_\theta(w_i)]$$

$$(10-2)$$

其中, θ 表示工资条件分布的第 θ 个分位点, $Q_\theta(w^*)$ 表示非正规就业者拟真的反事实工资分布,表示赋予非正规就业者与正规就业群体相同的特征分布,唯一区别是仍保持各自特征回报率不变,由此, $[Q_\theta(w_f) - Q_\theta(w_i^*)]$ 指"系数差异"; $[Q_\theta(w_i^*) - Q_\theta(w_i)]$ 指"特征差异"。

二、研究结果与分析

(一)Oaxaca-Blinder 分解

为分析农民工群体不同就业类型收入差距的来源及各个解释变量对收入差距的影响,我们首先给出 Oaxaca-Blinder 分解结果如表 10-6 所示。

表 10-6　不同就业类型农民工群体收入差距 Oaxaca-Blinder 分解

差距分解	正规与非正规就业		正规就业与自雇		自雇与受雇	
	数值	贡献率(%)	数值	贡献率(%)	数值	贡献率(%)
总收入差距	0.88265	100	0.22769	100	0.74826	100
特征差异	0.51917	58.81	0.04923	21.62	0.52273	69.80
人力资本	0.07248***	8.221	0.07278***	31.69	-0.00017	-0.023
社会资本	0.04438***	5.028	-0.11183***	-49.12	0.20920***	27.96
职业	0.19221***	22.15	0.01415***	6.215	0.20795***	27.74
行业	0.03232***	3.661	0.05847	25.68	-0.02069	-2.765
家庭背景	0.14327***	16.23	0.07092	31.14	0.03481	4.625
其他	0.03121	3.536	-0.05526	-112.24	0.22269	29.97
系数差异:	0.28655	32.47	0.22098	97.05	0.23430	31.31
人力资本	0.09483***	10.74	0.18416***	79.69	-0.10711	-14.31
社会资本	-0.03315	-3.755	-0.08189***	-35.97	0.07954***	10.62
职业	0.04472***	5.066	0.08629***	37.90	-0.09406	-12.57
行业	-0.11182	-12.67	0.01425	6.258	-0.04186	-5.594
家庭背景	0.08832	10.01	-0.13199	-59.97	0.16990	22.71
其他	0.20365	23.07	0.151286	67.14	0.22789	30.46
常数项差异	0.07688	8.710	-0.04252	-18.670	0.0088	1.172

注:***表示 P<0.01,**表示 P<0.05,*表示 P<0.1。

　　首先,分析正规就业与非正规就业农民工收入差距。从(1)列的分解结果看,正规就业与非正规就业农民工收入差距是特征差异与系数差异共同作用的结果,特征差异作用大于系数差异,总收入差距为 0.88265。结果显示,正规就业农民工在人力资本、社会资本、职业、行业、家庭背景等方面优于非正规就业农民工,明显存在资本要素禀赋优势,特征差异的总体影响为0.51917,解释了总收入差距的 58.81%;而系数差异表示的价格歧视效应主要来自正规就业农民工在教育、职业及其他不可观测因素的要素回报率高于非正规就业农民工回报率,而在社会资本、行业上存在着对正规就业农民工的逆歧视,但影响不显著,系数差异的总体影响为 0.28655,解释了收入差距的 32.47%。统计性歧视为 0.07688,解释了总工资差异的 8.71%。

其次,分析正规就业与非正规自雇就业农民工收入差距。从(3)列的分解结果看,正规就业与自雇就业农民工收入差距来源于系数差异,总收入差距为 0.22769。结果显示:系数差异的总体影响为 0.22098,解释了工资差异的 97.05%,正规就业农民工在人力资本、职业阶层等因素市场回报率显著高于自雇就业农民工,表明劳动力市场存在对自雇就业农民工的市场价格歧视;社会资本系数差异显著为负,表明在社会资本上存在自雇就业对正规就业的逆价格歧视,社会资本负效应在一定程度上减轻了正规就业与自雇就业的歧视性系数差异。而特征差异的总体影响为 0.04923,解释了总差异的 21.62%,正规就业与非正规就业较低的价格差异并非二者要素禀赋特征值的相似,而是由于他们各自在不同的要素禀赋上具有比较优势,表现在正规就业农民工具有人力资本禀赋比较优势,而自雇就业农民工具有社会资本禀赋比较优势,因此,人力资本正特征效应与社会资本负特征效应相互抵消,降低了总体特征差异,缩小了二者的收入差距。统计性逆歧视为 -0.04252,解释了总差异的 -18.670%。

最后,分析非正规就业自雇与受雇农民工工资差异。从(5)列分解结果看,非正规受雇就业与自雇就业农民工收入差距来源于系数差异与特征差异的共同作用,其中特征差异的作用大于系数差异,工资总差异为 0.74826。特征差异表现在自雇就业农民工在社会资本、职业阶层、个人特征等方面优于受雇就业农民工,特征效应总体影响为 0.52273,解释了总差异的 69.80%;系数差异总效应为 0.23430,解释了工资差异的 31.31%,表现在自雇就业农民工在社会资本上具有较高的回报率。统计性差异为 0.0088,解释了总差异的 1.172%。

总的来说,对于正规就业与非正规就业农民,收入差距来源于农民工人力资本配置向正规就业倾斜,正规就业农民工人力资本禀赋优势与人力资本回报率价格歧视双重贡献拉大了收入差距；对于正规就业与非正规自雇就业农民工，正规就业农民工人力资本禀赋优势与自雇就业农民工社会资本禀赋优势正负效应相互抵消，缩小了二者的工资收入差距；对于非正规自雇就业与受雇就业农民工，收入差距来源于自雇就业较高的社会资本禀赋和社会资本回报率价格歧视双重贡献拉大了收入差距。

（二）MM 分位数分解

在工资收入条件分布上，收入差距在工资分布低端较大的现象称为"粘地板效应"，在工资分布高端较大的现象称为"天花板效应"。我们重点关注不同分位数上收入差距的变动规律，以及收入差距分解的特征差异与系数差异的变化趋势。表 10-7 给出了各种就业类型农民工群体收入差距的分位数分解结果，结果表明：正规和非正规就业农民工群体的工资收入差距是系数差异（要素回报差异）和特征差异（要素禀赋差异）共同作用的结果；正规就业与受雇就业农民工收入差距完全由系数差异（制度性歧视）解释；自雇就业与受雇就业农民工中高端分位数收入差距完全被两群体特征差异（要素禀赋差异）所解释，不存在制度性歧视的系数差异。

表 10-7　不同就业类型农民工群体收入差距分位数回归分解

差距分解 分位数	正规就业			非正规就业（受雇）			非正规就业（自雇）		
	25	50	75	25	50	75	25	50	75
总差异	1.067*** (9.46)	0.989*** (11.27)	0.829*** (29.74)	0.210*** (2.33)	0.392*** (4.08)	0.438*** (4.95)	0.883*** (7.25)	0.780*** (7.73)	0.727*** (4.50)
占比（%）	100	100	100	100	100	100	100	100	100
特征差异	0.661*** (8.50)	0.663*** (8.04)	0.557*** (7.49)	−0.038 (−0.22)	0.007 (0.04)	−0.023 (−0.10)	0.649*** (5.99)	0.746*** (7.70)	0.757*** (6.78)
占比（%）	67.2	67.0	61.9	−18.1	1.80	−5.25	77.9	95.5	104.12
系数差异	0.406*** (7.55)	0.327*** (5.94)	0.272*** (8.04)	0.248*** (2.44)	0.384*** (3.75)	0.461*** (2.94)	0.234*** (5.25)	0.035 (0.67)	−0.031 (−0.51)

续表

差距分解分位数	正规就业			非正规就业（受雇）			非正规就业（自雇）		
	25	50	75	25	50	75	25	50	75
占比(%)	32.8	33.0	38.1	118.1	98.20	105.25	28.1	4.49	-4.12

注:括号内的值为自重复抽样(bootstrap)100 次的 t 值;***表示 P<0.01,**表示 P<0.05,*表示 P<0.1。

首先,对于正规就业与非正规就业农民工,收入差距随分位数提高收入水平上升而下降,总体差距在工资分布的末端大于顶端差距,具有一定的"粘地板效应"。对于总体差距在不同分位数上所表现出的变化规律,其原因可能是:当工资收入分布处在中低端时,与其相匹配的非正规就业农民工主要集中在建筑业、餐饮服务业等低层次劳动密集型行业,从事劳动强度大、就业不稳定、工作环境差的临时工,更容易遭受农民工"身份"歧视与城乡户籍制度歧视联合作用下的"工资歧视",市场机制作用下"被动选择"非正规就业,工资收入与相同分位数的正规就业群体差距较大;而工资收入分布处在高端的非正规就业农民工,其多数是具有一定经验、技术水平的技术熟练工人或私营企业办事、管理人员,这部分人选择非正规就业是出于自愿的"主动选择",工资收入与相同分位数的正规就业群体差距有所减小。

其次,对于正规就业与自雇就业农民工,收入差距随分位数提高收入水平上升而拉大,在不同分位数上,特征差异几乎为零,收入差距完全由系数差异导致的工资差异解释,表明导致农民工正规就业和自雇就业之间工资收入差距的最主要来源是制度性歧视。相比于正规就业,在中国正式制度欠完善的政策环境下,对农民工非正规自雇存在广泛的歧视性政策,表现为经营规模大多是零散性、流动性的个人生产、销售和服务,正式制度不承认、不支持、不保护,处于政府登记注册和监管统计之外,并且农民工自谋职业创业机会缺乏,信贷网络匮乏等系统性的政策与市场歧视。

最后,对于自雇与受雇就业农民工,收入差距随分位数提高收入水平上升而下降,在低分位数上,收入差距是特征差异与系数差异共同作用的结果;在中高分位数上,特征差异成为完全解释收入差距的唯一来源。对此规律的解释是:农民工非正规就业分化为"工厂体制"内实现"生存性就业"的受雇就业与依托市场需求实现的自雇就业,二者在收入水平、工作状况和向上流动的发展机会存在不同。受雇农民工的就业机构技术落后、效率低,工资待遇低,劳资关系不稳定且劳动权益遭受侵害程度严重,只能是农村"推力"作用下的维持个人再生产的勉强生存手段[1](万向东,2008);而自雇就业农民工通过各种途径在经济资本、人力资本和社会资本积累基础上进入就业,虽然经济规模多是低水平、投资少或无投资,但部分自雇经营者通过自身努力逐渐实现积累和向上流动,从小规模经营上升到较大规模经营,实现就业正规化,它是受市场需求和城市"拉力"的影响,有希望获得一定的发展。因此,在中高分位数上,特征差异是唯一的收入差距来源,来源于自雇就业农民工较高的由经济资本、人力资本和社会资本构成的城市资本积累禀赋差异。

---

[1]　万向东:《农民工非正式就业的进入条件与效果》,《管理世界》2008 年第 1 期。

第十一章

城市资本积累影响农民工
融入城市能力的代际传递

新生代农民工逐步进入城市的同时,就意味着他们也卷入阶级再生产的进程中。由于教育背景、家庭背景、户籍制度等多种因素的影响,新生代农民工向上流动的渠道仍然不通畅,他们大多依旧从事与父辈相近的职业。在城乡二元体制的背景下,低职业阶层、弱就业稳定性、窄流通渠道、歧视性待遇及缺乏公共福利等很多问题依旧在代际间保留,这些亟须解决的问题关系到我国社会的开放性、公平性、提升农民工就业能力和城市融入能力、重视农民工代际的职业流动迫在眉睫。本章基于代际传递视角,从农民工的代际职业传递、代际收入传递以及代际收入传递路径分解三个维度建立分析框架并提出研究假设,考察农民工融入城市能力的代际传递问题。

第一节　农民工代际职业传递问题

一、农民工代际职业传递的理论分析

"阶级再生产"是家庭先赋性因素对子女的阶层影响,意味着子代与父代比较一致、近似的阶层地位传递。制度性因素、社会公平状况和社会结构性因素

是农民工代际流动的主要制约因素。西方代际流动理论提出了两种社会类型：一是主张实行完全市场社会的现代化理论（自由主义理论）。在这一理论中，工业化社会代际流动的特征是"绩效原则"，即社会流动模式是一种选择绩效的竞争流动模式，社会地位的获得由个人自身的能力和所付出的努力所决定，个人资质和能力是获得流动机会的关键，个人因素——内在素质、天赋、能力是决定个人能否实现流动的唯一原因，而先赋因素——种族、性别、家庭背景以及父代阶层与受教育水平对社会流动无显著作用。二是以家庭的社会经济背景决定子女社会地位的获得为特征的社会不平等结构下，家庭地位的继承模式。父代社会资源的分布状况影响着子代社会地位的继承性，即资源占有越不均衡，尤其是经济资源（即其所拥有的土地、财富、产权）与文化资源（即教育、知识和语言能力）越优秀，其代际地位继承性特征就越突出。父代通过将自身所拥有的社会资源转移给子女，增加子女的优势，从而实现代际间社会地位的继承。当代际传承至顶峰时，就不存在流动性了。中国通过市场化进程加速深化改革和快速实现工业化的过程中，形成了一种混合流动模式，这一模式以"绩效原则"和不平等条件下的家庭地位继承模式为特征，个人自致性因素随着社会开放程度不断加深而提高，家庭先赋性因素却不断降低，但是由于市场化浪潮的冲击，社会不平等程度与社会收入分配差距也在急速增加。在代际流动中，家庭地位继承模式的直接传递抑或是教育所导致的间接传递，使得子代在教育获得与职业获得过程中无不受到家庭资源禀赋差异的影响。研究中国农民工代际的职业流动问题，应立足于我国代际流动的真实现状。

自改革开放以来，技术精英与非技术精英、管理精英与非管理精英之间的藩篱一直存在。值得注意的是，改革开放至今，逐步产生的"技术精英、管理精英和非精英"间的藩篱，是由于技术精英（拥有技术资本和知识资本）和管理精英（拥有经济资本和权力资本）具有相同或相近的社会价值观与社会阶层，由此与非精英阶层之间形成了日益稳固的藩篱。这种藩篱连接了子代与父代在代际间的流动，代际传递障碍在精英"二代"中消除，父代资源在代际间传递中,使子代更加顺利的流入到父代所在的精英阶层,与非精英阶层相比,精英阶层的职业获得在继承性上更具优势。由于中国城乡二元体制的存在,农民工在就业市场中被分割、隔离,处于社会最底层,社会藩篱难以跨越,"子承父业"是职业代际流动的普遍现象,难以实现代际流动。子代农民工由于受到其父代职业与社会阶层的影响,其职业获得和社会阶层往往与父代相同或相似,在代际流动中实现的是复制而不是进化。

代际间职业传递机制在农民工中是这样运行的:首先,农民工在经济资源、社会资源和文化资源上的匮乏,导致无论是在实现基本保障还是获取生活财富方面的能力都存在不足,从而使其面临难以突破的资源与阶层屏障。其次,户籍制度的阻碍、个人自身的能力不足及社会资本的匮乏所导致的农民工低收入限制了子代人力资本的投资水平,同时,农民工进城务工的居所主要是在棚户区、城中村等群居地区,具有其特殊的"社区文化资本",再加上子代农民工无形中学习、模仿,乃至继承父代的文化资本(教育水平、证书、生活方式等),都阻碍着子代农民工的职业选择和阶层流动。再次,由于户籍制度、社会保障制度和教育制度等制度性阻碍与社会选择机制的阻碍,造成了劳动力市场的隐形分割,使得相对于城市人口来说,子代农民工的身份认同和权益待遇无法得到同等的保障,在劳动力市场中处于弱势地位,无法获得平等的工作机会,只能选择与其父代相近的行业或职业。最后,"社会空间位置"的产生和"流动手段"的创造受到社会经济发展的限制,导致农民工无法获得足够的就业机会和就业空间,向上流动渠道狭窄,存在"天花板效应"。而职业代际传递的存在使低收入、低职业阶层和经济隔离方面在农民工中得到进一步的传递,社会地位和社会结构更加固化,社会不平等更加严重。

二、农民工职业流动特征分析

代际职业流动指父代职业和子代职业间的关系,若子代与父代从事同一职业领域,二者职业没有差异时,就代表实现了代际间的职业传递,职业流动性为零；若子代与父代从属不同职业领域，则表示产生了职业流动。

　　此次研究中，在除去以做家务为职业和受教育中的无效样本外，有效样本2003份。其中男性与女性分别占比62%、31.4%，已婚者占66.75，未婚占31.4%，离异后再婚者占1.9%。本次的问卷调查提供了子代农民工（被调查对象）收入状况、职业、行业等相关的数据资料，并同时询问其父亲的年龄、收入、工作状况等。根据以下两个问题：一是"请问您18岁时，您父亲的工作状况？"二是"您的父亲曾经或现在是否外出务工？"获悉父代有外出务工经历者1044人，占52%，未外出务工者959人，占48%，他们的工作状况分别为农村务农、乡镇企业务工、乡村干部、退休/不劳动、其他。剔除父辈务农的样本点，利用符合条件的1044个代际配对样本组。子代与父代的行业职业分布如表11-1所示。

表11-1　子代与父代的行业、职业分布描述性统计

	行业分布			职业分布	
	父代（总体）	子代		父代（外出务工）	子代
零散工	70（3.5%）	278（13.9%）	非技术工人	623（59.7%）	494（24.7%）
建筑业	52（26.4%）	362（18.1%）	商业服务业人员	91（8.7%）	635（31.7%）
住宿餐饮业	56（2.8%）	418（20.9%）	自谋职业者	74（7.1%）	129（6.4%）
居民服务业	76（3.8%）	196（9.8%）	技术熟练工人	128（12.3%）	473（23.6%）
制造业	121（6.0%）	420（21%）	办事人员	18（1.7%）	108（5.4%）
商业	137（6.8%）	136（10.8%）	管理人员	26（2.5%）	80（4.0%）
农村务农	962（48%）	0（0%）	个体经营者	56（5.4%）	65（3.3%）
其他	52（2.7%）	193（5.5%）	其他	28（2.6%）	18（0.9%）
总计	200（100%）	2003（100%）	总计	1044（100%）	2003（100%）

社会流动和劳动力的配置随着宏观社会结构的变迁而变迁,从而导致两代农民工在不同行业与职业的分布中存在显著差异。首先对行业内父代(总体)和子代的分布进行比较,52%的父代外出务工者通过进城务工实现了劳动力的非农转变,这种农村劳动力的转移主要是由传统的农业部门向工业部门的流动,从表11-1中可以看出,占比26.4%(529名)的父代农民工就业于建筑行业,吸纳农民工就业的行业由高到低进行排列,分别为商业、制造业、居民服务业、零散工及住宿餐饮业。随着产业结构的调整,新生代农民工多数从事于劳动密集型行业,如工业部门或服务性行业,有21%选择就业于制造业中,住宿餐饮业(20.9%)、建筑业(18.1%)、零散工(13.9%)、商业(10.8%)紧随其后。其次是对父代和子代的职业进行比较,在父代外出务工的1044人中,作为非技术工人的农民工占59.7%,属于低端职业阶层的父代农民工占75.5%。而子代农民工为了适应现代城市发展和服务业新增就业需求,其职业分布比较分散,非技术工人仅占24.7%,商业服务人员占比较大,为31.7%,共有62.8%的子代农民工处于低端职业阶层,值得注意的是,技术熟练工人占子代农民工的23.6%,其技能偏向性越来越明显。

总之,农民工在行业和职业分布中呈现明显的代际差异,但存在着传递与继承的共性。农民工选择就业行业集中于制造业、建筑业与服务业中,60%以上的新生代农民工仍然工作于低职业阶层。只有12.7%的新生代农民工相较于父代而言实现了职业的向上流动,比父代高出仅仅3%,实现了职业的"去农民工化、去体力化",从而成为办事人员、管理人员和个体经营者。

(一)职业继承性指数与职业流动性指数

职业流动性是一个综合的概念,我们将使用布劳、邓肯(Blau,Duncan,1967)计算职业代际流动性指数与继承性指数的方法,用定量的方法对农民工家庭代际间的职业代际效应与流动性大小进行研究[1]。假定有 n 个职业类型,构建反映代际职业流动性和继承性状况的 $[(P_{ij})]R \in^{n \times n}$ 矩阵,我们定义职业流动性指数 $(i \neq j)$ 和职业继承性指数 $(i = j)$ 是实际观测值和理论期望值的比值。其中,父亲职业类型为实际观测值,用 i 表示,子女职业类型则为 j 的 P_{ij} 频数,即当父亲职业类型为 i ,子女职业类型为 j 时事件所发生的联合概率;那么,在独立设条件下,父亲从事职业 i 与子代从事职业 j 的边际概率乘积就是理论期望值,为

$$M_{ij} = \left[p_{ij} \Big/ \frac{\sum\limits_{i=1}^{n} p_{ij} \sum\limits_{j=1}^{n} p_{ij}}{\sum\limits_{i=1}^{n} \sum\limits_{j=1}^{n} p_{ij}} \right] \tag{11-1}$$

当 $M_{ij} > 1$ 时,表明父母职业是 i ,子女职业是 j 的实际观测频数大于理论期望频数,父母职业是 i 的子女有较大的可能性从事职业 j , M_{ij} 取值越大,这种可能性就越大。与之相反,当 $M_{ij} < 1$ 时,即父母职业是 i ,子女职业是 j 的实际观测频数小于于理论期望频数,表明父母职业是 i 的子女不会从事职业 j , M_{ij} 取值越小,这种可能性就越小。

(二)职业流入指数、流出指数

为了对代际间的职业流动状况进行进一步的分析,我们将以此为基础,构建每种职业的代际流入与流出指数以及方向性指标并对其进行测量。代际流入指数为

$$I_j = \left[\sum_{i \neq j} p_{ij} / n - 1 \right] \tag{11-2}$$

代际流入指数衡量了当父代职业不是 j 时,其子代从事职业 j 的概率,指数越小,职业代际流动性越小,子代进入与父代不同职业领域的阻碍越大。相反,这种职业接受父亲并未从事此种职业的子女的开放性水平较高,其职业具

---

[1]　P.M.Blau,O.D.Duncan,*The American Occupational Structure*,New York:Wiley,1967,p.296.

有较强的代际流动性。

与此相类似,代际职业流出指数为

$$O_i = \left[\sum_{i \neq j} p_{ij}/n - 1 \right] \qquad (11-3)$$

代际流入指数度量了若父代所从事的职业为 i ,其子代不从事职业 i 的概率,指数越大,职代际流动性越大,父代从事这一职业而子代流出该职业的概率就越大。

(三)代际职业流动的事实特征分析

职业继承性指数是主对角线上的元素,量度了代际职业继承性水平,元素越大,代际间的职业继承越稳定;职业流动性指数是非主对角线上的元素,量度的是代际职业的流动性水平,元素越大,代际之间流动性越强;在主对角线以上的元素表明实现了向上的流动,在主对角线以下的元素则意味着在个体职业中代际向下流动,农民工的职业代际流动矩阵如表 11-2 所示。

表 11-2　农民工代际职业的流动性指数和继承性指数

父代\子代	非技术工人	商业服务人员	自谋职业者	技术熟练工人	办事人员	管理人员	个体经营者	其他	流出指数
非技术工人	1.225*	1.022	0.790	0.979	0.854	0.802	0.725	1.604	0.968
商业服务人员	0.550	1.563*	0.678	0.867	0.091	0.718	0.355	0	0.466
自谋职业者	1.288	0.809	3.113*	0.531	0.087	0.880	1.306	0	0.700
技术熟练工人	0.319	0.614	1.078	1.625*	0.236	1.524	1.005	0	0.628
办事人员	0.768	1.066	0	1.109	1.050*	2.450	1.818	0	1.030
管理人员	0.522	0.725	1.179	1.508	0.042	0.833	2.472	0	0.921
个体经营者	0.645	1.007	1.092	0.559	0.214	1.928	3.433*	0	0.778
其他	1.129	1.119	1.092	0.559	0.050	1.542	1.144	0	0.948
流入指数	0.746	0.909	0.844	0.873	0.225	1.406	1.261	0.229	

注: ***表示 P<0.01, **表示 P<0.05, * 表示 P<0.1。

　　分析农民工代际职业流动性指数与继承性指数的矩阵表,除去不便进行分类的"其他"职业,在余下的七个职业阶层中,指数最高的是值为 3.433 的"个体经营者",处于职业高端阶层的子代农民工除了与其父代从事同样的职业之外,最明显的是向位于中高端职业阶层"管理人员"流动,而向低端职业领域中的服务业、非技术工人这类职业流动的几率较小;"自谋职业者"指数仅次于"个体经营者",为 3.113,其子代在职业流动上,向上多为"个体经营者",向下为"非技术工人",这两者表明,自雇佣职业即"个体经营者"或"自谋职业者"按照自身经营需要足够的资本量,这类个体私营企业主与自谋职业——小摊贩相比,对资本的依赖程度明显更高,拥有较强个人能力和社会资本的父代农民工,能够以此为基础开辟自己的事业同时为社会创造出更多的就业机会和岗位,社会资本与经济资本持续积累,子女能够获得更多直接的经济支持,在资源禀赋和财富上与父代处于低端职业领域的子代相比更具优势,使得职业在代际之间实现传递并延续下去,正向选择效应显著。对于父代处于职业领域最低端,为"非技术工人""商业服务人员"的子代农民工而言,因其父代的职业,他们基本上被围于低端职业领域,职业代际继承性较高,流动性较小,职业继承指数分别是 1.225、1.563,其中,"非技术工人"除从事与父代相同的低端职业外,"商业服务人员"使其流向最多的低端职业领域,而高等或中高等职业基层几乎无法进入。与此相比,"办事人员"和"管理人员"具有最强的职业流动性,其职业继承分别为 1.050、0.833。"办事人员"在职业流动中,向上可向"管理人员、个体经营者"流动,向下可向"技术熟练工人"流动,且向上流动的可能性高于向下流动的可能性;后者上可流向"个体经营",流动指数为 2.720,下可流向"技术熟练工人"和"自谋职业者",但向其他职业流动的可能性较小。在此矩阵中,在主对角线外,大部分指数小于 1,这表示农民工群体的流动性整体上偏弱,子代进入或从事与父代相同职业领域的可能性较大。上述七种职业的流出指数,除"办事人员"职业外,其他六种职业流出指数均小于 1,反映子代农民工流出父代所从事的职业领域的概率较小;就流入指数而言,流入指数大于 1 只有"管理人员与个体经营者",余下的职业流入指数小于 1,其中办事人员流入指数最低,仅为 0.225,这反映出社会各职业阶层具有较低的开放性,子代农民工流出其父代所从事的"办事人员"的职业阶层,更有可能进入"管理人员或个体经营者"职业阶层。

综上可知,农民工代际间的职业继承性较高,职业代际传递效应明显,多数子代农民工的职业选择和职业获得囿于与父代相同的职业领域中,但是,职业在代际间也具有一定的流动性,表现为一定的代际差异。具体职业流动特征表现在以下两个方面:首先,低端和高端职业阶层间的代际流动性差,代际间具有较强的传递性,其中,中高等职业领域代际间职业流动性较高;其次,农民工在代际间的职业流动存在割裂现象,较高端职业阶层(办事人员、管理人员和个体经营者)具有较高的代际流动性,较低端的职业阶层(非技术工人、商业服务人员、自谋职业者)同样具有高代际流动性,但是在高端与低端职业阶层之间,代际流动性差,职业流动相对而言更加封闭。农民工在中高端职业阶层代际流动性较高,其原因在于:随着产业结构不断调整和升级,市场化水平也得到了提升,增强了劳动力市场的竞争,促进了职业流动,从业人员必须不断提升自身教育程度、更新知识以适应新行业和新型职业,这将更加充分的体现劳动者作用有的人力资本价值。在这种情况下,对获得较高职业阶层并取得丰厚经济收入的早期进城务工的父代农民工而言,其子女有更多机会和途径接受高等职业教育,从而获得更多进入新行业与新型职业的机会,最终实现职业阶层的代际跨越。

第二节　农民工代际职业传递的影响因素

——基于 Logit 模型的实证分析

一、模型设定与变量解释

为更进一步分析对我国职业代际传递性和代际流动性产生影响的内在因

素与背后的传递机制,我们在职业流动性统计分析的基础上,考察了在代际职业传递、流动中自致因素(个人人力资本)和先赋因素(家庭背景)中所起的作用,从而设定模型:

$$\text{Mobility}_s = \alpha_0 + \beta_n^T X_s^T + \gamma_s^T X_s^T + \varphi_s + \xi \tag{11-4}$$

被解释变量(Mobility)表示相对于父代,子代职业层次的转变,反映了相对于父代而言,子代职业层级的流动状况。其中 X_f 和 X_s 是两类解释变量, X_f 表示家庭背景变量,即父代年龄、收入、受教育程度、职业阶层等; X_s 表示自致性因素变量,即子代人力资本变量——子代性别、教育、技能等级与外出务工年数。模型中的变量解释如表11-3所示。

表 11-3　农民工职业流动影响因素的变量设置及解释

变量类型	变量名称	变量解释
自致因素	子代教育	小学及以下=1,初中=2,高中=3,中专/技校=4,大专及以上=5
	技能等级	无技能=0,初级=1,中级=2,高级=3
	务工年数	1年以下=1,1—3年=2,3—5年=3,5—7年=4,7年以上=5
先赋因素	子代性别	男性=1,女性=0(参照组)
	父代年龄	30—40岁=1,41—45岁=2,46—50岁=3,51—55岁=4,56岁以上=5
	父代教育	没上学=1,小学=2,初中=3,高中/中专/技校=4,大专及以上=5
	父代收入	1500元以下=1,1500—1999元=2,2000—2499元=3,2500—2999元=4
控制变量	职业层级	非技术工人—个体经营者,用1—7表示
	行业同质	父代与子代归属同一行业=1,否=0(参照组)
	就业途径	亲朋好友介绍=1,自谋职业/中介组织或单位介绍=0

二、模型方法选择

本书对Mobility代际职业流动状况采用两种方式进行度量。第一,仅区分子代与父代间是否实现了"子承父业"的代际传递,子代相对于父代,职业层级位次不变,赋值为1,向上或向下流动赋值为0,采取二值选择模型,即Logit模型进行回归,以获得变量对代际职业传递的边际影响效应;第二,选择稳健性分析,将Mobility变量区划分为三类——向上流动、向下流动与职业不变,职业在代际间的向上流动赋值为1,向下赋值为-1,若取值为0,则表示职业未在代际间进行流动。采用多值选择模型,即Multinomial Logit模型对其进行回归,观测代际向上和向下流动的影响因素,把职业阶层不变Mobility=0看作参照组进行检验,以得到职业向上或向下流动的对数几率,如表11-4所示。

表 11-4 农民工职业代际传递与流动影响因素分析

影响因素	职业传递		职业流动	
	对数几率比	边际效应	向上流动	向下流动
子代性别	0.484*** (2.92)	0.088*** (-3.02)	-0.652*** (-3.36)	-0.448 (0.12)
子代教育	0.160** (-1.87)	0.023** (1.82)	0.329*** (3.06)	0.275* (-1.76)
子代技能	-0.424*** (-3.75)	-0.079*** (3.79)	0.781*** (5.53)	-0.511** (-2.40)
务工年数	-0.131*** (-2.25)	-0.024*** (2.25)	0.264*** (3.65)	0.048 (0.44)
换工次数	0.159*** (2.61)	0.030*** (2.62)	-0.152*** (-2.21)	-0.222** (-2.02)
父代教育	0.053 (0.59)	0.009 (-0.59)	0.056 (0.52)	-0.029 (-0.20)
父代收入	-0.031 (-0.72)	-0.006 (0.72)	0.030 (0.60)	-0.038 (-0.51)
职业层级	-0.036 (-0.77)	-0.007 (0.77)	-0.918*** (-9.48)	1.14*** (9.97)
行业同质	1.42*** (8.73)	0.304*** (-8.37)	-1.453*** (-7.26)	-2.219*** (-5.89)
就业途径	0.383*** (2.46)	0.071** (-2.49)	-0.392*** (-2.16)	-0.023 (-0.08)

影响因素	职业传递		职业流动	
	对数几率比	边际效应	向上流动	向下流动
常数项	−0.763* (−1.79)	——	0.896** (1.88)	−1.632** (−2.32)
N	967	967	1044	1044
PesudoR2	0.1162	——	0.3856	0.3856

注：***表示 P<0.01，**表示 P<0.05，*表示 P<0.1。

三、实证结果分析

（一）自致性因素是影响农民工职业代际传递或流动的重要因素

从教育层面看，农民工受教育程度高能够显著降低职业在代际间的传递，提高职业向上的概率，并且会降低职业向下流动的可能性。具体而言，当受教育程度每提高一个等级时，职业代际传递的对数几率将下降 16 个百分点，职业向上流动的几率上升 32 个百分点，向下流动发生的可能性降低 28 个百分点，这就说明农民工人力资本的提高能够显著提高他们的竞争力，而且对于受制度性阻碍等多种因素影响就业机会的农民工子女而言，能够通过教育打破职业难以向上流动的桎梏，最终实现"鲤鱼跃龙门"式的跨越。从技能水平上看，与非技术人员相比，农民工职业技能等级的提高——从"初级技工""高级技工"再到"高级技师（极少数）"，能够促使其流出父代所从事的低端职业领域，职业向上流动机会显著增加，减少向下流动的几率，但这不利于职业代际传递。从外出务工年限看，农民工外出务工年数越长，积累的工作经验就越多，社会资本网络构建更加完善，能够增加其工作机会和获取收入的能力，实现职业的向上流动，降低职业在代际间的传递性。从换工频次看，农民工流动性强归根结底是其缺乏参与强竞争力职业的能力和资本，高流动性职业实际上就是一种水平流动,无法帮助农民工真正实现从低端职业阶层向高端职业阶层的跨越,反而使他们在同父代相同的职业领域反复挣扎,增强了职业代际传递的几率。

(二)先赋因素中仅有子代性别、父亲的职业层级显著作用于子代农民工职业流动

农民工在性别上具有显著的职业代际传递性。男性更加容易进入与父代相同的职业领域,这是由工作性质所导致的性别差异。男性农民工更多会从事建筑业、制造业等体力劳动工作领域,而女性则集中从事收入稳定且劳动强度低的居民服务业、商业餐饮业等,向上流动更加容易。父代职业层级估计系数在职业代际向上流动中为负,这表明,若父代职业层级越高,与继承其父职业相比,子代向上流动可能性越低;估计系数在代际职业向下流动时为正,说明若父代职业层级越高,子代向下流动可能性越低。尽管农民工的代际流动并不完全受制于父代的受教育水平和收入水平,但不能以此为根据推论家庭在农民工职业流动中作用被削弱了,这是因为家庭背景发挥的是间接作用,其传递机制是:职业是收入的载体,不同家庭间子女的教育水平受其父代所在的职业阶层及所获得的收入之间差异的影响,从而造成子代之间的人力资本存量存在差异,换句话说,农民工的低端职业阶层与低收入限制了对子代人力资本的投资,极易陷入"低收入—低人力资本—低收入"的这一恶性循环。与之相反的是,父代农民工具有较高人力资本能够帮助其提升职业层级、提高收入水平,同时减小人力资本对其子代的约束,增加受教育的机会,在劳动力市场中拥有明显的进入较高职业阶层的优势。家庭背景对农民工职业流动的作用主要表现在"家庭背景—子女教育—子女职业(地位和收入)"这一传递过程中,家庭地位的间接继承降低了子代农民工在职业传递与流动中受父代教育和收入的直接影响,这就能够说明,家庭背景对子代进入低端或是中高端职业阶层发挥着重要作用,影响着子代农民工在其所属的次级劳动力市场中的职

业获得。

（三）行业同质与就业途径显著影响着农民工职业代际传递与流动

对在父代职业领域中工作或者由亲戚朋友介绍获得工作的子代农民工而言,更有可能从事与其父代相同的职业,强化职业代际传递性。农民工长期以来受到中高端劳动力市场的排斥,使他们只能集中于低端职业领域,父代与子代之间的行业相关性因此更加紧密,实现代际职业传递的必要条件是代际间行业的同质性。将亲戚朋友介绍或由家庭提供社会资本作为获得就业途径的农民工,对"强关系"社会资本更加依赖,其代际间职业传递性更高,这就反映了家庭社会资本能够弱化职业流动性,强化职业的稳定性,阻碍代际间职业向上流动,即"强关系"社会资本是代际间职业传递的一个重要途径。

第三节　城市资本积累影响农民工代际收入传递

改革开放 40 多年,从传统农民工到新生代农民工,再到城市随迁的农民工子女,农民工的迁徙及融入已经历了三代人,但农民工的城市融入依然困难重重,并且未来一段时间也很难得到解决。农民工现已构成城市贫困人口的主体,他们与城市居民之间的社会隔离已呈现出"继承性"等特征,代际收入传递十分明显。这代表子代农民工更易陷入收入贫困传承陷阱,进一步加深农民工的弱势地位,并有可能固化当前我国的城乡二元结构。农民工融入城市及市民化进程举步维艰,这对我国经济发展和社会稳定将产生极大影响。因此,本节以代际收入传递视角,研究农民的代际收入流向。父代农民工外出务工与否对子代农民工的代际收入流动性的影响是什么? 代际收入传递的具体路径有哪些? 如何识别各路径的贡献率?

一、分析框架与研究假设

在中国现行的制度背景下,必须在考虑劳动力市场分割的多重性、城乡迁移的流动性、市民化进程的不完备性基础上研究农民工的代际收入传递问题;还要区分新生代农民工的来源,属于农村留守家庭,或是跟随父代外出务工的农民工家庭。20 世纪 90 年代以来,大批农村剩余劳动力开始流入城市寻求更多的就业机会,这就导致农民工个体和家庭成员在居住空间和职业性质上产生较大差异。农民工向城市流动可能带来教育培训资源、择业机会及社会关系的变化,也会使社会资本、文化资本、人力资本发生变化,这些都会对农民工的代际间收入差异产生影响。基于此,我们试着建立分析框架并做出研究假设,用来考察农民工的代际收入传递问题,并深入分析待机稠入传递具体的传递路径。

必须明确的是,"流动"已经成为农村留守家庭劳动力能力转移的重要力量,流动进城务工打破了传统的农村地域局限,通过市场化的城镇劳动力和职业的非农化,获得了收入进一步增长的机会,同时摆脱了对家庭资源的依附。因此,农民工外出务工的"非农化"使新生代受父代农民工的影响削弱。此外,农民工家庭作为城市劳动力市场竞争中的弱势群体,处于社会底层,这种阶层分化是由劳动力市场惯有的排斥和城市社会保障制度的缺失所导致的,同时,子代农民工受到其父代在职业和待遇方面的歧视的不利影响,导致他们在就业选择、职业获得和工资福利的决定等方面无法受到公平的待遇,最终使其在劳动力市场低端职业阶层固化,陷入了去留两难的困境。因此,父代农民工位于劳动力市场底层、社会地位处于弱势且人力资本不足等,最终造成了农民工的低收入水平在代际间的传递。由此做出第一个研究假设,研究假设 1:对于父代未外出务工的农村留守家庭而言,子代劳动力流动明显增强了农民工的代际收入流动性;对于父代外出务工的农民工家庭而言,其代际收入流动性在下降。

对于留守家庭的子代农民工,其社会关系网络发生了巨大变化,进城务工使其家庭社会支持网遭到破坏,其原有的社会随着向城市的迁移而弱化。子代农民工在城市的成就主要取决于其在正规教育上的人力资本,同时还取决于培训所转化的人力资本、外出务工经验、城市社会资本和个人努力及进取心等后致性因素。而农民工的初始人力资本受到其父代收入、家庭禀赋、教育观念与父代技能等先赋性因素影响。传统农民工对子代的影响主要体现在职业获得和就业选择上,而这由其初始的人力资本水平决定,具体包括职业层级、收入高低与职业技能的影响。此外,间接影响体现为社会资本的规模与质量,而这也受到其人力资本的影响。由此做出第二个假设,研究假设2:对农村留守家庭而言,代际收入传递的直接路径是人力资本,而社会资本则是代际收入传递的间接路径。

随着中国户籍制度的持续改革,对外出务工的子代农民工而言,人力资本的差异是如今劳动力市场分割的主要原因,户籍的制度性阻碍已经不再像以前那么重要了。城市正规部门就业门槛较高,子代农民工很难进入,多数情况下会进入到低门槛的私营企业,且从事与父代类似的职业,这种存在于两代之间的职业继承,造成了父代收入对子代农民工产生更强的影响。由于进城务工年限的增长,职业转换使其突破原本的整合型社会资本,逐渐增加异质成分,再加上跨越型社会资本,最终影响父代的收入提升与职业获得,重构子代农民工的生活空间,而这已成为提升其就业能力的主要因素,进而影响其职业选择与就业状态,最终导致代际间的收入传递。基于上述分析,做出第三个研究假设,研究假设3:父代农民工外出务工对子代农民工具有较强的收入传递性,最重要的路径是职业传递与职业继承,其次是社会资本的传递路径,但是人力资本对此是否产生重要影响则有待进一步检验。

二、农民工代际收入传递估计模型及实证检验

参照以往的研究索伦(Solon,1992)[1],以设定代际收入流动性测算的估

---

① G.Solon,"Intergenerational Income Mobility in the United States",*The American Economic Review*,Vol.82,No.3(1992),pp.393-408.

计方程：

$$y_{1i} = \beta y_{0i} + \xi_i \tag{11-5}$$

$$y_{0is} = y_{0i} + v_{ois} ; y_{1it} = y_{1i} + v_{1it} \tag{11-6}$$

$$y_{0is} = y_{0i} + \alpha_0 \, age_{0is} + \gamma_0 \, age_{0is}^2 + v_{0is} ; y_{1it} = y_{1i} + \alpha_1 \, age_{1it} + \gamma_0 \, age_{1it}^2 + v_{1it}$$

$$\tag{11-7}$$

参数 β 表示代际收入弹性系数,即当父代收入增加 1% 时,子代收入增加的百分比,它所衡量的,是子代和父代之间收入的相关程度,当代际收入弹性越高时,代际收入传递性就越强,$1 - \beta$ 所代表的是代际收入流动性,β 为 0 时表示的是父代与子代收入呈不相关,具有完全流动性;而当 β 为 1 时表明父代与子代在收入上相关性显著,具有完全传递性。y_{0i} 和 y_{1t} 分别表示父代永久性收入、子代永久性收入(指长期收入),y_{0is} 和 y_{1it} 分别表示父代短期收入、子代短期收入,而 v_{0is} 和 v_{1it} 分别是暂时性波动,ξ_i 则为扰动项。索伦(Solon,1989[1]、1992)研究假定,父代与子代的短期收入(y_{0is},y_{1it})为长期收入(y_{0i},y_{1t})与暂时性波动(v_{0is},v_{1it})的总和,如上述式(11-6);沿用索伦(Solon,1999)[2]的方法——把实际收入分解为持久收入加上年龄函数二次项,如上述式(11-7),等同于在随机项中分离出一个固定项,大大地降低了暂时性收入的方差,从而降低了偏误;将式(11-7)代入式(11-5),可得到新的回归方程,如式(11-8)式所示:

$$y_{1it} = \beta y_{0is} - \beta \alpha_0 \, age_{0is} - \beta \gamma_0 \, age_{0is}^2 + \alpha_1 \, age_{1it} + \gamma_1 \, age_{1it}^2 + \varepsilon_{its}^* \tag{11-8}$$

通过控制子代与父代之间的年龄范围,再加上父代与子代的年龄以及其平方项,减少短期收入和长期收入之间的差异,以最大限度的修正偏误,估算代际收入流动系数。

---

[1] G. Solom,"Biases in the Estimation of Intergenerational Earnings Correlations", *Review of Economuics & Statistics*, Vol.71, No.1(1989), p.172.

[2] G. Solon,"Intergenerational Mobility in the Labor Market", *Handbook of Labor Economics*, No. 3(1999), pp.1761-1800.

（一）变量与统计描述

此次主要以"16 岁及以上非城镇户口的外出农民工"为调查对象,询问其父代的年龄、收入及工作状况等,剔除父代已故或者信息残缺的样本 242 份,最终获得父代与子代完全匹配的 1795 对样本数据。

在本书中,因变量是子代收入。根据离散型分段排序数据构建有序响应模型(Ordered Ologit)估计法,同时以"代际收入流动系数"替换已有文献中在研究代际收入流动性时所使用的"代际收入弹性",自变量主要有两个:一是子代的人力资本,二是子代的社会资本。依据定位法测量子代农民工的社会资本,定位法所计算和测量的社会资本,是结构性位置的接触。构建三种指标:网差即异质性、网顶即达高性、规模即广泛性。对上述三个指标使用因子分析,构建综合社会资本变量。在代际间职业传递变量上,把农民工职业归纳为七种类型并进行排序①,若子代与父代都在城市务工且属同一类职业,则在代际间实现了职业传递。特征变量的统计结果如表 11-5 所示。

表 11-5 子代与父代特征变量描述性统计

	父代					子代				
	收入	年龄	教育	社会资本	职业	收入	年龄	教育	党员	职业传递
总体	3.405	50.0	1.416	0.096	0.278	4.611	32.01	2.644	0.000	2.785
父代未外出	2.216	51.56	1.264	0.131	0	4.568	34.88	2.362	-0.039	2.663
父代外出	3.694	49.96	1.525	0.071	0.278	4.629	32.07	2.773	0.045	2.835

按照表 11-5 总体样本以及父代未外出务工、父代外出务工两个子样本,分别对子代与父代在收入、年龄以及教育等变量上的差异进行描述。首先,在样本总量上,父代平均(永久性)月收入是 3.405,子代平均月收入为 4.611;父

---

① 职业阶层的划分进一步从纵向维度表现农民工代际职业的流动性和继承性。

代和子代的平均年龄为 32 岁和 50 岁;父代的受教育程度为 1.416 低于子代受教育程度 2.644;从表中可以看出,子代的社会资本为 0.000,其中最小值为−2.055,最大值为 3.081,职业为 2.785,在职业阶层中处于中低水平。其次,在子样本上,外出务工的父代农民工相对于未外出务工的父代来说,年龄偏小,文化程度较高,但是党员比例非常低,在职业传递上,父代对子代实现的比例为 27.8%。在家庭背景变量中,"父代未外出务工"的样本人数为 753人,占比 42.0%;"父代外出务工"样本人数为 1036 人,占比 58%。

(二)实证检验与分析

1 年龄调整修正模型处理下的代际收入流动系数估计

代际收入流动性估计的实证分析中,有两类内生性问题:(1)父代永久收入和子代永久收入是无法观察的潜在变量,这是由于在收集数据调查时,只能获得父代在 s 年的短期单年收入 y_{0is} 和子代在 t 年的短期单年收入 y_{it} ,假设用父代短期单年实际收入被用作永久收入的代理变量,就会由于"暂时性波动"而导致估计收入流动系数向下偏误;(2)父不可观察的潜在能力可能包含在残差中,它能影响父代收入从而使其于干扰项相关联,这种类内生性问题导致参数估计的不一致性和偏差。因此,我们使用年龄调整校正方法来处理内生性,根据海德、索尼(Haider,Solon,2006),"个人在 30 岁早期与 40 岁早期的收入是最接近其一生的收入"估计收入弹性误差最小以及"子代收入误差不影响估计一致性"的研究结论[①],在问卷中设计"您父代在 40 岁左右时,平均月收入大概是多少元?"获得最接近父代永久收入的近似值,并选择年龄在 25—35 岁中间的子代样本,父代年龄小于 60 岁的家庭样本,根据式(11-4)估算代际收入流动系数,然后把总体样本分解为父代外出务工子样本和父代未外出务工的子样本,将性别、婚姻、职业、行业用作控制变量,分别估算代际收入流

---

① S.Hadier,G.J.Solon,"Life-cycle Variation in the Association between Current and Lifetime Earing",*American Economic Review*,Vol.96,No.4(2006),pp.1308−1320.

动系数,实证回归结果如表11-6所示。

表 11-6 农民工代际收入流动系数估计

自变量	总体样本		父代未外出务工		父代外出务工	
	模型 1	模型 2	模型 3	模型 4	模型 5	模型 6
父代收入	0.337*** (13.49)	0.313*** (12.1)	0.278*** (6.06)	0.245*** (5.17)	0.407*** (12.03)	0.396*** (11.4)
子代年龄	1.151*** (6.41)	1.028*** (5.06)	1.06*** (3.81)	0.918*** (2.78)	1.370*** (5.77)	1.311*** (4.96)
子代年龄^2	−0.152*** (−5.64)	−0.131*** (−4.33)	−0.131*** (−3.10)	−0.102*** (−2.11)	−1.992*** (−5.28)	−0.195*** (−4.83)
父代年龄	0.471* (1.65)	0.464 (1.59)	−0.034 (−0.07)	0.149 (0.30)	0.731*** (2.05)	0.643*** (1.76)
父代年龄^2	−0.018 (−0.47)	−0.024 (−0.61)	0.041 (0.67)	0.019 (0.28)	−0.051 (−0.05)	−0.048 (−0.95)
性格	——	1.266*** (13.79)	——	1.461*** (0.17)	——	1.116*** (9.24)
婚姻	——	0.077 (0.65)	——	−0.09 (−0.44)	——	0.186 (1.25)
职业	——	0.454*** (15.42)	——	0.419*** (9.25)	——	0.503*** (12.97)
样本量	1793	1793	753	753	1306	1306
Log-Like lihood	−3009.9	−2780.4	−1286.5	−1189.7	−1703.1	−1563.9

注:***表示 P<0.01,**表示 P<0.05,*表示 P<0.1。

首先,在不考虑总体样本中父代有无外出的情况下,采取有序响应模型,模型1估算结果显示,父代收入对子代收入存在正向影响;模型3和模型5的估算结果显示,对于父代务工的家庭而言,其代际传递性和关联度要高于父代未外出务工的家庭。其次,根据明瑟(Mincer,1974)方程[1],影响收入的主要

---

① J. Mincer,"Introduction to 'Schooling, Experience, and Earnings'", NBER Chapters, in *Schooling*, *Experience*, *and Earnings*, Nwe York: Columbia University Press for National Bureau of Economic Research,1974,pp.1–4.

因素还包括年龄、性别、婚姻、教育、职业等个人特征;把性别、婚姻、职业当作控制变量加入模型,研究发现,父代收入不是影响子代个人收入的唯一因素。

2 样本选择模型处理下的代际收入流动系数估计

总体样本中,父代是否外出所引发的收入流动系数的变动需进一步分析,在总体方程中引入外出务工和父代收入的交互项及父代是否外出务工的虚拟变量。此外,父代选择外出务工与否主要是他们的正向自我选择,由于父代工作就业特征、年龄、受教育程度及政治身份等影响因素,我们运用 Heckman 两步法来修正样本选择偏差①,估计结果如表 11-7 所示。

表 11-7　代际收入流动性的 Heckman 两阶段估计结果

自变量	Ologit 交互项估计		Heckman 两阶段估计	
	总体估计	交互项估计	选择方程	结果方程
父代收入	0.313*** (12.12)	0.124*** (1.96)	0.207* (11.71)	0.337*** (12.82)
子代年龄	1.028*** (5.06)	1.445*** (4.93)	0.068 (0.53)	1.079*** (8.90)
子代年龄^2	−0.131 (−4.38)	−2.504*** (−4.63)	−0.012 (−0.59)	−0.159*** (−5.45)
父代年龄	0.464 (1.59)	0.042 (0.11)	1.328*** (6.46)	0.657* (2.32)
父代年龄^2	−0.024 (−0.61)	0.049 (0.88)	−1.141*** (−4.89)	−0.051 (−1.27)
父代教育	——	——	0.119*** (3.32)	——
父代政治			−0.845*** (−6.82)	

① 陈云松、范晓光在《社会资本的劳动力市场效应估算——内生性问题的文献回溯和研究策略》等多篇文献中指出,要真正解决样本选择问题,主题模型中的解释因子应该是选择模型的解释因子的完全子集,更重要的是,选择模型中至少有一个特殊的解释变量不能出现在主体模型之中。本书在选择模型中选择的特殊变量是:父代教育、父代政治资本及父代职业三个变量。

续表

自变量	Ologit 交互项估计		Heckman 两阶段估计	
	总体估计	交互项估计	选择方程	结果方程
父代工作	——	——	−0.046*** (−7.96)	——
外出务工	——	−0.765*** (−2.89)	——	——
外出*父代收入	——	0.236*** (3.05)	——	——
逆米尔斯比率	——	——	——	−0.193*** (−3.72)
样本量	1793	1036	1789	1036
prob>chi2	0.000	0.000	0.000	0.000

注:①***表示 $P<0.01$,**表示 $P<0.05$,*表示 $P<0.1$;②各模型控制了年龄、性别、婚姻等控制变量,回归结果与表 11-2 控制回归系数大小相差无几。

　　首先,以总体样本估计为基础加入父代"外出务工"的虚拟变量,得到的外出务工与父代收入交互项的估计系数显著为正,表示父代未外出务工和父代外出务工样本间的代际流动系数存在明显差异。该结果验证了理论假设1,表 11-6 子样本估计结果和交互项估计呈现稳健一致性。其次,利用 Heckman 两步法估计代际收入流动性,在第一阶段中,对"父代是否外出务工"这一选择方程使用 Probit 模型来估计父代外出务工行为的影响因素,其结果是:父代年龄增长与外出务工倾向呈倒 U 型轨迹,受教育程度越低,外出务工可能性越低在第二阶段回归中,通过在原有模型中引入修正参数逆米尔斯比率(λ),从而调整内生性导致的偏误。作为修正参数引入原有的模型来调整内生性导致的偏误。经过研究,我们得出代际收入流动系数为 0.337,父代外出务工相对于父代为外出务工的代际具有更高的收入传递性,具体特征及原因分析如下:

　　第一,父代未外出务工的样本,代际收入更具有流动性。这种变化是经由子代劳动力流动,以改变从父辈所承袭的先天不足的资源禀赋,从而通过收入变动实现代际间收入流动系数的变动。除了少部分子代进入大学实现"农转非",多数子代农村劳动力流入城市,改善预期收入是农民迁移的重要动力。城市化进程的加快,使商业和服务业为子代农村劳动力提供了就业机会,他们通过迁移可以获得更多的非农就业机会,最终带来代际收入流动的提升。第二,对于父代外出务工的农民工,其代际间收入流动下降。新生代农民工由于制度性歧视导致其位于社会底层,此外传统农民工的社会资本、心理资本与个体资本都传递给新一代农民工,增强了父代影响子代收入的程度,代际收入流动性降低了。

第四节　城市资本积累影响农民工代际收入传递的路径分解

一、Eriksson 中间变量分解法

埃里克松等(Eriksson, et al., 2005)研究发现,在代际收入流动方程中加入子代健康程度时,代际收入弹性下降了 25%—28%,从而证明健康在代际收入性中的重要影响,这种"条件收入弹性法"的研究思路为分解代际收入传递路径找到了突破口。[1] 设定模型如下:

$$y_{1it} = \hat{\beta} y_{0is} - \hat{\beta} \alpha_0 age_{0is} - \hat{\beta} \gamma_0 age_{0is}^2 + \alpha_1 age_{1it} + \gamma_1 age_{1it}^2 + \delta_{kt} c_{1kt} + \varepsilon_i$$

$$(11-9)$$

其中, c_{kt} 分别表示各传递路径, $k=1,2,3$,分别代表人力资本、社会资本以及职业代际传递,人力资本、社会资本回报率和职业代际传递对子代收入的影响系数为 δ_{kt}。

---

[1]　T.Eriksson, et al., "Earnings Persistence Across Generation: Transmission Through Health", Memorandum No.35(2005), pp.1-28.

具体方法是:根据代际收入流动性基准回归方程估算"简单代际收入流动系数 β",以此为基础,在回归程中分别控制人力资本、社会资本和代际间职业传递等中间变量,估算"条件收入流动系数 $\hat{\beta}$",针对各中间变量,计算"条件收入流动系数"相比普通代际收入流动系数的下降程度与变化率,$(\hat{\beta}-\beta)/\beta$ 求出各路径的贡献率,并且根据所得的贡献率来判断人力资本、社会资本与代际职业传递路径对代际收入传递性的影响程度。各中间变量在针对不同样本时,其作用机制和效果也是各不相同的,因此形成各自的代际收入传递路径。

二、代际收入传递路径分解的实证分析

针对由父代农民工外出务工与否所产生的不同的代际收入流动性,本书将从社会资本、人力资本以及职业代际传递三条路径分解代际收入流动系数,并以各路径贡献率的高低来分析具体的代际收入传递路径,实证检验结果如表 11-8 所示。

表 11-8　中间变量法分解农民工代际收入传递路径

自变量	父代未外出务工				父代外出务工				
	模型 1	模型 2	模型 3	模型 4	模型 5	模型 6	模型 7	模型 8	模型 9
父代收入	0.245*** (5.17)	0.228*** (4.78)	0.216*** (4.51)	0.206*** (4.27)	0.396*** (11.14)	0.387*** (11.54)	0.376*** (11.21)	0.342*** (9.19)	0.307*** (8.19)
人力资本	——	0.193*** (3.14)	0.236*** (2.76)			0.347*** (6.45)			0.254*** (4.57)
社会资本	——	0.294***	0.326***			0.434*** (7.60)	——	0.366** (6.16)	
职业传递						——	-1.071*** (-3.99)	-0.843*** (-3.09)	
职业 * 父代收入							——	0.241*** (3.60)	0.231*** (3.40)
样本量	753	753	753	753	1036	1036	1036	1036	1036

续表

自变量	父代未外出务工				父代外出务工				
	模型 1	模型 2	模型 3	模型 4	模型 5	模型 6	模型 7	模型 8	模型 9
L-likehood	-1189.7	-1179.7	-1181.8	-1178.9	-1563.9	-1632.6	-1624.3	-1645.6	-1607.29

注:①***表示 $P<0.01$,**表示 $P<0.05$,*表示 $P<0.1$;②模型 1—模型 9 控制了年龄、性别、婚姻等控制变量,回归结果与表 11-2 控制回归系数大小相差无几。

针对父代未外出务工的样本,对理论假设 2 进行检验。与简单代际收入流动估计模型 1 相比,模型 2 控制子代的受教育程度后,代际收入流动系数降低了 6.9%,说明人力资本对父代未外出务工样本而言是主要的代际收入传递路径。模型 3 控制子代的社会资本后,其代际收入流动系数则降低 11.8%,社会资本代际收入传递路线的贡献率比人力资本要高,同时,社会资本的投资回报率也比人力资本投资回报率高。模型 4 中,人力资本和社会资本同时受到控制,代际收入流动系数持续下降,人力资本和社会资本被共同用作代际收入传递路径。由此得出结论:在父代未外出务工样本中,父代对子代的人力资本投资是代际收入传递的直接路径,社会资本投资是间接路径。理论假设 2 得到验证。

针对父代外出务工样本,对理论假设 3 进行检验。模型 6 控制子代受教育程度,其代际收入流动系数将降低 2.3%,这表示人力资本对代际收入流动系数的影响力较低,人力资本水平的提高将带来农民工收入的增加,其投资回报率为 0.347。模型 7 控制社会资本时,代际收入流动系数进一步降低了 5.1%,这表明父代外出务工的两代农民工中,社会资本是收入代价代际传递的重要路径。在模型 8 中控制代际职业传递变量和代际职业传递与父代农民工收入的交互项,交互项系数显示为正,这种非对称效应说明了,父代和子代间实现职业代际传递的家庭,其代际收入流动系数要比其他的家庭高 0.216。在模型 9 中,人力资本和社会资本、职业代际传递同时受到控制,代际收入流动系数显著降低,这说明,社会资本、人力资本、职业传递都是代际收入的传递途径。由此可得:在父代外出务工样本中,社会资本和职业代际传递是代际收入传递的主要路径,而人力资本对其作用较为微弱。

三、内生性讨论及倾向得分匹配法

在对农民工代际收入流动性进行研究时,其人力资本与社会资本对子代农民工收入都产生显著的影响,而且在回报率上,社会资本总是大于人力资本。但是由于选择性偏误的存在,我们不能因其他可测量的混淆变量与农民工收入具有因果效应,就以此为根据断定社会资本和农民工收入之间存在因果关系。社会资本内生性会引发回归结果偏误。首先,残差项之中存在着不同个体难以度量的异质性不可观测变量(情商、智商、能力、进取心等),导致被估计的因果效应产生偏误;其次,由于社会资本和人力资本之间相互依存,而使得农民工收入和社会资本间存在互为因果的可能;最后,一般遗漏变量等选择性误差使社会资本具有内生性。

表 11-9　社会资本水平高低的 Logistic 估计结果

变量	系数	标准误
年龄	0.079(1.61)	0.049
性别	0.389***(3.70)	0.105
婚姻	0.285***(2.16)	0.131
教育	0.356***(6.61)	0.053
职业等级	0.266***(7.54)	0.035
父代收入	0.151***(5.08)	0.029
常数项	−2.095**(−12.21)	0.237
样本量	1793	
Adj. R^2	0.000	

本书将采取倾向分配得分法,在反事实框架基础上,讨论社会资本高低对农民工收入所产生的影响,从而获取社会资本对农民工收入影响的"净效应",

以处理内生性问题。具体步骤为:(1)将社会资本因子得分的平均值作为界限,个体处于均值以上组成高社会资本水平处理组(=1),处于均值以下组成低社会资本水平控制组(=0),建构一个"是否拥有较高社会资本"的虚拟变量。(2)运用已知的混淆变量,利用 Logistic 模型获得一个能够预测农民工个体拥有高社会资本水平的概率,如表 11-9 所示。(3)基于表 11-9 的结果,利用半径匹配、最近邻配、核匹配方法匹配控制组和处理组中那些得分倾向相近的个体,得到除在社会资本水平存在差异,但其余个体特征相似的配对样本,从而最大限度地降低样本中选择性偏差。(4)利用成功配对的样本估算社会资本水平高低对农民工工资差异的影响,由此得出较高水平的社会资本对收入的平均处理效应 ATT。Psmatch2 倾向得分匹配估算结果表明,未匹配之前,构建的"是否拥有高社会资本"的虚拟变量为正,系数值是 0.862,这说明或许由于内生性选择性偏误,致使系数估计值发生偏误。匹配结果如表 11-10 所示。

表 11-10　社会资本水平对子代农民工收入影响的倾向值匹配分析

	低质量(控制组)	高质量(处理组)	ATT 效应	标准误	T 值
近邻匹配	982	832	0.309 ***	0.094	3.28
半径匹配	932	841	0.351 ***	0.091	3.88
核匹配	932	850	0.359 ***	0.084	4.26
局部线性匹配	932	850	0.317 ***	0.075	4.22

注:样本匹配需要的倾向得分满足平衡条件(balancing property),局部线性回归匹配的 ATT 标准误通过 bootsrap 自助法得到自助标准误。*** 表示 P<0.01。

表 11-10 显示,不同匹配方法所获得的社会资本与子代农民工收入因果关系系数不完全相等,这是因为不同的匹配方法把高社会资本的个体和具有不同的低社会资本个体进行了匹配,但得出的结论基本相同,说明社会资本对农民工收入存在的显著的积极影响。ATT 平均处理效应就是较高社会资本水平的收入回报,与社会资本水平积累较低的子代农民工相比,拥有较高的社会资本对子代农民工收入带来的变化。

第十二章

城市资本积累与农民工融入
城市能力提升的对策建议

农民工市民化问题牵一发而动全身,必须以实现"完全市民化、实质城市化"为突破口,沿着中国城市化道路的路径,跳出就"农民工"论"农民工"的思维循环,从整个国家经济"新常态"的战略选择加以理解。农民工融入城市的进程、定位和切实可行的路径需要整体性规划和布局,需要政府制度创新,提供一个普惠型的制度环境和平台;还需要通过转变政府职能,政府主导联动社会组织、社区、农民工自身共同努力为农民工"赋能",构建一个积累和提升农民工城市资本积累的立体式框架,加快农民工市民化步伐。

第一节　主要研究结论

沿着"农村劳动力进入城市—农民工城市资本积累差异—农民工群体分层—农民工被城市边缘化—农民工如何融入城市、实现市民化"这条研究线索,我们试图构建一个立体式农民工城市资本积累研究框架体系,探寻积累和提升农民工城市资本积累的路径。我们基于对农民工融入城市能力的测量,对农民工城市资本积累影响农民工融入城市能力进行了实证分析,探讨了城市资本积累影响农民工融入城市能力的就业选择、收入决定和代际传递问题,主要得出以下结论：

其一，农民工融入城市是经济资本决定、人力资本改善与社会资本支持的共同结果。经济资本、人力资本、社会资本均显著正向作用于农民工融入城市各分维度，农民工融入城市过程中经济资本、社会资本和人力资本发挥的作用呈现出一定差异性。在人力资本方面，较高的学历有助于农民工跨越"农民"制度身份的户籍门槛，直接作用于其身份认同。教育水平越高，拓展农民工职业获得的机会、职业层级相对较高，工作稳定性相对较强，农民工在城市收入相对较好，经济融入程度越高。经济收入是农民工城市融入基础和必要条件，当其经济能力较高时，同时也很大概率的拥有较高个人素质和社会融入能力，农民工在经济融入、结构融入的过程中，不断构建、扩大了社会网络，增加了其身份认同感，这是一个实践的、动态的过程，而非静态停滞的状态。同时，较高的职业阶层可以使他们更为广泛的与社会阶层更高群体的群体接触，增加了农民工参与社会活动机会，促进其社会适应。

其二，农民工融入城市进程中非正规就业和正规就业存在收入差距，非正规就业内部受雇就业和自雇就业也存在收入差距。农民工收入差距来源于人力资本、社会资本、职业阶层等因素在不同群体的要素禀赋不同、要素禀赋回报不同；拉大或缩小收入差距在于要素禀赋差异或回报差异的正负效应贡献。总的来说，农民工人力资本配置向正规就业倾斜，正规就业农民工人力资本禀赋优势与人力资本回报率价格歧视的双重贡献拉大了收入差距；对于正规就业与非正规自雇就业农民工，正规就业农民工人力资本禀赋优势与自雇就业农民工社会资本禀赋优势正负效应相互抵消，缩小了二者的工资收入差距；对于非正规自雇就业与受雇就业农民工，收入差距来源于自雇就业较高的社会资本禀赋和社会资本回报率价格歧视。

其三，农民工的就业选择与职业获得在代际间存在明显的代际传递效应。农民工多数子女沉滞在与父亲相同的职业领域，与此同时，职业在代际间也具有一定的流动性，相比于职业分布更为密集、集中的父代农民工，子代农民工职业分布较为分散,这表明职业在代际间存在一定的流动性;农民工整体代际职业流动性偏弱,在职业代际差异中存在着职业代际传递与继承的共性。具体表现为低端与高端职业阶层代际传递效应较强,而在中端的职业阶层代际流动性较强,形成结构性职业流动格局;农民工代际间职业流动范围存在明显的分割性,高端职业阶层之间的代际流动与低端职业阶层之间的代际流动比较明显,但高端与低端职业阶层之间的代际流动相对较少,表现为农民工非精英群体与农民工精英阶层之间存在着职业"藩篱";农民工个人自致性因素,尤其是教育、技能等级对子代跨越职业代际效应起着较大的推动作用,产生直接影响;而家庭背景等先赋性因素对子代职业阶层的传递与流动起着间接作用。

其四,城市资本积累是农民工代际收入的传递路径。父代未外出务工样本的代际收入流动性高于父代外出务工的样本,人力资本是父代未外出务工的子代农民工最主要、最直接的代际传递路径,社会资本通过人力资本与收入间接发挥代际收入传递的作用。父代未外出务工样本的代际收入流动性更高,此改变是通过子代劳动力流动,改变从父辈继承而来的先天资源禀赋不足,最终通过收入变动使代际间收入流动系数变动。大部分子代农村劳动力向城市转移,预期收入的改善是农民迁移的重要动力。由于城市化进程的加快,服务业与商业为子代劳动力提供了就业机会,使他们通过迁移可以获得更多的非农就业机会,最终带来代际收入流动的提升。父代外出务工明显减弱了代际收入流动性,职业代际传递这一路径贡献率最大,其次是社会资本的传递作用,人力资本贡献度微弱,两代农民工职业分布显著存在代际差异。对于父代外出务工的农民工,其代际间收入流动下降,传统农民工的社会资本、个体资本与心理资本都传递给新生代,加强了父代对子代收入的影响程度,降低了代际收入流动性。对农民工代际收入传递路径进行中间变量分解的结果显示,社会资本、人力资本与职业传递都是代际收入的传递路径。对于父代外出务工的农民工家庭,职业代际传递与社会资本是其主要传递路径,人力资本传递路径的贡献率较为微弱。

其五,农民工代际间融入能力没有显著差异。即新生代农民工融入城市能力没有显著提升,农民工低融入城市能力的状态在代际间传递,农民工人力资本水平越高、社会资本拥有量较多且质量较高,农民工融入城市的能力越高。外出务工年限对农民工融入城市能力有显著正向影响,流动距离对农民工融入城市能力有显著的负面影响,跨省流动农民工各维度融入能力低于就近迁移的农民工群体。同时,不同代际农民工群体的留城意愿出现显著分化,新生代农民工具有更强的留城意愿,但其留城能力受到户籍制度等结构性因素的制约。

第二节 对策建议

农民工市民化要以"完全市民化、实质城市化"为突破口,跳出"二元性农民工"的思维模式。这一整体性规划和布局,是政府、企业、社会组织、社区乃至农民工的多方合力的结果:政府主导政策和制度导向,积极推进土地制度改革,在就业、教育、社会保障、住房保障等多方面积极进行制度创新,创造机会平等的就业环境,提供均等的公共服务和完善的社会保障,以推进农民工的完全市民化进程;企业通过提供就业岗位,使得农民工实现最基础的经济积累;社会组织、社区帮助农民工拓宽社会关系网,积累社会资本;而要实现完全意义的市民化,新常态下,最重要的还是农民工自身的人力资本水平的提升,人力资本积累是促使农民工从体力型向技能型、智力型劳动力转变的关键。总而言之,城市资本积累与农民工融入城市能力的提升是一个复杂系统,是多方力量共同努力的结果,其内在逻辑关系如图12-1所示。

一、改善宏观制度环境,促进农民工完全市民化

循序渐进推进以户籍制度去福利化为引擎的整体性制度创新,以"携地

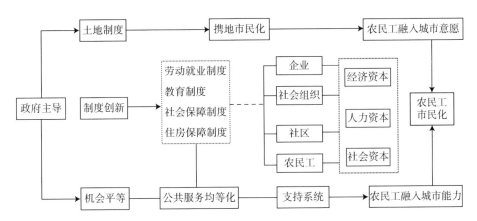

图 12-1　城市资本积累、制度创新与农民工融入城市能力关系图

市民化"为导向推进土地制度改革,在常住人口公共服务均等化理念下,构建
以公平为导向的"政策支持系统",使农民工享有与城镇居民同样的就业权、
教育权、保障权、居住权、组织权等,为农民工市民化意愿提升营造良好的制度
环境,制度环境是市民化实现的重要土壤,是软环境。

(一)推进以"携地市民化"为导向的土地制度创新改革

在"刘易斯拐点"缓解人口红利减退对经济发展的不利影响,采取更加基
准的措施继续释放农村剩余劳动力是基本取向,促进农村剩余劳动力持续向
外转移和劳动力转移人口市民化,需要进一步改革农村现有土地制度,即实施
"携地市民化"的改革的思路。例如,在维护农民土地承包经营权的前提下,
建立有利于农民带着集体资产走出的机制。进一步加快农村集体土地确权登
记颁证改革,尽快实现土地所有权、经营权与承包权的"三权分立",即明确土
地的承包权归农户、所有权归集体、经营权农户可自由处置。

(二)构建均等化的公共服务体系

以公共服务均等化为核心的农民工市民化是推进城市化、实现城乡一体

化的嚆矢①(蔡昉,2010)。公共服务均等化为导向的户籍制度改革旨在剥离依附在户籍制度上的公共服务和社会福利,"去利益化"的制度改革使户籍制度从"选择性制度"转变为"普惠性制度"②(张展新、王一杰,2015),还原户籍制度为迁移等级的居住地管理制度,最终建立全新的、自由迁移的、不依托户籍的"常住人口管理系统"。农民工公共服务供给问题本质上是城镇化财富增长分配问题,是农民工市民化社会成本如何分摊的问题,推进公共服务均等化需要一个更加开放和以发展为导向的公共政策框架,增强公共服务供给能力,提供更具包容性、均等化以及多元化服务和福利供给。服务于城市教育机会均等、教育培训提供和人力资本投资;服务于城市充分就业和创业发展;服务于城市社会保障和住房供给保障,提高社会流动性和开放性,促进流动人口融入城市,培育农民工逐步成为城市中产阶级。具体而言,地方政府应通过建立和完善企业劳动力管理机制,建立适合农民工的具有衔接性、灵活性、多层次性的社会保障制度,强行推行工伤保险、大病医疗保险为重点的医疗保障制度,推进公共资源与公共服务均等化,并适当加大向农民工非正规就业群体的倾斜力度,着力提升其人力资本水平和住房、医疗及社会保障水平。公共服务均等化的具体实施措施包括:(1)修订并消除针对农民工的歧视性法规,健全农民工子女义务教育政策,逐步建立农民工的社会救助体系。(2)建立完善农民工的公共服务体系,具体包括就业服务、义务教育、社会保障、公共卫生、公共文化设施等,通过制定完善相关法律,将农民工人均社会保障支出、教育支出、卫生支出、住宅建设用地等公共服务需求列入城镇政府的年度财政预算。(3)实现农民工与城镇居民的公共服务均等化,根据农民工留城意愿、代际差异群体分化及未来发展选择差异,为农民工发展提供动态支持。(4)完

① 蔡昉:《被世界关注的中国农民工——论中国特色的深度城市化》,《国际经济评论》2010年第2期。

② 张展新、王一杰:《农民工市民化取向:放松城镇落户还是推进公共服务均等化》,《郑州大学学报(哲学社会科学版)》2014年第6期。

善配套相关政策,包括健全财政转移支付体系、改革常住人口管理系统、实施户籍制度改革、提高农民工分享城镇化的收益的谈判能力等。

(三)完善以公平为导向的"政策保障支持系统"

消除制度障碍,构建农民工政策支持系统,完善农民工社会保障政策、住房保障政策,从以往补偿性社会政策上升到发展性社会政策,从局部性政策改革上升到国家层面的全面、系统、整体的顶层设计改革。"政策支持系统"的具体构建思路:(1)进一步创新城市社会保障制度。以农民工全覆盖为突破口,推动城市社会保障体系转换。首先,以农民工社保需求紧迫性为依据,逐步推进住房保障、失业保险、医疗保险、养老保险的完全覆盖,构建起"广覆盖、低利率、可转移、有弹性"的农民工社会保障体系[①];其次,建立农民工的社会福利与救助体系,除将其纳入到城市最低生活保障外,逐步建立子女失学救助、大额医疗救助及临时住房保障的救助体系;再次,发挥农地保障功能,创新农民工自愿退出承包地的政策机制,健全其社会保障资金筹措机制及异地转移衔接机制;最后,要全面有效整合农民工与城镇居民的保障项目、保障标准、保障基金和保障机制,实现农民工社会保障向现代社会保障转换。(2)创新住房保障制度。将农民工纳入住房保障体系,完善住房保障资金筹措机制,建立融合式住房保障政策[②](邹一南,2014)。通过在农民工集聚的工业园区新建"园区配建型"公寓,低价出租或免费提供农民工居住,改善农民工居住条件,稳定企业劳动力供给;通过"商业配建型"和"公共租赁型"(偏向城市核心区)的"补砖头"实物配租的模式以低价租金出租给农民工,充分实现和保证

---

① 苏州市已经成为全国首个"统筹城乡社会保障典型示范区",2011 年 7 月 1 日起全市城乡低保实现全面并轨,标准从每月每人 500 元提高到 570 元;2012 年实现城乡居民养老保险、医疗保险全面并轨。

② 邹一南:《居住分割、住房保障政策与农民工永久性迁移》,《中国矿业大学学报(社会科学版)》2014 年第 4 期。

与城市居民的融合居住①;通过"市民化型、公积金型"的货币补贴方式,将落户城镇农民工纳入廉租房和经济适用房体系,将稳定就业农民工纳入城镇住房公积金体系,鼓励他们购买城市商品房住宅。

二、打通城市资本积累通道,提升农民工融入城市能力

城市资本积累是农民工市民化能力提升的硬条件,其内在逻辑是:经济资本是农民工在城市立足的基础,经济资本决定了人力资本投资水平的高低,人力资本投资依托职业载体转化为经济资本;农民工个体经济资本与人力资本高低共同决定了社会资本的层次差异,经济人力资本是获取社会资本的基础;社会资本有助于经济资本、人力资本的积累。

(一)经济资本积累提升路径

创新劳动就业制度,农民工通过就业劳动所带来的工资收入可以实现最基础的经济积累;通过土地制度创新提升土地收益,增加农民工经济资本;通过金融创新制度为农民工提供普惠的金融支持。重视发展劳动密集型产业,努力为农民工增加就业机会。在我国逐步向中高端产业转移的同时还需进一步改造中低端产业群,以满足农民工等群体的就业问题。伴随着产业链的不断延伸,我国中西部地区应抓住东部地区产业转移的战略机遇,提高自身区域城镇吸纳农民工就业的能力,为农民工转移创造相关条件,最终形成大中城市和小城镇共同发展的城镇化道路。另外,还需提高农民工合法的土地流转、土地征用及土地承包收益,建立兼顾个人、集体与国家的土地收益分配机制。此外,还需创新"宅基地转让与置换"等相关政策,探索宅基地与城镇住房置换的相关政策衔接机制,逐步实现宅基地的财产权功能以增加农民工的经济资

---

① 2010 年 9 月上海市正式颁布《上海市发展公共租赁住房的实施意见》,标志着上海市公租房政策正式推行,该《实施意见》总体要求中提出要"有效缓解本市青年职工、引进人才和来沪务工人员及其他常住人口的阶段性居住困难"。

本。最后,还需落实宅基地住房财产权抵押及土地承包经营权等规定,提高农民工的融资能力,对农民工创业给予一定金融支持,通过扶持体系鼓励农民工以创业带动就业。

(二)人力资本积累提升路径

农民工经济资本贫困更多表现为人力资本存量欠缺,城乡教育资源配置失衡的"历史性存淀",掣肘了农民工市民化进程。开发农民工人力资源,将农村剩余劳动力由数量、体力型向质量、智力型转变,着力于培育创新动力,从低生产率的劳动者上升为技能性人力资本。

提升农民工人力资本积累水平并且重视与产业结构适配性是促进实现农民工市民化最有效率和最根本的路径。(1)人力资本主导形态的选择。张学英(2011)指出,需要明确农民工的在城市人才市场中的定位,开展农民工人才结构的"供给侧"改革[1]。当前,我国处于工业化后期阶段的"新常态",产业结构转型升级导致技能性人才需求快速增加,因此,应将农民工定位于中低端技能型人才。具体包括中端的技术型、技能型人才与低端的操作型工人,进一步通过人力资本结构升级逐渐改变社会结构,培育部分农民工成为新的中产阶级。(2)人力资本培育形态的选择。在保障农民工子女接受义务教育的同时,相关职业技能培训应专门针对农民工,改革其培训体系,以提升农民工人力资本技能。具体而言,应将农民工职业培训纳入到职业教育体系之内,建立多形式、多层次、多渠道的现代职业培训系统。同时还需规范农民工培训市场、完善资金投入、整合教育培训资源、制定培训激励政策以提升培训效率;实现培训主体多元化、培训市场开放化、培训模式系统化、培训内容精准化、培训师资专业化、培训周期弹性化以及培训资源充足化。(3)农民工人力资本培育主体的选择。应明确农民工人力资本投资成本分摊机制,在当前我国产业

---

[1] 张学英:《关于提升新生代农民工城市融入能力的研究》,《贵州社会科学》2011年第7期。

结构转型之际,人力资源结构的提升有助于产业结构调整升级。因此,企业、政府与职校等组织应加大农民工的人力资本培育力度,引导其走出"技工荒"与"民工荒"等陷阱。

除此之外,新人力资本提升也是农民工融入城市的路径之一。新人力资本理论提出,农民工人力资本积累中,非认知能力在低人力资本劳动力市场上对工资、能力和社会经济行为更有解释力、更有价值。因此,农民工非人力资本提升可以作为提升农民工就业能力的突破口,应作为人力资本提升的政策重点,解决"新常态"下农民工"结构性失业"现象与难题。(1)农民工新人力资本投资策略选择。新人力资本基于能力形成的特点,提出由于早期投资认知能力的可塑性更强,政府应通过基于早期人力资本投资干预手段,提前通过政府参与解决家庭预算约束对子女早期的能力建设限制;从能力多阶段跨期投资可替代性分析,后期投资非认知能力效果更好而且可替代性更高。这些让我们重新审视国家投资教育策略和家庭对人力资本投资的重要性,认识到个体生命周期人力资本投资的最优策略需要合理的分配投资比例。(2)农民工新人力资本投资阶段选择。要加强农民工子女早期幼儿教育、基础义务教育人力资本投资干预,采取经济资源补助等措施让子代农民工得到公平的教育机会和优良的教育资源,在早期认知能力形态人力资本投资基础上,依据技能动态补充,必须在后期追加投资,通过持续扶持和培育为后期的能力自我生产做好准备,从而打破农民工弱势群体贫困的代际传递和弱势地位的代际传递。(3)农民工非认知能力投资形态选择。重视农民工非认知能力投资,对农民工个人而言,从思想上充分认识学习的重要性,通过参加培训和主动学习创造性的进行自我潜能开发,获得市民化所需的知识和技能,自觉的积累和经营自身人力资本,培养责任感、合作意识和创新精神,增值自己的人力资本,减少结构性失业;对企业而言,要树立人力资本培养和提升意识,通过培训加强对农民工技能的建设和提升,引导农民工由体力型向技能型转变,走出"民工荒""技工荒"两难困境的低技术陷阱。

（三）社会资本积累提升路径

社会资本分为宏观层次制度型社会资本、中观层次的组织型社会资本、微观层次的关系型社会资本。人力资本依附于原子化的能动性个体，社会资本提供了人力资本发挥作用的场域，社会资本对人力资本有整合、协同效应，人力资本只有通过社会资本效应才能产生更大的经济资本。（1）制度型社会资本积累。制度型社会资本为农民工的合法权益提供相应的制度保护，通过住房保障、社会保障与就业保障等政策提供公平平台，在比较平等的制度环境中不断积累农民工的社会资本。建立统一的社会保障制度是农民工提升制度型社会资本的主要途径；居住区位决定了农民工城市生活环境和交往范围，居住分割扩大了农民工与城市居民之间的社会距离和经济距离，农民工散居于城市居民社区为农民工获取信息、积累社会资本和就业机会创造了有利条件。（2）组织型社会资本积累。社会支持网络及农民工自生组织是农民工城市生活的重要支持系统，可以为组织内成员共享其产生的大量社会资源，采取共同行动，提升城市话语权，农民工可借助相关组织扩大交往覆盖面，延伸其社会资本。建立社区服务中心，改善社区服务，发展实用性的权益保障、法律常识、就业生活信息及子女关爱服务。同时还需构建农民工的服务系统，不断衔接社会组织、流入流出地政府、各级工会以及社区力量整合相关资源，强化农民工的动态监测服务，完善远程网络培训、就业信息、紧急救助等网络服务。（3）关系型社会资本积累。减少农民工的不合理流动，增强其对工作企业的归属感，逐步建立以业缘为主的异质性社会资本；融合居住跨越住房门槛，通过居住媒介创造农民工与城市居民接触和交流的机会；增强社区开放性、包容性和亲和性，向农民工开放社区活动中心，向其子女开放社区学校，通过文化、健身、休闲的社区活动创造有利于农民工社区交往的沟通平台。最后，需要构建关系型社会资本，增强其诚信度与责任感，建立起勤劳踏实、合法经营与诚实守信的信用机制，争取获取城市居民认同，最终提升其关系型社会资本。

三、提高劳动力市场配置效率，改善农民工就业环境

（一）进行适当的行政干预，提高农民工劳动力市场配置效率

劳动力市场正规化程度是与经济发展、产业结构转型与技术结构升级相伴提升的渐进自然过程，中国劳动力市场分割体制赋予农民工非正规就业一种歧视性"标签"，限制了农民工收入提升，阻碍了农民工市民化意愿与融入城市的能力。提高劳动力市场配置的效率不是单靠市场机制就可以解决，适当的行政干预是必要的，必须加快建设统一的劳动力市场的步伐，促进劳动力市场的公平竞争，提高农民工劳动力配置效率。一方面，加快建设政府和市场就业渠道，向农民工发布工作信息，提供就业信息支持；推动市场组织和就业服务机构建设，为农民工提供就业指导和咨询；积极调整相关政策，减少对农民工就业的人为限制，扩大农民工就业区域和范围。另一方面，以适当的行政干预提高劳动力配置效率，引导和帮助农民工找到合适的工作岗位，为农民工提供可靠的制度性保障，促进就业公平。统一的劳动力市场可以显著提高劳动力市场的配置效率，与社会资本形成互补关系，提升农民工劳动力市场的资源配置效率。

（二）构建统一平权的劳动力市场，改善农民工就业环境

改善农民工非正规就业者的"就业政策环境"，采取"一元化"制度安排消除劳动力市场"非竞争性歧视"。构建统一且平权的劳动力市场，培育、规范和完善城市劳动力市场是解决农民工非正规就业的长久性、根本性制度安排。通过建立统一的城镇劳动力市场，可以消除农民工的身份歧视、市场准入限制及职业区隔等结构性障碍，拓宽其职业流动空间与渠道；缩小城乡劳动力工资的"非市场差异"，保证同城同权与同工同酬。首先，加强劳动市场制度建设，保护农民工的合法权益，提高农民工最低工资标准、完善其工资增长机制并健

全劳资纠纷协调机制;其次,针对劳动关系的复杂性、多元性、非规范性及非稳定性,进行分类管理,规范企业用工行为,加大劳动监察部门对企业的监管力度;最后,支持农民工非正规就业者的灵活就业,构建资金支持、培训支持和信息支持的社会支持系统,减少制度约束,降低门槛,提高监管,提升农民工自雇就业的合理性与合法性。

四、"赋权减负"拓宽收入方式,提高农民工融入城市物质基础

济贫之道在于赋权,"赋权减负"是防止贫困代际传递的根本思路。对于父代未外出务工的子代农民工,其长期调整策略在于后天教育,一方面,优化落后地区的教育资源,积累其人力资本,以弱化父代的收入差异导致的人力、社会资本分化问题;另一方面,对于父代外出务工的子代农民工而言,两代农民工间的代际收入流动性减弱,假如没有外部政策干预,经济隔离会呈现长期趋势。因此,提出以下政策建议:(1)权利赋予制度化。政策供给主体确保赋予农民工综合权利,保证其城市生存基本福利和人身劳动权益,公平拥有社会资源的分享权利,培育"农民工"权利诉求主体及畅通诉求渠道,尊重并提升农民工自主实践权利的能力。(2)迁移模式家庭化。落实农民工举家、居家迁移的"家庭身份",保障其居住权和子女随迁的权利,给予子代农民工同等的教育权和发展权,加大青年农民工人力资本投资性补贴,提升其技能水平和就业能力。(3)职业流动垂直化。打破劳动力市场的职业隔离与行业垄断,打破农民工职业向上流动的"玻璃天花板",降低职业门槛,畅通其向上流动渠道,提高整个社会职业阶层开放和流动性,缩小职业代际传递的阶层差别。

五、促进机会平等,推动农民工代际职业流动

推动农民工代际职业流动的关键是促进机会平等,包括收入平等、教育机会平等与就业机会平等,职业获得与职业发展过程中的机会不平等是我们应

该关注的问题,不仅要重视职业流动起点的不平等,更应重视职业流动过程中的不平等,这是从根本上解决"农民工二代"现象、农民工弱势地位代际传承的现实路径。我们提出如下政策建议:(1)致力于促进收入平等,加强农民工职业向上流动的动力。农民工贫困不仅表现为收入低下,更表现为父代低收入对子女人力资本投资约束,贫困代际传递使农民工陷入"低收入陷阱"。收入水平大多处于温饱状态下的农民工最渴望的是平等的收入,应建立正常工资增长机制,提高农民工工资待遇,改善生存环境;对农民工低收入家庭实施积极的转移支付政策、实施减税免税政策、制定最低工资标准以直接提高收入水平或者提供廉租房补贴等方式间接改善收入状况;改变农民工处于产业链低端的现状,在后工业时期产业结构升级调整中,将农民工定位于中低端技能型人才,促使其在"微笑曲线"利润较高的产业链两端就业,有效提高收入水平,破解收入瓶颈。(2)大力促进教育公平,教育资源配置上向农村地区、贫困群体及落后群体倾斜,加强对弱势群体的教育援助,提升农民工职业向上流动的能力;全面解决农民工子女义务教育问题,提供继续培训和再教育机会弥补其在先赋性因素中的不利地位,优化知识结构,增强其在劳动力市场中的竞争力;农民工个人、企业与政府三方共同努力,加大农民工就业能力开发,通过个人主动参与、企业积极提供、政府大力支持的以市场为导向的职业技能培训,提升农民工职业技能与软性技能,实现职业技能提高和职业层级上升;努力探索农民工人力资源结构与产业结构互动战略机制,研究建立农民工预备培训制度与中等职业教育免费教育制度,继续加大农民工农民工培训投入,不断增强技术培训的时效性和针对性。(3)致力于促进就业机会平等,创造农民工职业向上流动的空间。积极展开信息引导、劳务派遣、职业介绍等就业服务,为农民工进城就业创造有利条件;消除农民工进入城市正规就业市场的障碍,取消限制农民工准入等就业方面的歧视政策,把企事业单位的"户籍门槛"变为求职人员的"素质门槛",实现同工同酬、同工同时、同工同权;打破劳动力市场分割,打破农民工与城市市民的身份屏障与权益屏障,改革与消除城乡、身份、行业、性别等影响就业的政策性、制度性歧视,扩大农民工向上流动的空间;利用法制化、程序化手段规范企业用工制度,改善农民工高流动性、不稳定性、季节性工作特点,保障农民工权益与就业能力开发。

第三节　研究展望

新常态下,积极推动我国城市产业工人主要构成部分的农民工群体从城市的最底层逐步上升融入并成为新的中产阶层,有助于我国社会阶层结构向橄榄形转变。本书将农民工融入城市维度研究延伸到农民工融入城市能力上,在测量各维度融入能力的基础上,实证分析了城市资本积累对融入城市能力的影响;构建了城市资本积累对农民工融入城市能力机理分析框架;将代际传递理论与农民工融入城市能力相结合,将收入和职业作为融入能力代际传递的载体,估计并分析农民工收入代际传递性与职业代际传递性。然而,由于笔者的研究水平、问卷调查的获取范围及时间限制等,使本书在本领域仍有许多问题有待进一步拓展,对于一些问题在未来的研究中仍需要深入思考研究。

第一,进一步拓展研究的理论深度和广度。本书侧重于实证分析农民工城市资本积累对农民工融入城市能力的影响,主要分析了城市资本积累影响农民工融入城市能力的就业选择、收入决定和代际传递问题。在一些问题的研究上,还需要进一步拓展研究的理论深度和广度:(1)进一步拓深"资本积累"的理论分析,对"资本积累"的类型进一步细分,对比研究农民工在农村的原始资本积累与城市资本积累对其融入城市能力分别会产生何种影响;(2)在分析农民工收入问题上,将农民工的收入水平与其他类型劳动者进行横向、纵向对比,更加准确地对农民工收入水平进行判断。

第二,加强对相关政策措施实施在推进农民工融入城市实际效果方面的研究。本书将"农民工城市资本积累"概念引入农民工融入城市能力问题研究,构建了城市资本影响农民工融入城市能力机理分析框架,但囿于问卷设计和研究方法的限制,并未对政府相关部门出台的一系列推动和促进农民工市民化、完善城市公共服务体系、加快新型城镇化等众多具体改革措施进行总体分析和效果验证。因此,在未来研究中有必要进一步检验相关政策措施实施的实际效果,对本书进行补充和完善。

第三,进行更深度地连续调研,对农民工城市融入问题进行动态跟踪,完善并细化数据。本书的研究主要是基于 2016 年问卷调查数据进行的实证检验,由于时间和资源投入限制,问卷样本量还并不能全面反映农民工市民化的全部问题,对于农民工市民化的问题要展开深度研究,有必要获取面板数据,进行长期动态的调研,提高研究结论的可靠性和准确性,这也是未来研究工作的重点方向。

第四,随着我国经济社会的不断发展和城市化进程的进一步推进,"农民工"这个过渡性称谓有逐渐淡化的趋势,取而代之的是"新市民""农业转移人口""城市流动人口"等不具明显身份标签的称谓,"农民工"这个带有歧视和质疑的称谓成为我国从传统农业向工业化、信息化时代转型的印记。我们也关注到了这一变化,近年来,学界多用"农业转移人口"来替代"农民工"的称谓,有利于消除社会心理隔阂、增强其身份认同感。研究这一有着 2.8 亿规模的群体,有必要动态考虑他所处的社会背景和时代背景,我们还关注到就地、就近城镇化是我国新型城镇化发展的一大趋势,在此背景下,农业转移人口也呈现就地、就近市民化的趋势,这也是我们今后研究中要关注的另一个方向。

农民工市民化是中国社会发展的必然趋势,增强农民工融入城市意愿和提升融入城市能力是推进农民工市民化的重要环节。改革开放以来,我国经济高速增长多依赖于出口导向型的发展战略,与之相伴随的是产业结构的轻型化,从而使"中国制造"具备了低进入壁垒、低附加值及低技术含量等特征。这种高竞争、低利润的低端产业导致农民工的收入过低。而农民工的收入过低导致其无法承受城市高额的生活成本。同时,国家低税收与企业低利润也决定了很难为农民工建立高水平的社会保障体系,进而农民工市民化的社会成本分摊机制很难得到有效运转,最终导致农民工市民化进程严重受阻。

政府通过制度供给的"政策助推"逐步为农民工构建了有利于自身价值实现、潜能挖掘和能力外化的平台。但是,只靠政府制度的公平原则并不能解决农民工市民化问题,能力是影响市民化进程的核心因素,农民工从体力型劳动者向技能型人力资本的转型是关键。"新常态"为这种转型提供了机遇和缓冲,是农民工市民化的必经之路。新常态下,打破低端产业链格局,走出"中等收入"陷阱,就必须实现产业升级,产业结构的转型升级势必带来人力资本需求结构的转变,在这种宏观背景下,农民工势必需要提升其人力资本,满足后工业时期产业发展对人力资本的需求。

社会阶层演进的普遍规律和我国社会转型所处阶段告诉我们,农民工市民化与中国经济"新常态"的战略选择、经济发展方式转型、城镇化道路选择及跨越中等收入陷阱密切相关。当中国产业从中低端向中高端转移,关键技术和尖端技术的突破会相应出现中高端产业群和中产阶级职业群,中国的中产阶级逐渐扩展空间,农民工成为新的中产阶层,中国的社会阶层结构会向橄榄形转变,走出"中等收入陷阱"并缩小收入差距,农民工将真正成为新市民,实现其完整意义的市民化。

参 考 文 献

专著:

《马克思恩格斯全集》,人民出版社 1972 年版。

林南:《社会资本——关于社会结构与行动的理论》,上海人民出版社 2005 年版。

李忠民:《人力资本——一个理论框架及其对中国一些问题的解释》,经济科学出版社 1999 年版。

乔建:《社会科学的应用与中国的现代化》,北京大学出版社 1999 年版。

李培林等:《就业与制度变迁——两个特殊社会群体的求职过程》,浙江人民出版社 2001 年版。

孔祥利:《西部农村公共产品与公共支出问题研究》,中国社会科学出版社 2012 年版。

陆学艺:《当代中国社会阶层研究报告》,社会科学文献出版社 2002 年版。

李培林等:《中国社会分层》,社会科学文献出版社 2004 年版。

孙立平:《断裂:20 世纪 90 年代以来的中国社会》,社会科学文献出版社 2003 年版。

孙立平:《资源重新集聚下的底层社会形成》,社会科学文献出版社 2004 年版。

蔡志海:《农民进城——处于传统与现代之间的中国农民工》,华中师范大学出版社 2008 年版。

Sen, A. K., *Choice, Welfare and Measurement*, Oxford: Basil Blackwell, 1989.

Blau, P. M., Duncan, O. D., *The American Occupational Structure*, New York:

Wiley, 1967.

　　Durkhein, E., *The Division of Labour in Society*, New York: Free Press, 1964.

　　Glazer, N., *We are all Multiculturalists Now*, Cambridge, MA: Harvard University Press, 1997.

　　Gordon, Milton M., *Assimilation in American Life*, New York: Oxford University Press, 1964.

　　Kallen, Horace M., *Cultural Pluralism and the American Idea: An Essay in Social Philosophy*, Philadelphia: University of Pennsylvania Press, 1956.

　　Massey, Douglas, Nancy Denton, *American Apartheid: Segregation and the Making of the Und-Erclass*, Cambridge, MA: Harvard University Press, 1993.

　　Park, Robert E., Burgess Ernest W., *Introduction to the Science of Sociology*, Chicago: University of Chicago Press, 1921.

　　Park, Robert E., Burgess Ernest W., *The City*, Chicago: University of Chicago Press, 1925.

　　Burt, Ronald S., *Structural Holes: The Social Structure of Competition*, Cambridge, MA: Harvard University Press, 1992.

　　Coleman, James S., Foundations of Social Theory, Cambridge, MA: Harvard University Press, 1990.

　　Pior, M.J., *Birds of Passage*, New York: Cambridge University Press, 1979.

　　Keyes, C.F., *The Dialectics of Ethnic Change in Ethnic*, Seattle: University of Washington Press, 1981.

　　Granovetter, M., *A Study of Contacts and Careers*, Chicago: University of Chicago Press, 1995.

　　Featherman, D. L., Hauser, R. M., *Opportunity and Change*, New York: Academic Press, 1978.

　　Burawory, M., *Manufacturing Consent: Changes in the Labor Process under Monopoly Capitalism*, Chicago: University of Chicago Press, 1979.

　　Mc Neil, W.H., Adam, R.S., *Human Migration: Patter and Polices*, London: Indiana University Press, 1987.

连续出版物（期刊）：

董延芳、刘传江:《农民工市民化中的被边缘化与自边缘化:以湖北省为例》,《武汉大学学报》2012 年第 1 期。

段成荣等:《改革开放以来我国流动人口变动的九大趋势》,《人口研究》2008 年第 6 期。

侯佳伟:《人口流动家庭化过程和个体影响因素研究》,《人口研究》2009 年第 1 期。

唐宗力:《农民进城务工的新趋势与落户意愿的新变化——来自安徽农村地区的调查》,《中国人口科学》2015 年第 5 期。

熊景维、钟涨宝:《农民工家庭化迁移中的社会理性》,《中国农村观察》2016 年第 4 期。

姚先国:《人力资本与劳动者地位》,《学术月刊》2006 年第 2 期。

杨菊华等:《流动人口社会融合:"双重户籍墙"情景下何以可为?》,《人口与发展》2014 年第 3 期。

张冀:《抑制控制的研究概述》,《社会心理科学》2011 年第 8 期。

张学英等:《个人资本视域下助推新生代农民工融入城市的研究——基于无结构式个案访谈的分析》,《职业技术教育》2014 年第 4 期。

章铮:《进城定居还是回乡发展?——民工迁移决策的生命周期分析》,《中国农村经济》2006 年第 5 期。

顾海英等:《现阶段"新二元结构"问题缓解的制度与政策——基于上海外来农民工的调研》,《管理世界》2011 年第 11 期。

郭星华、李飞:《漂泊与寻根:农民工社会认同的二重性》,《人口研究》2009 年第 6 期。

李春玲:《城乡移民与社会流动》,《江苏社会科学》2007 年第 2 期。

李丽梅等:《中国城市户口和居住证制度下的公民身份等级分层》,《南京社会科学》2015 年第 2 期。

李培林、田丰:《中国劳动力市场人力资本对社会经济地位的影响》,《社会》2010 年第 1 期。

方莉琳:《林南的社会资本理论及其中国适用性》,《群文天地》2012 年第 17 期。

任远、邬民乐:《城市流动人口的社会融合:文献述评》,《人口研究》2006 年第 3 期。

王谦:《关于流动人口社会融合指标研究的几点思考》,《人口与发展》2014 年第 3 期。

王桂新、张得志:《上海外来人口生存状态与社会融合研究》,《市场与人口分析》

2006 年第 5 期。

薛艳:《基于分层线性模型的流动人口社会融合影响因素研究》,《人口与经济》2016 年第 3 期。

悦中山等:《当代西方社会融合研究的概念、理论及应用》,《公共管理学报》2009 年第 2 期。

悦中山等:《农民工社会融合的概念建构与实证分析》,《当代经济科学》2012 年第 1 期。

悦中山等:《费尔德曼.从"先赋"到"后致":农民工的社会网络与社会融合》,《社会》2011 年第 6 期。

张蕾、王桂新:《第二代外来人口教育及社会融合调查研究——以上海为例》,《西北人口》2008 年第 5 期。

赵延东、王奋宇:《城乡流动人口的经济地位获得及决定因素》,《中国人口科学》2002 年第 4 期。

周皓:《中国人口迁移的家庭化趋势及影响因素分析》,《人口研究》2004 年第 6 期。

周明宝:《城市滞留型青年农民工的文化适应与身份认同》,《社会》2004 年第 5 期。

朱力:《论农民工阶层的城市适应》,《江海学刊》2002 年第 6 期。

边燕杰:《城市居民社会资本的来源及作用:网络观点与调查发现》,《中国社会科学》2004 年第 3 期。

胡荣:《社会经济地位与网络资源》,《社会学研究》2003 年第 5 期。

季文、应瑞瑶:《农民工流动、社会资本与人力资本》,《江汉论坛》2006 年第 4 期。

李晓曼、曾湘泉:《新人力资本理论——基于能力的人力资本理论研究动态》,《经济学动态》2012 年第 11 期。

林南、俞弘强:《社会网络与地位获得》,《马克思主义与现实》2003 年第 2 期。

刘传江:《资本缺失与乡城流动人口的城市融合》,《人口与发展》2014 年第 3 期。

刘林平:《企业的社会资本:概念反思和测量途径——兼评边燕杰、丘海雄的〈企业的社会资本及其功效〉》,《社会学研究》2006 年第 2 期。

罗遐:《农民工定居城市影响因素的实证分析——以合肥市为例》,《人口与发展》2012 年第 18 期。

钱文荣、卢海阳:《农民工人力资本与工资关系的性别差异及户籍地差异》,《中国农村经济》2012 年第 8 期。

孙三百:《社会资本的作用有多大?——基于合意就业获取视角的实证检验》,《世界经济文汇》2013 年第 5 期。

王德文等:《农村迁移劳动力就业与工资决定:教育与培训的重要性》,《经济学(季刊)》2008 年第 4 期。

谢桂华:《中国流动人口的人力资本回报与社会融合》,《中国社会科学》2012 年第 4 期。

谢勇:《基于人力资本和社会资本视角的农民工就业境况研究——以南京市为例》,《中国农村观察》2009 年第 5 期。

叶静怡等,《社会网络层次与农民工工资水平——基于身份定位模型的分析》,《经济评论》2012 年第 4 期。

张车伟:《人力资本回报率变化与收入差距:"马太效应"及其政策含义》,《经济研究》2006 年第 12 期。

张学英:《关于新生代农民工个人资本问题的研究》,《贵州社会科学》2013 年第 1 期。

张学英等:《个人资本视域下助推新生代农民工融入城市的研究——基于无结构式个案访谈的分析》,《职业技术教育》2014 年第 4 期。

赵延东、罗家德:《如何测量社会资本:一个经验研究综述》,《国外社会科学》2005 年第 2 期。

朱旭峰:《中国政策精英群体的社会资本:基于结构主义视角的分析》,《社会学研究》2006 年第 4 期。

陈琳、袁志刚:《中国代际收入流动性的趋势与内在传递机制》,《世界经济》2012 年第 6 期。

尉建文、赵延东:《权力还是声望?——社会资本测量的争论与验证》,《社会学研究》2011 年第 3 期。

陈俊峰、杨轩:《农民工融入城镇能力测评指标体系研究》,《城市问题》2012 年第 8 期。

胡晓江等:《新生代农民工的社会能力与社会融合》,《同济大学学报(社会科学版)》2014 年第 2 期。

黄匡时、嘎日达:《"农民工城市融合度"评价指标体系研究——对欧盟社会融合指标和移民整合指数的借鉴》,《西部论坛》2010 年第 5 期。

梁波、王海英:《国外移民社会融入研究综述》,《甘肃行政学院学报》2010 年第 2 期。

林竹:《农民工市民化能力生成机理分析》,《南京工程学院学报》2016年第1期。

刘传江、董延芳:《和谐社会建设视角下的农民工市民化》,《江西财经大学学报》2007年第3期。

卢海阳等:《农民工融入城市行为分析——基于1632个农民工的调查数据》,《农业技术经济》2016年第1期。

陆康强:《特大城市外来农民工的生存状态与融入倾向——基于上海抽样调查的观察和分析》,《财经研究》2010年第5期。

马西恒、童星:《敦睦他者:城市新移民的社会融合之路——对上海市Y社区的个案考察》,《学海》2008年第2期。

任远、乔楠:《城市流动人口社会融合的过程、测量及影响因素》,《人口研究》2010年第2期。

田凯:《关于农民工的城市适应性的调查分析与思考》,《社会科学研究》1995年第5期。

王春光:《新生代农村流动人口的社会认同与城乡融合的关系》,《社会学研究》2001年第3期。

王桂新等:《中国城市农民工市民化研究——以上海为例》,《人口与发展》2008年第1期。

王毅杰、童星:《流动农民社会支持网探析》,《社会学研究》2004年第2期。

王竹林、范维:《人力资本视角下农民工市民化能力形成机理及提升路径》,《西北农林科技大学学报(社会科学版)》2015年第2期。

徐丽敏:《农民工随迁子女社会融入的能力建设——基于森"可行能力"视角》,《学术论坛》2015年第5期。

徐丽敏:《农民工子女在城市教育过程中的社会融入研究》,《学术论坛》2010年第1期。

杨菊华:《从隔离、选择融入到融合:流动人口社会融入问题的理论思考》,《人口研究》2009年第1期。

杨菊华、张娇娇:《人力资本与流动人口的社会融入》,《人口研究》2016年第4期。

杨菊华:《流动人口在流入地社会融入的指标体系——基于社会融入理论的进一步研究》,《人口与经济》2010年第2期。

余运江等:《新生代乡—城流动人口社会融合研究——基于上海的调查分析》,《人口与经济》2012年第1期。

悦中山等:《当代西方社会融合研究的概念、理论及应用》,《公共管理学报》2009

年第 1 期。

张文宏、雷开春：《城市新移民社会融合的结构、现状与影响因素分析》，《社会学研究》2008 年第 5 期。

张笑秋：《农民工能力的类型、测量、影响因素与提升路径——基于文献研究的视角》，《求索》2016 年第 5 期。

周皓：《流动人口社会融合的测量及理论思考》，《人口研究》2012 年第 3 期。

朱力：《论农民工阶层的城市适应》，《江海学刊》，2002 年第 6 期。

李练军：《新生代农民工融入中小城镇的市民化能力研究——基于人力资本、社会资本与制度因素的考察》，《农业经济问题》2015 年第 9 期。

李培林、田丰：《中国新生代农民工：社会态度和行为选择》，《社会》2011 年第 3 期。

侣传振、崔琳琳：《农民工城市融入意愿与能力的代际差异研究——基于杭州市农民工调查的实证分析》，《现代城市》2010 年第 1 期。

田明：《农业转移人口空间流动与城市融入》，《人口研究》2013 年第 4 期。

程诚、边燕杰：《社会资本与不平等的再生产——以农民工与城市职工的收入差距为例》，《社会》2014 年第 4 期。

黄江泉、李晓敏：《农民工进城落户的现实困境及政策选择——一个人力资本分析视角》，《经济学家》2014 年第 5 期。

黄瑞芹、杨云彦：《中国农村居民社会资本的经济回报》，《世界经济文汇》2008 年第 6 期。

刘传江、周玲：《社会资本与农民工的城市融合》，《人口研究》2004 年第 5 期。

刘万霞：《职业教育对农民工就业的影响——基于对全国农民工调查的实证分析》，《管理世界》2013 年第 5 期。

卢小君、魏晓峰：《人力资本积累对进城务工人员收入的影响——基于大连市的调查数据》，《调研世界》2014 年第 8 期。

任远、陶力：《本地化的社会资本与促进流动人口的社会融合》，《人口研究》2012 年第 5 期。

王春超、何意銮：《社会资本与农民工群体的收入分化》，《经济社会体制比较》2014 年第 4 期。

王春超、叶琴：《中国农民工多维贫困的演进——基于收入与教育维度的考察》，《经济研究》2014 年第 12 期。

王春超、周先波：《社会资本能影响农民工收入吗？——基于有序响应收入模型的估计和检验》,《管理世界》2013 年第 9 期。

王德文等:《迁移、失业与城市劳动力市场分割——为什么农村迁移者的失业率很低?》,《世界经济文汇》2004 年第 1 期。

魏万青:《中等职业教育对农民工收入的影响——基于珠三角和长三角农民工的调查》,《中国农村观察》2015 年第 2 期。

武岩、胡必亮:《社会资本与中国农民工收入差距》,《中国人口科学》2014 年第 6 期。

叶静怡、衣光春:《农民工社会资本与经济地位之获得——基于北京市农民工样本的研究》,《学习与探索》2010 年第 1 期。

张春泥、刘林平:《网络的差异性和求职效果——农民工利用关系求职的效果研究》,《社会学研究》2008 年第 4 期。

张国胜、陈瑛:《社会成本、分摊机制与我国农民工市民化——基于政治经济学的分析框架》,《经济学家》2013 年第 1 期。

张莉:《社会资本:展示资源分配规则的理论》,《中共福建省委党校学报》2012 年第 6 期。

张勇、汪应宏:《农村宅基地退出补偿研究综述》,《中国农业大学学报》2016 年第 3 期。

张爽等:《社会资本的作用随市场化进程减弱还是加强?——来自中国农村贫困的实证研究》,《经济学(季刊)》2007 年第 2 期。

张文宏、张莉:《劳动力市场中的社会资本与市场化》,《社会学研究》2012 年第 5 期。

章元等:《异质的社会网络与民工工资:来自中国的证据》,《南方经济》2012 年第 2 期。

章元等:《社会网络与工资水平——基于农民工样本的实证分析》,《世界经济文汇》2008 年第 6 期。

赵剑治、陆铭:《关系对农村收入差距的贡献及其地区差异——一项基于回归的分解分析》,《经济学(季刊)》2010 年第 1 期。

朱志胜:《社会资本的作用到底有多大?——基于农民工就业过程推进视角的实证检验》,《人口与经济》2015 年第 5 期。

陈珣、徐舒:《农民工与城镇职工的工资差距及动态同化》,《经济研究》2014 年第 10 期。

陈云松等:《"关系人"没用吗?——社会资本求职效应的论战与新证》,《社会学研究》2014 年第 3 期。

黄斌欢:《双重脱嵌与新生代农民工的阶级形成》,《社会学研究》2014 年第 2 期。

梁玉成:《社会资本和社会网无用吗?》,《社会学研究》2010 年第 5 期。

牛喜霞、谢建社:《农村流动人口的阶层化与城市融入问题探讨》,《浙江学刊》2007 年第 6 期。

王毅杰、倪云鸽:《流动农民社会认同现状探析》,《苏州大学学报》2005 年第 2 期。

薛进军、高文书:《中国城镇非正规就业:规模、特征和收入差距》,《经济社会体制比较》2012 年第 6 期。

朱农:《离土还是离乡?——中国农村劳动力地域流动和职业流动的关系分析》,《世界经济文汇》2004 年第 1 期。

卓玛草、孔祥利:《农民工代际收入流动性与传递路径贡献率分解研究》,《经济评论》2016 年第 6 期。

卓玛草、孔祥利:《农民工留城意愿再研究——基于代际差异和职业流动的比较分析》,《人口学刊》2016 年第 3 期。

孔祥利、卓玛草:《农民工城市融入的非制度途径——社会资本作用的质性研究》,《陕西师范大学学报(哲学社会科学版)》2016 年第 1 期。

陆铭:《玻璃幕墙下的劳动力流动——制度约束、社会互动与滞后的城市化》,《南方经济》2011 年第 6 期。

边燕杰:《社会资本研究》,《学习与探索》2006 年第 2 期。

边燕杰等:《求职过程的社会网络模型:检验关系效应假设》,《社会》2012 年第 3 期。

边燕杰、张文宏:《经济体制、社会网络与职业流动》,《中国社会科学》2001 年第 2 期。

蔡昉、王美艳:《非正规就业与劳动力市场发育——解读中国城镇就业增长》,《经济学动态》2004 年第 2 期。

陈云松:《农民工收入与村庄网络——基于多重模型识别策略的因果效应分析》,《社会》2012 年第 4 期。

李春玲:《流动人口地位获得的非制度途径——流动劳动力与非流动劳动力之比较》,《社会学研究》2006 年第 5 期。

李强、唐壮:《城市农民工与城市中的非正规就业》,《社会学研究》2002 年第 6 期。

刘林平、张春泥:《农民工工资:人力资本、社会资本、企业制度还是社会环境?——珠江三角洲农民工工资的决定模型》,《社会学研究》2007 年第 6 期。

孙中伟、舒玢玢:《最低工资标准与农民工工资——基于珠三角的实证研究》,《管理世界》2011 年第 8 期。

李树苗等:《农民工的社会网络与职业阶层和收入:来自深圳调查的发现》,《当代经济科学》2007 年第 1 期。

叶静怡、周晔馨:《社会资本转换与农民工收入——来自北京农民工调查的证据》,《管理世界》2010 年第 10 期。

张军等:《最低工资标准提高对就业正规化的影响》,《中国工业经济》2017 年第 1 期。

张顺、郭小弦:《社会网络资源及其收入效应研究——基于分位回归模型分析》,《社会》2011 年第 1 期。

张学志、才国伟:《社会资本对农民工收入的影响研究——基于珠三角调查数据的证据》,《中山大学学报(社会科学版)》2012 年第 5 期。

章元、陆铭:《社会网络是否有助于提高农民工的工资水平?》,《管理世界》2009 年第 3 期。

卓玛草、孔祥利:《农民工收入与社会关系网络——基于关系强度与资源的因果效应分析》,《经济经纬》2016 年第 6 期。

张敏:《供给侧改革下农民工就业促进产业结构升级研究》,《理论探讨》2016 年第 6 期。

黄先碧:《关系网效力的边界——来自新兴劳动力市场的实证分析》,《社会》2008 年第 6 期。

吴愈晓:《劳动力市场分割、职业流动与城市劳动者经济地位获得的二元路径模式》,《中国社会科学》2011 年第 1 期。

常进雄、王丹枫:《我国城镇正规就业与非正规就业的工资差异》,《数量经济技术经济研究》2010 年第 9 期。

邓曲恒:《城镇居民与流动人口的收入差异——基于 Oaxaca-Blinder 和 Quantile 方法的分解》,《中国人口科学》2007 年第 2 期。

胡鞍钢、马伟:《现代中国经济社会转型:从二元结构到四元结构(1949—2009)》,《清华大学学报(哲学社会科学版)》2012 年第 1 期。

黄乾:《城市农民工的就业稳定性及其工资效应》,《人口研究》2009 年第 3 期。

孔宪香:《技能型人才是我国制造业发展的核心要素》,《郑州航空工业管理学院学报》2008 年第 1 期。

寇恩惠、刘柏惠:《城镇化进程中农民工就业稳定性及工资差距——基于分位数回归的分析》,《数量经济技术经济研究》2013 年第 7 期。

李春玲:《当代中国社会的声望分层——职业声望与社会经济地位指数测量》,《社会学研究》2005 年第 2 期。

屈小博:《中国城市正规就业与非正规就业的工资差异——基于非正规就业异质性的收入差距分解》,《南方经济》2012 年第 4 期。

万向东:《农民工非正式就业的进入条件与效果》,《管理世界》2008 年第 1 期。

王超恩、符平:《农民工的职业流动及其影响因素——基于职业分层与代际差异视角的考察》,《人口与经济》2013 年第 5 期。

王美艳:《城市劳动力市场上的就业机会与工资差异——外来劳动力就业与报酬研究》,《中国社会科学》2005 年第 5 期。

魏下海、余玲铮:《我国城镇正规就业与非正规就业工资差异的实证研究——基于分位数回归与分解的发现》,《数量经济技术经济研究》2012 年第 1 期。

吴晓刚、张卓妮:《户口、职业隔离与中国城镇的收入不平等》,《中国社会科学》2014 年第 6 期。

吴要武、蔡昉:《中国城镇非正规就业:规模与特征》,《中国劳动经济学》2006 年第 2 期。

邹宇春、敖丹:《自雇者与受雇者的社会资本差异研究》,《社会学研究》2011 年第 5 期。

白南生、李靖:《农民工就压流动性研究》,《管理世界》2008 年第 7 期。

陈钊等:《谁进入了高收入行业?——关系、户籍与生产率的作用》,《中国经济学》2009 年第 10 期。

樊平:《中国城镇的低收入群体——对城镇在业贫困者的社会学考察》,《中国社会科学》1996 年第 4 期。

范建刚、李春玲:《农民工职业流动中的"去体力化"机制——基于对 1393 名农民工调查的分析》,《吉林大学社会科学学报》2015 年第 2 期。

符平等:《农民工的职业分割与向上流动》,《中国人口科学》2012 年第 6 期。

高勇:《社会樊篱的流动——对结构变迁背景下代际流动的考察》,《社会学研究》2009 年第 6 期。

龚文海:《农民工群体的异质性及其城市融入状况测度》,《城市问题》2014 年第 8 期。

郭丛斌、丁小浩:《职业流动代际效应的劳动力市场分割与教育的作用》,《经济科学》2004 年第 3 期。

何石军、黄桂田:《中国社会的代际收入流动性趋势:2000~2009》,《金融研究》2013 年第 2 期。

李强:《"丁字型"社会结构与"结构紧张"》,《社会学研究》2005 年第 2 期。

李强:《中国大陆城市农民工的职业流动》,《社会学研究》1999 年第 3 期。

李煜:《代际流动的模式:理论理想型与中国现实》,《社会》2009 年第 6 期。

孙凤:《职业代际流动的对数线性模型》,《统计研究》2006 年第 7 期。

田丰:《职业分层视野下的城镇人口与农民工收入差距研究》,《河北学刊》2016 年第 3 期。

王春光:《中国职业流动中的社会不平等问题研究》,《中国人口科学》2003 年第 2 期。

王海港:《中国居民收入分配的代际流动》,《经济科学》2005 年第 2 期。

吴晓刚:《中国的户籍制度与代际职业流动》,《社会学研究》2007 年第 6 期。

吴忠民:《中国现阶段贫困群体分析》,《科技导报》1999 年第 7 期。

谢建社《农民工分层:中国城市化思考》,《广州大学学报(社会科学版)》2006 年第 10 期。

邢春冰:《农民工与城镇职工的收入差距》,《管理世界》2008 年第 5 期。

周兴、张鹏:《代际间的职业流动与收入流动——来自中国城乡家庭的经验研究》,《经济学》2015 年第 1 期。

周运清、刘莫鲜:《都市农民的二次分化与社会分层研究》,《中南民族学院学报(人文社会科学版)》2003 年第 1 期。

顾东东、杜海峰:《农民工的社会分层与社会流动现状分析》,《社会科学文摘》2016 年第 11 期。

顾东东等:《新型城镇化背景下农民工社会分层与流动现状》,《西北农林科技大学学报(社会科学版)》2016 年第 4 期。

卓玛草、孔祥利等:《农民工代际职业流动:代际差异与代际传递的双重嵌套》,《财经科学》2016 年第 6 期。

孙立平:《这个社会究竟什么地方出了问题》,《同舟共进》2007 年第 2 期。

孙立平:《我们在开始面对一个断裂的社会?》,《战略与管理》2002 年第 2 期。

陈琳:《中国城镇化代际收入弹性研究:测量误差纠正和收入影响识别》,《经济学(季刊)》2015 年第 6 期。

陈云松:《社会学定量分析中的内生性问题:测估社会互动因果效应研究综述》,《社会》2010 年第 4 期。

陈云松、范晓光:《社会资本的劳动力市场效应估算——关于内生性问题的文献回溯和研究策略》,《社会学研究》2011 年第 1 期。

杜凤莲:《苹果为什么落不远？农民工经济融合代际传递的理论分析》,《劳动经济研究》2014 年第 2 期。

方鸣、应瑞瑶:《中国农村居民代际收入流动性研究》,《中国农业大学学报》2010 年第 5 期。

郭丛斌、闵维方:《中国城镇居民与代际收入流动的关系研究》,《教育研究》2007 年第 4 期。

韩军辉:《基于面板数据的代际收入流动研究》,《中南财经政法大学学报》2010 年第 4 期。

李春林:《当代中国社会的声望分层:职业声望与社会经济地位指数测量》,《社会学研究》2005 年第 2 期。

林南:《社会网络与地位获得》,《马克思主义与现实》2003 年第 5 期。

孙三百等:《劳动力自由迁移为何如此重要？基于代际收入流动的视角》,《经济研究》2012 年第 5 期。

邢春冰:《中国农村非农就业机会的代际流动》,《经济研究》2006 年第 9 期。

姚先国、赵丽秋:《中国代际收入流动与传递路径研究:1989—2000》,2012 年,见 http://ww2.usc.cuhk.edu.hk/PaperCollection/webmanager/wkfiles/5756_1_paper.pdf。

蔡昉:《被世界关注的中国农民工——论中国特色的深度城市化》,《国际经济评论》2010 年第 2 期。

张展新、王一杰:《农民工市民化取向:放松城镇落户还是推进公共服务均等化》,《郑州大学学报(哲学社会科学版)》2014 年第 6 期。

邹一南:《居住分割、住房保障政策与农民工永久性迁移》,《中国矿业大学学报(社会科学版)》2014 年第 4 期。

张学英:《关于提升新生代农民工城市融入能力的研究》,《贵州社会科学》2011 年第 7 期。

曹锦清:《中国土地制度、农民工与城市化》,《中国农业大学学报》2016 年第 2 期。

贺雪峰:《论中国式城市化与现代化道路》,《中国农村观察》2004 年第 1 期。

徐建玲:《农民工市民化进程度量:理论探讨与实证分析》,《农业经济问题》2008 年第 9 期。

寇恩慧、刘柏慧:《城镇化进程中农民工就业稳定性及工资差距——基于分位数回归的分析》,《数量经济技术经济研究》2013 年第 7 期。

Putnam, Robert D., "Bowling alone: American's Declining Social Capitial", *Journal of Democracy*, Vol.6, No.1 (January 1995).

Alba, R., Nee, V., "Rethinking Assimilation Theory for a New Era of Immigration", *The International Migration Review*, Vol.3, No.4 (1997).

Alba, Richard D., et al., "Immigrant Groups in the Suburbs: A Reexamination of Suburbanization and Spatial Assimilation", *American Sociological Review*, Vol.2, No.64 (1999).

Duffy, K., "The Human Dignity and Social Exclusion Project-research Opportunity and Risk: Trends of Social Exclusion in Europe", Council of Europe, No.3 (1998).

Goldlush, John, Richmond, Anthony H., "A Multivariate Model of Immigrant Adaptation", *International Migration Review*, Vol.8, No.2 (Summer 1974).

Won Moo Hurh, Kwang Chung Kim, "Adhesive Social Cultural Adaptation of Korean Immigrants in the U.S.: An Alternative Strategy of Minority Adaptation", *International Migration Review*, Vol.18, No.4 (1984).

Junger-Tas, J., "Ethnic Minorities Social Integration and Crime", *European Journal on Criminal Policy and Research*, Vol.9, No.1 (2001).

Wirth, Louis, "Urbanism as a Way of Life", *American Journal of Sociology*, Vol.44, No.1 (1938).

Lucassen, L. A. C. J., "Niets nieuws onder de zon? Devestiging van vreemdelingen in Nederland sindsde 16e eeuw", *Justitiële verkenningen*, Vol.27, No.6 (1997).

Marshall, B. Clinard., "Across-cultural Replication of the Relation of Urbanism to Criminal Behavior", *American Sociological Review*, Vol.25, No.2 (1960).

Massey, D.S., "Ethnic Residential Segregation: A Theoretical Synthesis and Empirical Review", *Sociology and Social Research*, Vol.69, No.3 (1985).

Massey, D.S., Nancy, A.D., "Trends in the Residential Segregation of Blacks Hispanics and Asian 1970—1980", *American Sociological Review*, No.6 (1987).

Portes, A., Zhou, M., "The New Second Generation: Segmented Assimilation and Its Variants", *Annals of the American Academy of Political and Social Science*, Vol. 530, No. 1 (1993).

Portes, Alejandro, Sensenbrenner, Julia, "Embeddedness and Immigration: Notes on the Social Determinants of Economic Action", *American Journal of Sociology*, Vol.98, No.6 (May 1993).

Redfield, R., et al., "Memorandum for the Study of Acculturation", *American Anthropolo-*

gist, Vol.38, No.1(1936).

Blasius, Jorg, "Explanation of Residential Segregation in one City. The Case of Cologne", *Economic Evolution and Demographic Change*, Vol.395, 1992.

Turner, B.S.T.H., "Marshall, Social Rights and English National Identity", *Citizenship Studies*, Vol.13, No.1(2009).

William, S.Bernard., "The Integration of Immigrants in the United States", *International Migration Review*, Vol.1, No.2(Spring 1967).

Zhou, Min, "Growing Up American: The Challenge Confronting Immigrant Children and Children of Immigrants", *Annual Review of Sociology*, Vol.23, 1997.

Akerlof, G.A., Kranton, R.E., "Economics and Identity", *The Quarterly Journal of Economics*, No.3(2000).

Becker, G.S., Tomes, N., "Human Capital and the Riseand Fall of Families", *Journal of Labor Economics*, Vol.4, No.34(1986).

Boxman, E.A.W., et al., "The Impact of Social and Human Capital on the Income Attainment of Duch Managers", *Social Networks*, No.13(1991).

Dyer, J.H., Singh, H., "The Relation View: Cooperative of Strategy and Source of Interorganizational Competitive Advantage", *Academy of Management Review*, Vol.23, No.4(1998).

Gordon, Milton, "America as a Multicultural Society", *The Annals of the American Academy of Political and Social Science*, Vol.619, No.1(1981).

Granovetter, M., "The Strength of Weak Ties", *American Journal of Sociology*, Vol.78, 1973.

Penninx, Rinus, "Integration of Migrants: Economic, Social, Cultural and Political Dimensions", *Population Challenges and Policy Responses*, 2004.

Schwarzweller, H.K., "Parental Family Ties and Social Integration of Rural to Urban Migrants", *Journal of Marriage and the Family*, Vol.26, No.4(1964).

Ellingsen, Winfried, "*Social Integration of Ethnic Groups in European*", 2003, 见 http://bora.nhh.no/handle/2330/2036。

Bourdieu, Pierre, "Le Capital Social: Notes Provisoires", *Actes de la Recherche en Sciences Sociales*, No.31(1980).

Bourdieu, Pierre, "The Forms of Capital", *Handbook of Theory and Research for Sociology of Education*, 1986.

Boxman, E.A.W., Hendrik, Derk Flap, "Social Capital and Occupational Chances",

Presented at the International Sociological Association XII World Congress of Sociology, 1990.

Grootaert, C., "Social Capital Household Welfare and Poverty in Indonesia", Local Level Institutions Working Paper, No.6(1999).

Heckman, J., Rubinstein, Y., "The Importance of Non-Cognitive Skills: Lessons from the GED Testing", *American Economic Review*, Vol.91, No.2(2001).

Lin, Nan, "Social Resources and Instrumental Action", *Social Structure and Network Analysis*, 1982.

Lucas, R.E., "On the Mechanism of Economic Development", *Journal of Monetary Economics*, No.22(1988).

Mincer, J., "Introduction to Schooling, Experience, and Earnings", 1974, 见 http://www.docin.com/p-1400564711.html。

Patrinos, H.A., Psacharopoulos G., "Returns to Investment in Education: A Further Update", World Bank Policy Research Working Paper Services, 2002.

Portes, Alejandro, *Economic Sociology and the Sociology of Immigration: A Conceptual Overview*, New York: Russell sage Foundation, 1995.

Putnam, Robert D., "The Prosperous Community: Social Capital and Public Life", *The American Prospect*, No.13(Spring 1993).

Romer, P., "Increasing Reasons and Long-Run Growth", *Journal of Political Economy*, Vol.94, No.5(1986).

Anderson, Scarvia, Sammuel, Messick, "Social Comprtency in Young Children", *Developmental Psychology*, Vol.10, No.2(1974).

Carlsson, Magnus, Dan-Olof, Rooth, "Evidence of Ethnic Discrimination in the Swedish Labor Market Using Experimental Data", *Labour Economics*, No.4(2007).

Han, Entzinger, Renske, Biezeveld, "Benchmarking in Immigrant Integration", *Erasmus University Rotterdam*, 2003.

Heckman, James J., "Detecting Discrimination", *The Journal of Economic Perpectives*, No.2(1998).

Berry, John W., "Immigration, Acculturation, and Adaptation", *Applied Psychology: An International Review*, Vol.46, No.1(1997).

Phinney, J., "Ethnic Identity in Adolescents and Adults: Review of Research", *Psychological Bulletin*, Vol.108, No.3(1990).

Mc Quaid, Ronald, Lindsay, Colin, "The Concept of Employ Ability", *Urban Studies*, No.

12(2005).

Cerioli, A., Zani, S., "A Fuzzy Approach to the Measurement of Poverty, Income and Wealth Distribution", *Inequality and Poverty*, 1990.

Cheli, B., Lemmi, A., "A Totally Fuzzy and Relative Approach to the Multidimensional Analysis of Poverty", *Economic Notes*, Vol.24, No.1(1995).

Lelli, S., "Factor Analysis VS. Fuzzy Sets Theory: Assessing the Influence of Different Technique on Sen's Functioning Approach", *Citeseer*, 2001.

Becker, Sascha O., Ichino, Andrea, "Estimation of Average Treatment Effects Based on Propensity Scores", *The Stata Journal*, Vol.2, No.4(2002).

Leuven, Edwin, Sianesi, Barbara, "Psmatch 2: State Module to Perform Full Mahalanobis and Propensity Score Matching, Common Support Graphing, and Covariate Imbalance Testing", 2003, 见 http://ideas.repec.orgcboc/bocode/s432001.html。

McPherson, Miller, et al., "Birds of a Feather: Homophily in Social Networks", *Annual Review of Sociology*, Vol.27 2001.

Mouw, T., "Social Capital and Finding a Job: Do Contacts Matter?", *American Sociological Review*, Vol.68, No.6(2003).

Mouw, T., "Estimating the Causal Effect of Social Capital: A Review of Recent Research", *Annual Review of Sociology*, Vol.32, 2006.

Rosenbaum, Paul R., Rubin, Donald B., "The Central Role of the Propensity Score in Observational Studies for Causal Effects", *Biometrika*, Vol.70, No.1(1983).

Blinder, Alan S., "Wage Discrimination: Reduced Form and Structural Estimates", *Journal of Human Resources*, Vol.8, No.4(1973).

Becker, G.S., Tomes, N., "An Equilibrium Theory of the Distribution of Income and Intergenerational Mobility", *Journal of Political Economy*, Vol.87, No.6(1979).

Meng, Xin, Zhang, Junsen, "The Two-tiered Labor Market in Urban China: Occupational Segregation and Wage Differentials Between Urban Residents and Rural Migrants in Shanghai", *Journal of Comparative Economics*, Vol.29, No.3(2001).

Oaxaca, Ronald, "Male-Female Wage Differential in Urban Labor Markets", *International Economic Review*, Vol.14, No.3(1973).

Solon, G., "Intergenerational Income Mobility in the United States", *American Economic Review*, Vol.82, No.3(1992).

Calvo-Armengol, Antoni, O., Matthew, Jackson, "Like Father, Like Son: Social Network,

Human Captial Investment, and SocialMobility", 见 http://citeseerx.ist.psu.edu/viewdoc/download; jsessionid = 2A366C8E410539135C107520560C61C7? doi = 10. 1. 1. 118. 3810&rep = rep1&type = pdf。

Becker,G.S.,"Human Captial:A Theoretical and Empirical Analysis,with Special Reference to Educati-On(3rd edition)",1993,见 https://www.doc88.com/p-1806845313860. html。

Dan,A.,Fredrick,A.,"Stratification,Social Networks in the Labor Market and Intergenerational Mobility",*The Economic Journal*,Vol.117,No.5(2007).

Eriksson,T.,et al.,"Earnings Persistence Across Generations:Transmission Through Health",见 https://www.researchgate.net/publcation/5097293_Earnings_persistence_across _generations_Transmission_through_health。

Gong,C.H.,et al.,"Integerational Income Mobility in Urban China",*Review of Income and Wealth*,Vol.58,No.3(2012).

Heckman,J.,et al.,"Fifty years of Mincer Earings Regressions",2003,见 http://www.nber.org/papers/w9732.pdf。

He,L.X.,Sato,H.,"Income Redistribution in Urban China by Social Security System—An Empirical Analysis Based on Annual and Lifetime Income",*Contemporary Economic Policy*,Vol.31,No.2(2013).

Hadier,S.,Solon,G.J.,"Life-cycle Variation in the Association between Current and Lifetime Earing",*American Economic Review*,Vol.96,No.4(2006).

Lefgren, L., et al., " Rich Dad, Smart Dad: Decomposing the Intergenerational Transmisson of Income",*Journal of Political Economy*,Vol.120,No.2(2012).

Millimet,D.,et al.,"Bounding Lifetime Income Using a Cross Secti-on of data",*Review of Income and Wealth*,Vol.49,No.2(2003).

Nee,V.,"Social Inequalities in Reformings State Socialism:Between Redisrtibution and Markets in China",*American Sociological Review*,Vol.56,No.3(1991).

Restuccia,D.,Urrutia,D.,"Intergenerational Persistence of Earnings:The Rloe of Early and College Education",*American Economic Review*,Vol.95,No.5(2004).

Solon,G.,"Biases in the Estimation of Intergenerational Earings Correlations",*Review of Economics and Statistic*,Vol.71,No.1(1989).

Solon,G.,"Intergenerational Mobility in the Labor Market",*Handbook of Labor Economics*,1999.

学位论文：

罗恩立:《我国农民工就业能力及其城市化效应研究》,博士学位论文,复旦大学,2012年。

徐丽敏:《农民工随迁子女教育融入研究:一个发展主义的研究框架》,博士学位论文,南开大学,2009年。

许晓文:《中国农民工进城就业的经济社会效应分析》,硕士学位论文,重庆工商大学,2009年。

卢海阳:《农民工的城市融入及对经济行为的影响》,博士学位论文,浙江大学,2015年。

Flap,H.,Boxman,E.,"The Influence of Social Capital on the Start of the Occupational Career",University of Utrecht,the Netherlands,2001.

调 查 问 卷

调查问卷 A

编号：□□□□

亲爱的朋友：

您好！为了深入了解当前农民工就业、子女教育、社交人脉、工资收入、城市融入的关系研究，开展了此次调查，非常感谢您的配合与帮助。您无须填写自己的姓名，承诺严格保密您的信息，并且只用于学术研究分析，请您不要有任何顾虑。

1. 答案无所谓"对"或"错"，您只要如实回答就行。

2. 请您按照问卷中的提示选择答案。

3. 请逐题回答，不要遗漏问题。

谢谢您对本次调查的参与和支持！衷心祝您生活愉快！

第一部分　经济资本与基本情况

1. 您的性别：A. 男　B. 女

2. 您现在的年龄是：_____岁

若不便写具体数字，年龄段处于：A. 16—24 岁　B. 25—30 岁　C. 31—35

岁　D. 36—40 岁　E. 41 岁以上

3. 您的婚姻状况是：A. 未婚　B. 已婚　C. 再婚或其他

4. 您家正在上学的孩子有＿＿＿＿＿个，A. 无　B. 1 个　C. 2 个　D. 3 个及以上，目前的上学状况是：A. 留在老家上学　B. 城市公办学校借读　C. 城市正规民办学校学习　D. 农民工子弟学校

5. 您的文化程度是：A. 大专或以上　B. 中专及技校　C. 高中　D. 初中　E. 小学或者以下

6. 您目前技能等级属于：A. 中级技工　B. 高级技师　C. 没有技能　D. 高级技工　E. 初级技工

7. 您目前的居住条件是：A. 单位提供的宿舍　B. 自购房　C. 自己租房　D. 与人合租房　E. 其他

8. 在城是否还有其他家人：A 自己一人　B 夫妻二人　C 夫妻携子女　D 夫妻携子女、父母

9. 您每年返乡的平均次数是：A. 少于 1 次　B. 1 次　C. 2—3 次　D. 4 次以上；您一年在城市居住的时间：A. 6 个月以及下　B. 7—9 个月　C. 9—11 个月　D. 全年

10. 如果条件允许，您是否打算长期在城市定居？ A. 是　B. 否　C. 说不上

11. 您农村老家的自有房产（宅基地）价值是：

A. 没有宅基地　B. 1 万元以下　C. 1 万—5 万元　D. 5 万—10 万元　E. 10 万元以上

12. 如果您打算进城定居，希望在如何处置房产？

A. 置换城里的住房　B. 给城镇户口，有偿放弃　C. 给城镇户口，无偿放弃　D. 有偿转让

E. 保留农村宅基地和房产，将来备用　G. 其他＿＿＿＿＿＿＿（请说明）

13. 您家在农村有没有承包地？

A.有   B.没有(跳至第二部分)

如果有,你外出期间,自己的土地由谁负责打理?

  A.父母/配偶耕种   B.农忙时自己回去耕种   C.荒置,没人管

  D.其他亲友帮忙耕种   E.转包他人有偿耕种   D.给他人无偿耕种

  G.其他

14. 如果您进城定居,希望如何处置承包地?

A.只要给城镇户口,有偿放弃   B.入股分红   C.保留承包地,有偿流转

D.保留承包地,自家耕种   E.其他   (请说明)

第二部分 人力资本与社会保障

1. 您离开农村进入城市就业或生活的年龄是:

A.0—6 岁   B.7—13 岁   C.14—17 岁   D.18—24 岁   E.25—35 岁

F.36 岁以上

2. 您外出迁移的距离是:A.省内迁移   B.市、县内迁移   C.跨省迁移

3. 您外出务工经历的年数是:

A.1 年以下   B.1—3 年   C.3—5 年   D.5—7 年   E.7 年以上

4. 初次进城获取工作的途径:

A.亲朋好友介绍   B.自谋职业   C.中介组织、政府或单位介绍

5. 您初次进城务工的行业是:

A.建筑业   B.制造业   C.餐饮住宿业   D.居民服务业   E.零工、散工

F.其他

6. 自进城务工第一份工作开始,您一共换过几次工作?

A.没有换过   B.1 次   C.2 次   D.3 次   E.4 次或更多

7. 您目前从事的具体职业是什么?

A.非技术工人(如流水线作业工人、建筑工人、工矿企业打工者等)

B.技术熟练工人(如工艺工人、数控机床工人、机械设计工、装潢设计工等)

C.服务人员(如餐饮、保安、保姆、服务员、快递员、售货员、保洁工等)

D.自谋职业者(如流动摊贩、菜贩、修鞋、洗车人员、拾荒和废品回收人员等)

E.个体经营者(如有雇工的私营业主、无雇工的个体经营)

F.管理人员(如车间主任、工段长、班组长、领班等)

G.办事人员(办公室一般工作人员、秘书)

H.其他 　　　　(请写明)

8.您目前工作的单位是什么类型?

A.国有　B.集体　C.私营　D.个体　E.其他

9.近一年,您外出务工平均的月收入是多少? ＿＿＿＿＿＿元

若不方便记录具体数字,您外出务工的收入水平处于:

A.1500 元以内　B.1500—1999 元　C.2000—2499 元　D.2500—2999 元　E.3000—3499 元　F.3500—3999 元　G.4000 元以上

10.您的工资支付情况:

A.基本按时支付工资　B.有时延期支付　C.经常延期甚至拖欠工资

11.按近几年的收支情况,您的收入及生活水平在城市中处于:

A.上层　B.中上层　C.中层　D.中下层　E.下层　F.不好说

12.您一般每周上班天数:

A.5 天及以内　B.5.5—6.5 天　C.7 天

您平均每天工作时间:

A.8 小时及以下　B.8—10 小时　C.10—12 小时　D.12 小时以上

您平时的加班频率是:

A.从不加班　B.偶尔加班　C.经常加班

13.工作单位向您提供的相关福利有:(可多选)

A.没有福利　　B.住房补贴　　C.免费用餐　　D.返乡车补　　E.带薪休假
F.年底奖金　　G.节假福利

14.您拥有下列哪些社会保险(可多选)?

A.综合保险　　B.农村养老保险　　C.新型农村合作医疗保险　　D.城市养老/医疗保险　　E.商业保险　　F.失业保险　　G.工伤保险　　H.生育保险　　I.没有购买任何保险

15.您目前是否有迫切需参加的保险?

A.有　　B.没有;

如果有,您最需要参加的保险是:

A.养老保险　　B.医疗保险　　C.工伤保险　　D.失业保险　　E.生育保险
F.其他　　　　　(请注明)

16.到目前为止您参加过多少次职业培训?

A.没有参加过　　B.有,1—2次　　C.有,3—4次　　D.有,5—6次　　E.6次以上

17.您所参加培训的组织单位是:(可多选)

A.个人自费参加培训　　B.政府组织　　C.单位展开的技能培训　　D.社会组织提供的培训　　E.其他

18.您所参加的培训内容是:(可多选)

A.基本知识培训　　B.就业技能培训　　C.实用技术培训　　D.岗位培训
E.晋升培训　　F.其他

19.培训以后对您的工作有帮助吗?

A.没帮助　　B.有一点帮助　　C.有很大的帮助　　D.不知道

20.您觉得哪些影响因素对现实就业影响较大?

A.文化程度　　B.技能　　C.工作经验　　D.社会关系　　E.年龄或性别　　F.户口　　G.其他

第三部分 社会资本与融入城市能力

1. 您在城市主要联系和交往的人大概有　　　人：

A. 1—5 人　B. 6—10 人　C. 11—15 人　D. 15 人以上

2. 您平时主要跟哪些人打交道：

A. 家人、亲戚　B. 老乡　C. 同事、工友　D. 城市朋友或熟人　E. 主管/上司　F. 其他

3. 您经常打交道的城市市民一般是：

A. 单位内城市职工　B. 单位外业务客户　C. 私人朋友　D. 房东/邻居/社区居民　E. 其他

4. 以上与你交道的朋友中,主要从事在哪些职业?（可多选）

A. 党政机关领导　B. 企事业单位领导人　C. 行政办事人员　D. 民警 E. 营销人员　F. 保姆、家政　G. 餐馆服务人员　H. 个体/私营老板　I. 司机 J. 建筑工人　K. 中小学教师　L. 法律专业人员　M. 科学研究人员　N. 医生　O. 大学教师　P. 产业工人　Q. 护士　R. 厨师　S. 工程技术人员　T. 会计

5. 工作单位的雇主/直接管理员,与您是不是同乡或来自同一省份?

A. 是　B. 不是

6. 在您工作的单位,有多大比例工友与您是同乡或来自同一省份?

A. 1/4 以下　B. 1/4—1/2 之间　C. 1/2—3/4 之间　D. 3/4 以上

7. 您目前在城市居住的住房区位是:

A. 居民小区　B. 棚户区　C. 城中村　D. 城乡结合部　E. 经营场所　F. 建筑工地　G. 其他

8. 您是否参加所在居住社区的活动(社区活动、广场舞等文体活动)?

A. 从不参加　B. 偶尔参加　C. 经常参加

9. 您在城市生活,遇到最大的困难与压力是:(选最重要的三项)

A.工作压力大,失业之后没有保障　B.子女在城市上学,教育费用高　C.家庭收入低,消费水平高　D.住所不稳定,条件差　E.看病难、看病贵　F.在城市受歧视,没有归属感　G.没有城市户口,享受不了市民待遇　H.房价高,买不起住房

10.您认为自己目前身份是:

A.城市人　B.农村人　C.是没有城里人待遇的工人,身份还是农民

11.如果条件或政策政策允许,您是否希望变成真正的城里人,在城市生活?

A.不希望　B.希望　C.非常希望　D.无所谓

12.您是否希望下一代在城市生活?

A.非常不希望　B.不太希望　C.一般　D.比较希望　E.非常希望

13.您对未来的打算是:

A.无论如何留在城里　B.攒点积累,回老家务农生活　C.掌握一门技术,回老家创业　D.在城里创业(做生意、开工厂)　E.走一步算一步,没有固定想法

第四部分　父辈情况调查

1.请问您父亲的年龄是:　　　　(具体数字)

若不便写具体数字,年龄段处于:A.36—40岁　B.41—45岁　C.46—50岁　D.51—55岁　E.56岁以上

2.您父亲的文化程度是:

A.没上过学　B.小学　C.初中　D.高中/中专/技校　E.大专及以上

3.您父亲的政治面貌是:

A.党员　B.群众　C.民主党派

4.请问您18岁时,您父亲的工作状况是?

A.农村务农　B.在当地乡镇企业务工　C.乡村干部　D.进城务工　E.

退休/不劳动　F.其他

5.您的父亲曾经或现在是否外出务工?

A.是　B.否(跳至第9题)

6.如果您父亲进城务工,在城市从事工作的行业是?

A.建筑业　B.制造业　C.住宿餐饮业　D.商业　E.服务业　F.其他

7.如果您父亲进城务工,在城市工作的职业是:

A.自己当老板　B.企事业单位负责人　C.各类技术人员　D.各类体力工人　E.商业、服务业人员　F.办事人员和有关人员　G.流动商贩　H.其他

8.您父亲工作的单位的所有制性质是:

A.国有　B.集体　C.私营企业　D.个体工商户　E.零散工,无确定单位　F.其他

9.您父亲在40岁左右时,平均月收入大概是多少元?（最接近一生的永久收入）

A.999元以内　B.1000—1499元　C.1500—1999元　D.2000—2499元　E.2500—2999元　F.3000—3499元　G.3500元以上

10.您父亲现在的月收入是多少?＿＿＿＿＿＿元

若不方便记录具体数字,外出务工月收入水平处于:

A.1500元以内　B.1500—1999元　C.2000—2499元　D.2500—2999元　E.3000—3499元　F.3500—3999元　G.4000元以上

11.你的父母注重对你的教育吗?

A.非常不注重　B.不太注重　C.一般　D.比较注重　E.非常注重

谢谢您的合作!

调查问卷 B

编号：□□□□

亲爱的朋友：

您好！为了深入了解当前农民工教育、就业、社交人脉、工资收入、城市融入的关系研究,开展了此次调查,非常感谢您的配合与帮助。您无须填写自己的姓名,承诺严格保密您的信息并且只用于学术研究分析,请您不要有任何顾虑。

1.答案无所谓"对"或"错",您只要如实回答就行。

2.请您按照问卷中的提示选择答案。

3.请逐题回答,不要遗漏问题。

谢谢您对本次调查的参与和支持！衷心祝您生活愉快！

第一部分 经济资本与基本情况

1.您的性别：A. 男　B. 女

2.您现在的年龄是：_____岁

若不便写具体数字,年龄段处于：A. 16—24 岁　B. 25—30 岁　C. 31—35 岁　D. 36—40 岁　E. 41 岁以上

3.您的婚姻状况是：

A. 未婚　B. 已婚　C. 再婚或其他

4.您家正在上学的孩子有_____个,A. 无　B. 1 个　C. 2 个　D. 3 个及以上,目前的上学状况是：

A. 留在老家上学　B. 城市公办学校借读　C. 城市正规民办学校学习D. 农民工子弟学校

5.如果您的子女在城市初中毕业,是否能继续进入城市高中及参加高考？

A. 能　B. 不能

6.您的文化程度是：

A. 小学或者以下　B. 初中　C. 高中　D. 中专及技校　E. 大专或以上

7.您目前技能等级属于：A. 中级技工　B. 高级技师　C. 没有技能　D. 高级技工　E. 初级技工

8.您的居住条件是：

A. 住亲友或单位宿舍　B. 自己租房　C. 与人合租房　D. 居住在自己店内　E. 购买经济适用房　F. 购买廉租房　G. 其他　　　　（请说明）

9.在城是否还有其他家人：

A. 自己一人　B. 夫妻二人　C. 夫妻携子女　D. 夫妻携子女、父母

10.您每年返乡的平均次数是：A. 少于 1 次　B. 1 次　C. 2—3 次　D. 4 次以上

您一年在城市居住的时间：A. 6 个月以及下　B. 7—9 个月　C. 9—11 个月　D. 全年

11.如果条件允许,您是否打算长期在城市定居? A. 是　B. 否　C. 说不上

12.您农村老家的自有房产(宅基地)价值是：

A. 没有宅基地　B. 1 万元以下　C. 1 万—5 万元　D. 5 万—10 万元　E. 10 万元以上

13.如果您打算进城定居,希望在如何处置房产?

A. 置换城里的住房　B. 给城镇户口,有偿放弃　C. 给城镇户口,无偿放弃　D. 有偿转让

E. 保留农村宅基地和房产,将来备用　G. 其他　　　　（请说明）

14.您家在农村有没有承包地?

A. 有　　B. 没有(跳至第二部分)

如果有,你外出期间,自己的土地由谁负责打理?

    A. 父母/配偶耕种   B. 农忙时自己回去耕种   C. 荒置,没人管

    D. 其他亲友帮忙耕种   E. 转包他人有偿耕种   F. 给他人无偿耕种

    G. 其他

15. 如果您进城定居,希望如何处置承包地?

A. 保留承包地,自家耕种   B. 保留承包地,有偿流转   C. 入股分红   D.只要给城镇户口,有偿放弃   E. 其他   (请说明)

第二部分   人力资本与社会保障

1. 您离开农村进入城市就业或生活的年龄是:

A. 0—6 岁   B. 7—13 岁   C. 14—17 岁   D. 18—24 岁   E. 25—35 岁F. 36 岁以上

2. 您外出迁移的距离是:A. 省内迁移   B. 市、县内迁移   C. 跨省迁移

3. 您外出务工经历的年数是:A. 1 年以下   B. 1—3 年   C. 3—5 年   D.5—7 年   E. 7 年以上

4. 初次进城获取工作的途径:

A. 亲朋好友介绍   B. 自谋职业   C. 中介组织、政府或单位介绍

5. 您初次进城务工的行业是:

A. 建筑业   B. 制造业   C. 餐饮住宿业   D. 居民服务业   E. 零工、散工F. 其他

6. 自进城务工第一份工作开始,您一共换过几次工作?

A. 没有换过   B. 1 次   C. 2 次   D. 3 次   E. 4 次或更多

7. 您历次离职(换工作)的原因是:(可多选)

A. 工资低,待遇差   B. 工作不稳定   C. 劳动强度大   D. 不喜欢老板或同事   E. 公司裁员,被解雇   F. 合同到期   G. 单位倒闭   H. 其他

8. 您是否一直从事同一种职业?

A. 是,跟以前干同一行　B. 不是,跨行业换工种

9. 您目前从事的具体职业是什么?

A. 非技术工人(如流水线作业工人、建筑工人、工矿企业打工者等)

B. 技术熟练工人(如工艺工人、数控机床工人、机械设计工、装潢设计工等)

C. 商业服务人员(如餐饮、保安、保姆、服务员、快递员、售货员、保洁工等)

D. 自谋职业者(如流动摊贩、菜贩、修鞋、洗车人员、拾荒和废品回收人员等)

E. 个体经营者(如有雇工的私营业主、无雇工的个体经营)

F. 管理人员(如车间主任、工段长、班组长、领班等)

G. 办事人员(办公室一般工作人员、秘书)

H. 其他　　　　(请写明)

10. 您日前工作的单位是什么类型?　A. 国有　B. 集体　C. 私营　D. 个体　E. 其他

11. 近一年,您外出务工平均的月收入是多少?　＿＿＿＿＿元

若不方便记录具体数字,您外出务工的收入水平处于:

A. 1500 元以内　B. 1500—1999 元　C. 2000—2499 元　D. 2500—2999元　E. 3000—3499　F. 3500—3999 元　G. 4000 元以上

12. 您一般每周上班天数:

A. 5 天及以内　B. 5.5—6.5 天　C. 7 天

您平均每天工作时间:

A. 8 小时及以下　B. 8—10 小时　C. 10—12 小时　D. 12 小时以上

13. 您与单位的劳动合同签订状况是:

A. 无劳动合同　B. 无固定期限合同　C. >1 年劳动合同　D. <1 年劳动合同　E. 其他

14. 工作单位向您提供的相关福利有:(可多选)

A.没有福利　B.住房补贴　C.免费用餐　D.返乡车补　E.带薪休假
F.年底奖金　I.节假福利

15. 您拥有下列哪些社会保险(可多选)?

A.综合保险　B.农村养老保险　C.新型农村合作医疗保险　D.城市养老/医疗保险　E.商业保险　F.失业保险　G.工伤保险　H.生育保险　I.没有购买任何保险

16. 您目前是否有迫切需参加的保险?

A.有　B.没有;如果有,您最需要参加的保险是:

A.养老保险　B.医疗保险　C.工伤保险　D.失业保险　E.生育保险
F.其他　　　　(请注明)

17. 总的来说,您目前的工作是否稳定?A.稳定　B.不确定　C.不稳定,临时工

您对目前的工作是否满意?A.不很满意　B.一般　C.比较满意　D.满意

18. 如果您失去现在的工作,是否容易找到工作?

A.非常容易　B.比较容易　C.一般　D.比较困难　E.非常困难

19. 您觉得哪些影响因素对现实就业影响较大?

A.文化程度　B.技能　C.工作经验　D.社会关系　E.年龄或性别　F.户口　G.其他

20. 您目前最渴望得到的公平待遇是:(选最重要的三项)

A.就业机会　B.工资收入　C.子女教育　D.劳动权益保护　E.住房保障　F.医疗保障　G.职业培训　H.政治民主权利　I.其他

第三部分　社会资本与融入城市能力

1.您在城市主要联系和交往的人大概有　　人:

A.1—5 人　B.6—10 人　C.11—15 人　D.15 人以上

2.您平时主要跟哪些人打交道：

A.家人、亲戚　B.老乡　C.同事、工友　D.城市朋友或熟人　E.主管/上司　F.其他

3.您经常打交道的城市市民一般是：

A.单位内城市职工　B.单位外业务客户　C.私人朋友　E.房东/邻居/社区居民　F.其他

4.以上与你交道的朋友中,主要从事在哪些职业？（可多选）

A.党政机关领导　B.企事业单位领导人　C.行政办事人员　D.民警　E.营销人员　F.保姆、家政　G.餐馆服务人员　H.个体/私营老板　I.司机　J.建筑工人　K.中小学教师　L.法律专业人员　M.科学研究人员　N.医生　O.大学教师　P.产业工人　Q.护士　R.厨师　S.工程技术人员　T.会计

5.工作单位的雇主/直接管理员,与您是不是同乡或来自同　省份？

A.是　B.不是

6.在您工作的单位,有多大比例工友与您是同乡或来自同一省份？

A.1/4 以下　B.1/4—1/2 之间　C.1/2—3/4 之间　D.3/4 以上

7.您目前在城市居住的住房区位是：

A.居民小区　B.棚户区　C.城中村　D.城乡结合部　E.经营场所　F.建筑工地　G.其他

8.平时是否经常请客或送礼？

A.基本没有　B.偶尔有　C.经常有

9.您认为农民工融入城市的主要困难是(可多项选择)：

A.没有归属感　B.机会不平等　C.得不到承认　D.自身条件不足

10.您及家人觉得融入城市困难吗？

A.困难　B.比较困难　C.一般　D.比较容易　E.容易

11. 您认为自己目前身份是：

　　A. 城市人　　B. 农村人　　C. 是没有城里人待遇的工人,身份还是农民

12. 您是否希望下一代在城市生活?

　　A. 非常不希望　　B. 不太希望　　C. 一般　　D. 比较希望　　E. 非常希望

13. 您注重对子女的教育吗?

　　A. 不注重　　B. 不太注重　　C. 一般　　D. 比较注重　　E. 非常注重

14. 您对未来的打算是：

　　A. 无论如何留在城里　　B. 攒点积累,回老家务农生活　　C. 掌握一门技术,回老家创业　　D. 在城里创业(做生意、开工厂)　　E. 走一步算一步,没有固定想法

第四部分　父辈情况调查

1. 请问您父亲的年龄是：　　　　　　　(具体数字)

　　若不便写具体数字,年龄段处于: A. 36—40 岁　　B. 41—45 岁　　C. 46—50 岁　　D. 51—55 岁　　E. 56 岁以上

2. 您父亲的文化程度是：

　　A. 没上过学　　B. 小学　　C. 初中　　D. 高中/中专/技校　　E. 大专及以上

3. 您父亲的政治面貌是：

　　A. 党员　　B. 群众　　C. 民主党派

4. 您的父亲是否有手艺或技能? 是否有技术职称?

　　A. 是　　B. 否

5. 你的父母教授过给你手艺或技能吗?

　　A. 没教过　　B. 教过

6. 请问您 18 岁时,您父亲的工作状况是?

　　A. 农村务农　　B. 在当地乡镇企业务工　　C. 乡村干部　　D. 进城务工　　E. 退休/不劳动　　F. 其他

7. 您的父亲曾经或现在是否外出务工？ A. 是　 B. 否（跳至第 9 题）

8. 如果您父亲进城务工，在城市从事工作的行业是？

A. 建筑业　 B. 制造业　 C. 住宿餐饮业　 D. 商业　 E. 服务业　 F. 其他

9. 如果您父亲进城务工，在城市工作的职业是：

A. 自己当老板　 B. 企事业单位负责人　 C. 各类技术人员　 D. 各类体力工人　 E. 商业、服务业人员　 F. 办事人员和有关人员　 G. 流动商贩　 H. 其他

10. 您父亲工作的单位的所有制性质是：

A. 国有　 B. 集体　 C. 私营企业　 D. 个体工商户　 E. 零散工，无确定单位　 F. 其他

11. 您父亲在 40 岁左右时，平均月收入大概是多少元？（最接近一生的永久收入）

A. 999 元以内　 B. 1000—1499 元　 C. 1500—1999 元　 D. 2000—2499 元 E. 2500—2999 元　 F. 3000—3499 元　 G. 3500 元以上

12. 您父亲现在的月收入是多少？ ＿＿＿＿＿元，

若不方便记录具体数字，您父亲现在的月收入水平处于：

A. 1500 元以内　 B. 1500—1999 元　 C. 2000—2499 元　 D. 2500—2999 元　 E. 3000—3499 元

F. 3500—3999 元　 G. 4000 元以上

13. 您的父母注重对你的教育吗？

A. 非常不注重　 B. 不太注重　 C. 一般　 D. 比较注重　 E. 非常注重

谢谢您的合作！

阶段性成果

[1]孔祥利、卓玛草:《农民工城市融入的非制度途径——社会资本作用的质性研究》,《陕西师范大学学报(哲学社会科学版)》2016 年第 1 期。转载于《高等学校文科学术文摘》2016 年第 3 期。CSSCI

[2]孔祥利、夏金梅:《乡村振兴战略与农村三产融合发展的价值逻辑关联及协同路径选择》,《西北大学学报(哲学社会科学版)》2019 年第 2 期。CSSCI

[3]孔祥利、陈兴旺:《资源禀赋差异如何影响农民工返乡创业》,《产经评论》2018 年第 9 期。CSSCI(k)

[4]孔祥利、赵娜:《农业转型:引入土地制度变迁的生产函数重建》,《厦门大学学报》2018 年第 5 期。CSSCI

[5]夏金梅、孔祥利:《"城归"现象:价值定位、实践基础及引导趋向》,《经济学家》2019 年第 12 期。CSSCI

[6]李江河、孔祥利:《消费习惯形成视角下中国城乡居民预防性储蓄行为对比分析》,《西安财经学院学报》2018 年第 4 期。CSSCI

[7]卓玛草、孔祥利:《农民工留城意愿再研究——基于代际差异和职业流动的比较分析》,《人口学刊》2016 年第 3 期。CSSCI

[8]卓玛草、孔祥利:《农民工代际职业流动:代际差异与代际传递的双重

嵌套》,《财经科学》2016 年第 6 期。CSSCI

[9]卓玛草、孔祥利:《农民工代际收入流动性与传递路径贡献率分解研究》,《经济评论》2016 年第 6 期。CSSCI

[10]卓玛草、孔祥利:《农民工收入与社会关系网络——基于关系强度与资源的因果效应分析》,《经济经纬》2016 年第 6 期。CSSCI

[11]卓玛草、孔祥利:《新常态下农民工城市资本积累与市民化路径》,《上海经济研究》2016 年第 6 期。CSSCI

[12]孔祥利等:《调研报告,农民工城市融入意愿和能力现状调查与对策建议》,陕西社科成果要报,2017 年 11 月。

后　记

在国家社科基金项目"城市资本积累与农民工融入城市问题研究"（15BSH013）研究任务完成，项目成果结项，即将付梓出版之际。作为项目主持人，历经四年的研究工作，感慨颇多，感受颇深，收获满满。千言万语，汇成一句话就是：感谢！

首先，要感谢全国哲学社会科学规划办公室给我们提供了研究平台和经费资助。近十年来，我把学术关注和研究重点集中在了中国城镇化进程中，一个庞大和重要的特殊群体——农民工身上。他们背井离乡、丢子别妻进入城市，建起了一栋栋高楼大厦，但自己却很少有属于自己的片瓦寸屋；他们用勤劳和汗水建设装扮着美丽的城市，但自己却不能真正融入城市成为新市民，且被一定程度的轻蔑化和边缘化。欣慰的是，党和政府高度重视农民工问题，出台了一系列促进农民工市民化的政策措施。出于国家发展的战略需要和学术研究的情怀，需要有人为农民工立言发声，表达他们的诉求，维护他们的权益，共享改革开放的成果。于是，2011年6月，作为主持人我成功申报了国家社科基金项目"城乡消费差异对农民工市民化的影响效应研究"，三年研究周期以良好结项后，又于2015年6月成功申报了本项目，取得了10篇C刊论文、一份研究报告、一本专著的研究成果，也算是为中国农民工这个弱势群体做了些许工作与努力。在此，要感谢全国哲学社会科学规划办公室给我们提供了难得的研究机会与支持帮助。

同时,要特别感谢我的研究团队。2014年12月,我参考国家社科基金项目指南和已有研究基础,确定了《城市资本积累与农民工融入城市问题研究》这一选题,并确定了研究思路、主要内容和论证框架,由我的博士研究生卓玛草起草了国家社科基金项目申报书,组成了由卓玛草、石英、王张明、王君萍、何秀玲、袁建奇、郭芮等参加的项目课题组。课题组成员利用寒假,就申报书文本,广泛征求意见,反复修改完善,数易其稿。功夫不负有心人,2015年6月成功立项。以国家社科基金项目为依托,卓玛草博士研究生将自己的博士论文题目确定为:城市资本积累视角下的农民工融入城市能力问题研究。其间,研究团队成员发表了系列研究成果,并为本著作提供了坚实的基础和丰富的内容。所以说,本书是大家凝心聚力、分工合作、团队努力的结果,是集体智慧的结晶。尤其要感谢的是以粟娟、王张明、秦晓娟、卓玛草、赵娜、夏金梅、高峰等为代表的我的孔门弟子团队,他(她)们有博士研究生、硕士研究生,专业涉及经济学与管理学。围绕中国城镇化与农民工问题,积极参与我主持的两个国家社科基金研究工作,有四位博士生、八位硕士生确定了与此相关的研究方向和毕业论文选题,且都顺利获得学位并毕业。通过课题研究,首先是我本人不断学习、提高、收获的过程,同时是我的博士生、硕士生创新思维、学术成长、心智成熟的过程,还是我们师生之间、师徒之间教学相长,共同进步的过程。在此,对孔门弟子在完成国家基金项目及项目结项中所做的工作和付出的努力表示感谢!

还有,要感谢那些未曾谋面的农民工问题研究方面的国内外专家学者和同仁。本项目研究中,我们引用、参考和借鉴了诸多专家学者的研究成果。对原文引用的,都在文中注明了作者、题目、出处和页码;对项目研究过程中涉及或不同程度阅读过的文献资料,在文后集中进行了编排和展示。正是这些专家学者的研究成果,给本项目的研究提供了坚实的基础和有益的帮助,如果本项目研究还有些许收获和进步的话,那是在巨人的肩膀上,我们再向上努力了一下;同时,也正是这些专家学者的研究成果和文献资料,启迪了我们的思想,拓展了我们的视野,帮助我们从城市资本积累的角度对农民工融入城市问题,进行了某些思考。为此,对给本项目研究提供帮助和文献参考的专家学者,表示由衷的敬意和真诚的感谢!

另外,作为社科基金项目的主持人,我还想表达一个观点。最近几年来,在政府出台的相关文件和领导人的重要讲话中,似乎出现和使用"农民工"这一称谓的频次很少了;在不少期刊编辑那里,农民工似乎已经不是一个需要高度关注和认真研究的热点、焦点或重要选题了;甚至,还有某些人以"农民工"这个称谓有身份歧视之嫌,不主张使用了。对此观点和现象,我们是不能苟同的。国家统计局报告显示,2017 年农民工总量达到 2.8 亿人,比 2016 年增加481 万人,增长 1.7%;在外出农民工中,进城农民工 13710 万人,比 2016 年增加 125 万人,增长 0.9%;进城农民工中,62%认为自己不是所居住城市的"本地人",农民工对所在城市的归属感较弱,对城市生活的满意度不高。2018年,我国的实际城镇化率即户籍人口城镇化率仅为 43.37%,与发达国家城市化 75%的及格线,还有相当的距离。中国的城镇化还没有到轻轻松松、敲锣打鼓的时候。我国城镇化的道路还比较漫长,高质量的城镇化发展任务艰巨。2.8 亿规模的农民工,超过了俄罗斯与日本两国人口数量的总和。在中国城镇化进程中,规模如此庞大的农民工群体,是实现国家工业化和现代化的生力军和主力军之一,是成就"世界加工厂",享受廉价劳动力人口红利的活水源头。而农民工这一特殊群体,不仅存在着身份认同上的尴尬,既不是原来意义上的农民,也不是真正意义上的城市居民。身份尴尬的背后折射出的是,农民工在城乡之间的游离和公共服务保障与社会福利的缺失。所以,不论是作为国家决策与社会进步的需要,还是作为社会良知与学术情怀的使然,为农民工这一弱势群体立心立言立命,应该责无旁贷。

最后,要真挚感谢人民出版社的曹春编审及其他编辑老师。曹春博士以其深厚的经济学专业素养和敏锐的编辑视角,对本选题给予了认同,并进行了积极的选题推介,在编辑出版过程中,付出了大量的心智与辛劳。在此,道一声:编辑老师辛苦了,谢谢!

2020 年 5 月 20 日

责任编辑:曹　春
封面设计:汪　莹

图书在版编目(CIP)数据

农民工城市资本积累与融入城市能力研究/孔祥利 著. —北京:人民出版社,
　2021.1
ISBN 978－7－01－022536－4

Ⅰ.①农…　　Ⅱ.①孔…　　Ⅲ.①民工-资本积累-研究-中国②民工-城市化-
　研究-中国　　Ⅳ.①D422.64

中国版本图书馆 CIP 数据核字(2020)第 191066 号

农民工城市资本积累与融入城市能力研究

NONGMINGONG CHENGSHI ZIBEN JILEI YU RONGRU CHENGSHI NENGLI YANJIU

孔祥利　著

人民出版社 出版发行
(100706　北京市东城区隆福寺街 99 号)

北京盛通印刷股份有限公司印刷　新华书店经销

2021 年 1 月第 1 版　2021 年 1 月北京第 1 次印刷
开本:710 毫米×1000 毫米 1/16　印张:22
字数:320 千字

ISBN 978－7－01－022536－4　定价:98.00 元

邮购地址 100706　北京市东城区隆福寺街 99 号
人民东方图书销售中心　电话 (010)65250042　65289539